张基广 著

生长在我们的土地上

长江出版传媒
湖北教育出版社

自序

总想着这样一幅美妙的画面：一个农夫，荷着一把锄头，在朝阳升起、云霞满天的清晨，行走在乡间的田野上，周边是一望无际的庄稼和田野……

在他的脚下，是泥土、草根、露水和厚实的田野。

教育也是一片田野。教育就是一个播种、等待生长的过程。行走在教育的田野里，可以真切地感受到“自然”和“生命”的意蕴。

我愿做一个教育的农夫！行走在教育的田野，把脚印留在泥土和草根之上，向着“自然”“生命”和“爱”走去！

时常憧憬着：在洒满阳光的校园里，树木葱茏，一大群孩子正在游戏，我走进他们的中间。倏然间，我变成了一个小孩子，和他们一起奔跑、尖叫、欢笑……

然后，一天一天，行走在教育里，在校园里和孩子们一起成长……

目录

第一章　自然适度的教育

第三章　校园总有孩子跑过

第四章　那些星星眨呀眨

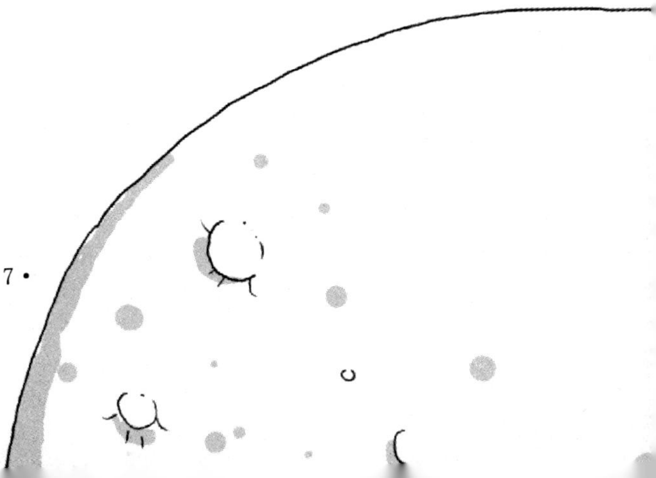

第五章　他山之石

第一章

自然适度的教育

生长在我们的土地上

总有人问我：理想中的教育是什么样子？理想中的学校是什么样子？

我总是这样回答："生长在我们的土地上。"

我们的土地，是中国的土地，是祖国的大地。我们的教育，首先是"中国心"的教育：让我们的孩子，今后无论走多远，都有一颗"中国心"、一颗赤子之心；让我们的孩子，无论何时何地，都记得住生他养他的土地，记得住祖国的山水，记得住乡愁；让我们的孩子，从小浸润在我们民族的经典之中，受着民族传统文化的熏陶，永远不忘自己是黑眼睛、黑头发、黄皮肤的炎黄子孙。这是他的根本，是教育的根本！湖北省武昌实验小学从中华人民共和国成立之初就确立的校训——"祖国利益高于一切"，激励着一代代学子刻苦学习，报效祖国，让孩子们铭记终身！

我们的土地，是校园的土地，是学校的土壤。在校园的土地上，我们要做的是"农业的教育"，遵循自然规律、教育规律和人的成长规律，保护孩子的天性，尊重孩子的天性，培养孩子的社会性。"农业的教育"可以使教育简单质朴，自然从容，回归本真，使立德树人的教育目标落地生根，向下扎根。湖北省武昌实验小学"办一所田园学校""建一座都市里的教育村庄"，就是努力让儿童自然、自主、自由地生长，更好地成长为德智体美全面发展的社会主义建设者和接班人。

我们的土地，是童年的土地，是儿童的乐土。真正的小学是允许孩子在地上自由打滚的学校，真正的儿童是可以在地上自由打滚的孩子。我们要让孩子拥有真实而幸福的童年，为其一生打好纯净的底色；我们要让孩子在泥土上去奔跑，去追逐，去拥抱自然和世界；我们要让孩子清澈的目光保留更久，野性、灵性和童性保留更久。湖北省武昌实验小学让孩子“睡得好，玩得好，学得好”，这“新三好”就是对孩子童年最好的保护和守卫。

在我们的土地上，孩子们正在生长。祖国的土地是生养、滋养我们的共同家园，校园的土壤是孩子们生命生长、拔节的地方。在富强、民主、文明、和谐的祖国怀抱里，孩子们安全、安心地生长，在校园自然、自主、自由的氛围里，孩子们欢欣地、幸福地生长。

在我们的土地上，梦想得到生长。这个梦，是我们共同的中国梦，是实现中华民族伟大复兴的中国梦。这个梦，是孩子们七彩斑斓的童年梦，是每个孩子心灵深处的那一盏梦想之灯。在我们的土地上，国家的梦想、民族的梦想、每个人的梦想都会梦想成真。

在我们的土地上，未来也在生长。我们的孩子是社会主义建设者和接班人，国家和民族的未来在他们的身上。我们的孩子也将是未来社会的幸福生活者，未来社会的优秀公民就生长在我们的土地上，我们的教育要扎根中国，融通中外，也要放眼世界，走向未来。我们的孩子既要拥有中国情怀，又要具备世界眼光；既要继承传统，又要面向未来。

“为什么我的眼里总含着泪水，因为我对这片土地爱得深沉！”

“生长在我们的土地上”，或许可以成为教育人的共同愿望和共同追求。

而我，愿意在我们的土地上，做“最土的教育”……

教育是干什么的?

教育是干什么的?

老百姓有一个最通俗、最朴素的说法:孩子上学,就是去“读书”。读书应该是教育的首要任务,引导孩子读书,应该是教育的根本职责。可是,我们现在教育的一个突出问题,就是大家都不怎么读书:老师不读书,只读教材教参;学生不读书,只读教材教辅。教育如果不读书,只读教材教辅,那就背离了教育的根本宗旨,是很危险的。

教育是干什么的?教育首要的是引导学生读书。

香港作家陈之藩在文章中写道,他留学剑桥的时候,在英国火车上遇到的每一个服务员,看上去都像风度翩翩的教授。也就是说,在一个良好的社会里,所有受过教育的人都是有教养的,所有人的服务都是有德的。中国古话说得也非常透彻:“读书明道,知书达礼。”经过教育熏陶,在一个富有教养、知书达礼的社会里,无论是富商巨贾,还是教师医生,以及环卫工人,本质上是没有什么分别的,都能做到“眼中有人,用心做事”。

教育是干什么的?教育是要让学生成为有教养的人。

日本是世界上拥有百年企业最多的国家,有“长寿企业之国”称号。日式企业精神有个特点,主要在人“心性”的养成。著名家具品牌“秋山木工”创始人秋山利辉说,自己对员工的教育实践95%花在教育,5%花在教

育木工技能。其实中国古训有云:“先德行,后技能。己成,则物成。”

一位纳粹集中营的幸存者,当上了美国一所学校的校长,每当有新教师来到学校,他都会交给那位教师一封信,信中写道:“亲爱的老师,我亲眼看到人类不应该见到的情景:毒气室由学有专长的工程师建造;儿童被学识渊博的医生毒死;幼儿被训练有素的护士杀害。看到这一切,我怀疑:教育到底是为了什么?我的请求是:请你帮助学生成为有人性的人。只有使我们的孩子能成长为有人性的人,读写算的能力才有价值。”

教育是干什么的?教育关键是要涵养学生的人性。

总之,教育绝对不是教书,教育绝不仅仅是学知识,教育从根本意义上是立德树人。

教育的功能

教育到底有什么样的功能？目前较现实的理解有两种：一种是通过更多的教育来习得更多的知识和能力，从而得以更好地发展；另一种是通过教育获得某种身份符号，如本科生、研究生等，这个符号本身有利于将来事业的发展。

对教育功能的这两种现实的理解，其实对应着两种不同的理论。一种是“人力资源理论”，即认为教育可以提升受教育者素质或者生产力，使受教育者在人力市场中获得更高的回报；另一种是“筛选理论”，认为教育的主要作用不是提升素质，而是社会筛选，教育把不同的人贴上不同的身份标签，如高中生、本科生、研究生、职校生等，从而供用人机构筛选所需人员。

如果把教育看作是一项人力资源投资，那么就会把教育所培养的素质看作是人接受教育的主要目的，衡量的标准是学生是否通过教育学习到相应的知识和能力，提升相应的素质；如果把教育理解为一套筛选机制，那么就会把教育看作是一种工具或手段，真正重要的不是教育所提供的知识、能力和素质，而是被筛选出来获取名牌大学、优质岗位等的机会。

就目前的现实来看，大部分人所理解的教育功能属于后者，即大家较关心的是通过教育获取上好大学、找好工作的机会。这种理解有其现实合理性，因为对大部分学生来说，通过读好大学来实现向上流动，是一个很现实的问题，也是普通老百姓对教育功能的朴素理解。

那么，教育的功能到底是什么呢？我认为，任何一种片面理解都有失偏颇，教育的功能并不是非此即彼，不是单维而是多维的。我认为，教育的功能起码有这两个维度：一是培养未来的幸福生活者；二是培养未来的美好社会和国家建设者。教育既要关注每个个体的全面成长，使受教育者成为未来的幸福生活者，又要关注社会和国家的需要，使受教育者成为未来社会和国家建设所需的有用人才。通俗地说，教育就是要使受教育者成人成才，两者相辅相成，缺一不可。

而要真正实现教育的功能，则要摒弃浮躁、功利的想法，逐渐淡化教育的标签效应，让教育真正回归到“立德树人”的本质上来。

教育是一种力量

朋友几次跟我谈到这样一件事:

有一天早晨，他到学校来找我，走到校门口的时候，恰逢学校在进行每日一次的例行升旗。随着国歌声响起，所有的孩子都立即原地立正，庄严地举起右手行队礼，面向国歌声响起、国旗升起的地方肃立。所有的老师也都原地肃立，向国旗升起的地方行注目礼。原本奔跑的孩子、原本谈笑风生的师生、原本骑着车的员工都不约而同地静默肃穆。没有人指挥、没有人提醒、没有人呼唤，一切都因国歌声响起。虽然国旗在很多人看不见、望不见的地方升起，但大家都觉得天经地义，甚至在门口刚送孩子进校的家长，都会站立不动，默默地行注目礼。

朋友说，看到这种场面，他的心底涌起一种感动，感受到一种无形的强大力量。我想，这或许就是教育的力量。

其实，把升国旗肃立敬礼这件小事做到这样并不容易，我们坚持做了十多年，先在老师中开始做起，从员工开始做起，再在学校的大同学中逐步做到，每年刚进校的一年级小朋友刚开始虽然知道，但在行动上却一时难以做到，一旦有一年级小朋友一时遗忘，马上就有大同学提醒他。这样一来，整个校园就形成了一种无形的教育场，置身其中，任何人都会受到感染，都会自觉、不自觉地做到。哪怕是老师在食堂吃早餐，听到国歌声，也会立即放下碗筷，肃立行礼……

我们常说“身教重于言教”，常说“潜移默化”“耳濡目染”。的确，教育不仅是告诉，不仅是说教，更重要的是营造一种环境、一种氛围。久而久之，就会形成一种文化、一种文化自觉。

人都是可以教育的。教育是一种力量，一种无形的、强大的力量。

这种力量可以使人自然、自觉地向真、向善、向美……

教育，还是需要手把手地教

跟几个朋友在一家小餐馆吃饭。

在等人的时候，我得空到走廊里抽支烟，刚巧有一位青年厨师也在抽烟，我就与他聊起闲话。

当聊到厨房工作收入时，他说，在任何餐馆的厨房里，大厨收入比其他人要高很多，因为大厨是靠手艺吃饭的。我开玩笑说，那你就学做大厨呗，炒菜应该好学吧。他说，不好学。我说现在有那么多书，找有关的书来看看，研究研究不就行了。他说只看书绝对不行，必须拜师傅，有师傅指点才行。看起来炒菜家庭妇女都会，但要学精必须有师傅指点。有些细微的东西那才是“诀窍”，必须由师傅示范，由师傅手把手地传，而这个“诀窍”是书上没有的东西。

听了青年厨师的话，我觉得他谈的拜师学艺与我们做教育何其相似: 在学习中，学生会通过看书自学一些东西，但一些微妙的“诀窍”还是需要老师教的，而这“诀窍”就是我们平时课堂的重难点内容。所以，看一个老师教学水平的高低，其实只要看他对教学重难点的把握和点拨就行了。

自古无师自通者寡。即使少数人可以无师自通，但若有名师指点窍门，则水平就不一样。而且，师徒之间这种传授“诀窍”的过程还非得是亲自在场的互动，是面对面、手把手地传授，而不是简单地看个视频，发个微信就可以解决的。

前段时间媒体在炒一个热门话题：人工智能可不可能在未来取代教师？的确，在AI时代，人工智能的确已经取代了很多岗位，甚至取代了一些职业，而且将来还会做越来越多的事情，但能否取代教师呢？我认为，人工智能可能会取代教师的一些功能，但不可能完全取代教师。书本的知识，死的程序性的东西，可以通过人工智能或远程教学来教授，但是，有两样东西是人工智能永远无法替代的：一是师生亲自在场面对面、手把手的微妙互动，对一些“诀窍”的把握和传授，这些“诀窍”有时无法转述、无法言传，必须面对面、手把手地教；二是师生心灵对话，这些对话关涉为人之道、处世之理，是有灵性、有情感、有温度的东西，是人之所以为人的东西，也是人工智能所无法企及的。

从这个角度来看，那未来教师区别于人工智能的真正作用在于传授做事诀窍和做人道理——做事的诀窍需要手把手地教，做人的道理需要面对面地授。

教育中的“自由”

来校参观交流的校长问我：学校对教师管理最主要的做法是什么？我不假思索地回答：给师生自由，解放老师和学生，是学校管理的第一要义。

参观的校长走后，我坐下来静静地思考，到底什么是教育中的“自由”？

其一，教育的自由首先是师生心灵的自由，而非身体的自由。只要师生心灵是自由的，灵魂是自由的，他们的思想就可以自由地飞翔。在实际的教育生活中，对学生而言，适度的课业负担是必需的，但不要给学生精神负担和心理负担；对老师而言，适度的工作压力是必需的，但不要给老师精神压力和心理压力。

其二，在教育中，没有完全绝对的自由，只有相对的自由。绝对的自由必然带来混乱和无序，相对的自由则会带来和谐和有序。不少学校追求规则下的教育自由，而我们学校提出学生“自由而不放纵”。

其三，师生自由的背后是自律和他律。一方面，需要师生的自律，需要在心底保持一份敬畏；另一方面，则需要接受“他律”，那就是纪律和规则。正如毕达哥拉斯所言：“不能制约自己的人，不能称之为自由的人。”也如黑格尔所言：“纪律是自由的第一条件。”同时，自由意味着责任，对老师而言，教书育人是其天职；对学生而言，学习成长是其责任。

其四，教育的创新要有自由的土壤。没有自由的时间、没有自由的选择、没有自由的兴趣、没有自由的意志，也就没有教育中的创新。而自由还可以分两种：一种是可以去做什么的自由，一种是可以不做什么的自由。在教育和教育创新中，可以去做什么相对容易，而坚守原点与本质，不去做什么却往往很难。

卢梭说："人生而自由，却无往不在枷锁之中。"自由是一个永恒的话题，追求自由的道路永无止境——人类如此，教育亦如此。

教育要把丢掉的老传统捡回来

我们可能还记得“猴子下山”的故事：小猴子在山里丢了玉米摘桃子、扔下桃子摘西瓜，最后丢了西瓜去追小兔子，小兔子跑进树林不见了，小猴子只好空着手回家。当下，一些学校或校长以改革、创新的名义在不停地追逐，也在不断地丢失，结果就得了一种教育的现代病：走了很远，忘了自己当初为何出发。所以，我们需要把一些丢掉的东西重新找回来。

要把“老规矩”捡回来。“修合无人见，存心有天知。”17世纪中叶的同仁堂就是靠这样的规矩，一代代生生不息。这个学期，我在学校做了一件事情，请学生代表与校长一起共进午餐。作为校长，我第一次请了8位学生，竟然发现他们中有6个孩子连筷子都不会拿，这是很大的问题，值得家庭教育和学校教育共同反思。记得小时候，家长教我怎么拿筷子，吃饭时让座等，这是老规矩，也是老传统，怎么能丢呢？所以，当晚我写了一篇文章《教育从拿好筷子开始》。同理，在学校我特别强调学生写字的姿势。作为一个中国人，我们怎样写好中国汉字，怎样做到手距离笔尖一寸，胸口距离桌面一拳，而眼睛距离桌面一尺，这样的规矩都是好传统，我们不能丢。古人说“行如风，站如松，坐如钟”等，好的老规矩是我们的宝贝，我们曾经丢掉过、丢失过，现在要把它们捡回来。

要把“泥土”捡回来。现在一些校长在规划学校时，一门心思把校园硬化美化，学校到处都是水泥、沥青、塑胶，使教育远离了泥土，也远离了地气。而地气对于孩子来说太重要了，如果他们没有了这些，内心就可能变得过于坚硬，缺乏温度和柔润。现代心理学表明，学生长期的手部运动最能促进大脑的发展，如玩沙、玩泥土的手部运动，还有像我们已经基本丢掉的如爬树等传统的攀爬运动，这些均可以促进学生创造性思维的培养。可怕的是，我们童年时代玩的经典“泥土游戏”也被现代网络游戏取代了。比如，滚泥潭、打纸片、打弹珠等亲近泥土的游戏基本被丢弃。所以在我们学校，大量的场地是留给学生做这些恢复传统，经典的、亲近泥土的游戏。

要把“野性”捡回来。现代校长在学校办学中最担心的是安全问题，因为担心学生安全，所以把学生管束得很厉害，有些好传统被取消了，因噎废食，这种追逐过度的安全看上去是对学生的保护，实际上是对学生的一种伤害。把学生从真实的环境中剥离出来，这种所谓的“绝对安全”、过度保护会带来两个后果：一是听话教育，教师喜欢听话的孩子，培养出来的学生可能会缺失那种血性、野性、灵性，最后可能只是个听话的小大人而已；二是男教师危机。有些学校90%的教师是女教师，这让我们的校园里产生了“男孩危机”。比如，我听了一堂音乐课，学生们在课上表演了《金孔雀轻轻跳》的舞蹈。跳舞时，女生跳金孔雀非常漂亮，男生跳金孔雀就不太好看。学校里组织的运动会有一个入场式，孩子举着彩球在跳，女生跳得特别欢快，但是男生跳得就有点难看，为什么？因为这些是用女生的动作和道具来表演。类似的“男孩危机”现象在我们身边处处存在。教育需要把孩子应有的血性、野性、灵性的一面捡回来。

要把“戒尺”捡回来。最近，大家都在热议四川的一名教师体罚学生事件。教师对现在的学生到底是管还是不管，管到什么程度？教师有没有一种教育的惩戒权？对于教育，我们一方面要表扬和赏识，另一方面也要有批评和惩戒。而现在，普遍进入我们视野的是表扬和赏识，有点陷入“泛滥的表扬”误区。在课堂上听到的是“嘿嘿，你真棒”，在初中和小学常用的是小红花奖励，比如得10朵小红花可以换一个奖品等。但我以为，这样的表扬和批评就像是给车胎打气，车胎没气了，给它打气，犹如表扬和鼓励；车胎的气满了，但车胎破了个洞，首先想到的应该是先把车胎补好，这犹如适当的批评和惩戒；补胎过后接着打气，那就是继续表扬。教师应该把“戒尺”捡回来，当然惩戒并不是一味的惩戒，学校可以向学生征询意见后，让他们明确哪些事不能做，做后将会受到什么样的批评和惩戒。惩戒办法也可以来自学生，整个过程可以由学生提出，然后由学生自己执行，我觉得这样的惩戒可能更有生命力。

说到教育，我总想起小时候和爷爷一起在山上种树的场景，爷爷种树时首先要选土壤肥沃的地方，这就如教学中的阳光——教学的表扬。然后还需要不断地施肥，树本身需要经历大自然的风雨洗礼，最后还需要适当地给树剪枝、修理。十年树木，百年树人，种树与育人的道理是相通的。我们要像《麦田里的守望者》那样，教育同样需要更多的麦田守望者，守望教育，然后还要回望教育，把我们丢失的、不该丢失的一些宝贝捡回来。

小学是干什么的?

无论是学历教育的体系之中，还是在终身教育的体系之中，小学教育都是“基础的基础”，那小学教育应该怎样为一个人的人生奠定基础呢?

教育家朱熹有过关于“小学”与“大学”的论述:“小学教以事，大学教以理;小学教浅近之文，大学教治国平天下之道;小学培养毛坯，大学打磨加光饰;小学要有一定强勉，大学主要是引路。”从朱熹的论述可以看出，他主张的小学教育在培养目标上是“毛坯”，不用过多地打磨、抛光，这个“毛坯”可以粗糙一点;在教育内容上是“浅近”和“事体”，由浅入深，循序渐进，而非揠苗助长，急于求成;在教育方法上是“有一定强勉”，用一定的教育手段和方法帮助学生进入学习。

清末教育家张謇也有关于不同阶段教育的论述:“师范启其塞，小学导其流，中学正其流，专门别其流，大学会其归。”张謇把学习过程比作一条河流，强调小学是学习这条河流的源头，既然是河流的源头，最关键的是自然澄净，不能有污染，不能有过多的、过度的开发，要对源头予以保护，要保持其原生态。源头保持原生态，河流才有生命力。源头如果被污染，河流就会被破坏。

康有为也曾表达过对小学、中学、大学教育的见解:“小学教育以养体为主，开智次之，宜令功课稍少而游戏较多;中学教育除养体开智之外，当以育德为重;大学教育于育德强体之后，专以开智为主，人人各从其志，各以专门之学以专科之师。”他主张的小学教育是“功课稍少而游戏较多”，指的是小学教育应在玩耍中、游戏中强健体魄、发展心智、学会学习，在玩中健体，玩中学习，玩中生长。

我一直认为，小学教育主要是做好三件事：

第一，小学教育应该是“常识的教育”。什么是常识？“晴带雨伞，饱带干粮”“善有善报，恶有恶报”“天上不会掉馅饼”等古训，早就告诉人们做人、做事的基本道理、基本规律，也是反映自然与社会基本原理、基本规律的东西，这些基本原理、基本规律是自然世界、人类社会中最原点、最本质的东西，无论时代怎么变迁、社会怎么发展，它们都不会有根本性的改变，这就是“常识”。我们的教育一定要首先培养“有常识的人”，而不是造成“有知识无常识的人”。

第二，小学教育应该是“保底”的教育。什么是保底？我认为，小学教育最重要的是让学生拥有三样东西，那就是兴趣、习惯和信心，尤其是习惯。“教育就是培养好习惯”——好习惯是学生终身享用不尽的财富，而坏习惯则是学生终身偿还不完的债务。因此，引导和帮助学生保持内在的兴趣、养成良好的习惯、树立自我的信念，就是真正的“保底教育”。尤其是帮助学生养成良好的生活习惯、学习习惯、文明习惯，就是对小学教育“奠基性”和“保底性”的最好体现。

第三，小学教育应该是“培根”的教育。“十年树木，百年树人”。树的生长靠的是“根”，人的成长也要有“根”，人的发展、成长需要什么样的根呢？站在教育方针的高度来看，那就是学生德、智、体、美等方面的全面发展；站在新课程改革的角度来看，那就是基础知识、基本技能、基本方法、基本态度；站在近期提出的“核心素养”来看，那就是“文化基础、自主发展、社会参与”……总而言之，“根”就是学生未来生存必备、生活必需、生命成长必要的东西，就是一个未来公民所应具备的基本素养。一棵树的根扎得越深、根系越发达，就长得越好，人亦如此！

小学是干什么的？小学就是要做常识的、保底的、培根的教育。

我理想的教育

“有一千个读者就有一千个哈姆莱特。”每个人看教育的角度和眼光会有所不同，但真正的教育者无不拥有自己的教育理想。

我理想中的教育是自然教育。教育本身是一种很自然的东西，就像吃饭喝水那么真实。最好的教育是一种自然状态下的教育，是返璞归真的教育，没有半点矫揉造作、夸大其词、故弄玄虚，更没有揠苗助长、指鹿为马、画地为牢。它是一种原生态。是一棵树的种子，就让它长成参天大树；是一粒小草的胚芽，就让它点缀大地。教师所要做的就是给它们必要的阳光、空气、水，还有微笑的肥料。在这种状态下，天、人、物、我很自然地融为一体，达到一种教育境界。

我理想中的教育是生命教育。生命是美好的，生命是丰富的，生命是多样的，生命是独特的。教育就是要点化生命、润泽生命、激活生命。在教育场所，一切都是作为生命体的存在：人是生命；动植物是生命；建筑物只要赋予它生命的元素，涂抹上生命的阳光，它也会鲜活起来；教育的原料——知识、书本、思维、能力、智慧、人格、素养等都是动感的、活生生的、带有体温的；教育的对象——人，更是天地间最有力的生命。

我理想中的教育是爱的教育。教育的目的就是为了让学生感受爱、懂得爱、学会爱、传播爱。爱人和被人爱是人作为高级动物的最美好情感和最美妙体验。仁慈、责任、信念、勇气、诗心和激情都是爱的直接表现。有了博大的爱，必然会逐渐把师生引领到一个小草丰美的诗意国度，让他们发现一个全新的鸟语花香的心灵世界——人类原本就来自那里。

我理想中的教育是求真教育。千教万教，教人求真；千学万学，学做真人。我们不断追求和仰望充盈天地间的那个“真”字，让师生有真爱、做真人、求真知、去真行。有了这个“真”字，就会唤来“善”，邀来“美”。有了真善美，人性中的勇气、荣耀、希望、自豪、同情、怜悯——这些人类最初的东西就会永驻心田，照耀他的一生。

或许，我的教育理想只是一个遥远的回忆、一个遥远的梦，或许，我只能在理想与现实的夹缝中徘徊。但我会始终保持一个现实的理想主义者姿态，永远怀着一股寻找教育理想王国的冲动，眺望着那看不见的理想高地……

或许，在那并不遥远的一天，我会与它们相遇！

教育就像一座村庄

在我的梦想里，教育就像一座村庄。

真正的教育像一个自然和谐、吉祥宁静的村庄。在教育的村庄里，你可以脚踏肥沃坚实的泥土，感受土地的博大和深沉；你可以赤脚走在田野，亲近旷野的清静与湿润；你可以沉浸在青山绿水之间，沐浴着自然的晨风暮雨；你可以用你的眼睛，读到千奇百怪、千差万别的真实；你还可以蹲下身子，看种子的生根、发芽、开花、结果……

真正的校园像一个惠风和畅、阳光明媚的村庄。在校园的村庄里，你可以日出而作，日落而息，一切回归自然，回归人类的童年；你可以充满好奇，充满幻想，满脑子都是问号，眼神里都是问题；你可以钻进树丛，趴在泥地，在灰土和泥土里自由地打滚、奔跑；你还可以躲到一个墙角，看蜗牛如何背着它的房子旅行、蚂蚁如何搬家……

真正的课堂像一个百花齐放、百鸟齐鸣的村庄。在村庄的课堂里，孔子式的教学让人神往：绿荫草坪依着清亮的小河，太阳洒下和煦的光，弟子们围在老师身旁，站着、坐着、蹲着、跪着，听老师语重心长的教诲，听他琴声悠扬的旋律。然后，师生们一起笑着、唱着、舞者、辩论着，在那语声、歌声、琴声里，我们仿佛看到一朵朵花儿在绽放，一只只小鸟在飞翔，一个又一个希望在跳跃……

教育像一座村庄。从教育的村庄里走过的孩子、走出的孩子，都会认识自然的质朴，会感悟世界的本真，都会分辨出谷子与麦子的根系，会知晓大豆和玉米的香味，也都会读出桃树和李树的年轮。在乡村的岁月里，孩子们的心灵版图上就会刻录下平和、恬淡、坚韧、纯良、旷达的美丽印记！

我们追寻教育的村庄。我们远离浮躁和喧嚣，追寻着平和与恬静、友爱与真诚、善良与感恩、责任与梦想、质朴与纯真……

原来，教育真的就是一座村庄！

教育就像原始森林

有幸看过原始森林，看到原始森林里的树木任性而长，该直的直，该弯的弯，该正的正，该斜的斜，千姿百态，情态万种。没有两棵树是完全相同的。每一棵树都以自己的方式、自己的姿势在生长，连最歪的树也歪得那么自然，那么美妙。

只要看过原始森林的人都会为之震撼，进而心生敬畏。让人震撼和敬畏的是原始森林的大美和大力，是一种原始的力量和质朴的美丽。任何人工的建造和雕琢都无法达到这种力和美。

这使我想到我们的教育。

孩子是天地之子、自然之子，是冥冥中造化而成，是万物之灵。每一个孩子就像是天地间的一棵树，各有各的禀赋，各有各的灵性，各有各的生长空间。有的长得正，有的长得有点斜；有的粗壮，有的瘦直。无论怎么生长，都在自然之中，吮吸着自然之气在生长，每一棵树都有它自己的美丽。

而我们的教育在很多时候，就像一个多事的好心园丁，总想着把所有的树木都扶正、长直，总想着每一棵树都长得粗壮、挺拔。然后，教育就会制定一些所谓的标准，让所有的树木都按这个标准生长。树好像是越长越直，越长越壮，但使那些原本以各种姿势生长的树木失去了原有的姿势，也失去了本来的生命活力和灵性，甚至是失去了树木的灵魂。

特别是我们现在的教育，标准更是单调得可怕，好像除了知识和分数，别无他物，让所有的孩子都齐刷刷地向着一个方向成长，这样长大的树木还有多大价值呢？这样的树林还有什么生机呢？

仅剩下知识的教育还配称为“教育”吗？仅有知识的教育有什么用呢？整齐划一的教育能让孩子得到真正的生长吗？——特别是按照每个孩子的秉性来生长。

的确，教育有时是无用的！就像对原始森林里的树木，人工的雕琢和打造只会造成破坏。真正的教育就像原始森林，让每一棵树、每一株草在雨里生，在风里长，在阳光里呼吸。

人生于泥土，长于泥土，又归于泥土——让教育就像原始森林吧！让每一个孩子都以自己的姿势生长吧！

教育到底为了什么?

当下的教育，孩子的成长似乎有一条大家公认的路径: 上名校——取得好成绩——考上好大学——找一份好工作。正因为这条大家公认又似乎唯一的路径，导致教育的偏差，让片面追求分数、片面追求升学久盛不衰，导致我们的教育以成才教育取代成人教育，以应试教育取代素质教育。

那么，考上好大学，找一份好工作是不是就是教育的目的呢? 或者说追求成功是不是教育的目的呢? 其实，功利性的追求成功并不是教育的真正目的，教育的真正目的有两个层面: 一是培养未来的幸福生活者，二是建设未来的美好国家和社会。前一个是个体层面，后一个是社会层面，两者相辅相成，缺一不可。

从教育的真正目的来做终极思考，我们的教育到底为了什么? 我们的教育到底该给学生什么? 说到底，就是教育该培养什么样的人? 我觉得教育应着重让学生成为这几个方面的人:

一是积极的学习者。我觉得教育不是培养成功的学习者，而是积极的学习者。“成功”可能追求的是分数、成绩、排位和升学，追求的是学习的结果; 而“积极”追求的是学习的过程和对学习的态度。一个“积极的学习者”对学习抱有浓厚的兴趣，有良好的学习习惯，有足够的学习信心。这些积极的非智力因素恰恰是学习者最重要的东西，是比分数、考试更重要的东西。

二是幸福的个体。学生为什么而学习，为什么而读书、升学，仅仅是为了找一份好工作吗？肯定不是。考试升学只是一种手段，绝对不是目的，目的是为了未来的幸福生活，为了让每个学生成为一个未来的幸福个体。如果把考试升学、找工作这些手段错当作目的，教育的偏差就难以避免。

三是负责任的公民。学生不仅仅是未来社会的幸福个体，更是这个社会中的个体，是社会和国家的公民，作为一个未来的公民，最重要的是在遵守规则基础上的一种社会责任感，是一种家国责任和家国情怀。这种家国责任超越了个体利益，超越一己之利，也超越个体的幸福，而去追求更高层次的幸福、更高层次的价值。

四是社会的贡献者。钱理群先生曾说：我们当下的教育培养了无数“精致的利己主义者”。以学知识、考好大学、找好工作为目标的教育的确可以培养“精致的利己主义者”，这些利己主义者功利、直接、狭隘、自私、自利，缺乏的是大视野、大胸襟、大情怀。所以，我们培养的学生不仅要“独善其身”，更要“兼济天下”，具有一种可贵的“天下情怀”。

只有这样，我们的教育才真正称为教育，教育才回归它的原点和本质。

站在“儒家”看教育

“儒”与“道”虽然是两种不同的文化体系，但都博大精深，都有取之不尽的智慧。

“儒家”讲求中庸之道，主张求同存异，共生共存，最经典的表述是“和而不同”。“和而不同”四个字确实能给我们的教育不少思考的空间：

一是把握好“度”。中庸之道极其讲究“度”的把握，做人、做事要不偏不倚。做教育亦是如此。教育管理如果过度就会僵化、刻板而束缚创造力；如果不够度则会造成放任、泛滥而失控。所以，在制度与自主、规范与自由、他律与自律之间必须把握好分寸，达到“中和”的理想境界。

二是善待差异。世间和而不同，万物和而不同。差异是客观存在的。经济学和管理学中都有客观存在的“二八”定律。“寸有所长，尺有所短”，人各有优势，也各有劣势。我们要在教育中鼓励孩子达到100分，但同时要允许60分的存在，甚至要肯定59分的进步。我们的教育要多几把尺子来量学生，也要多给学生选择的路径和发展的路径。袁隆平和姚明都是我们民族的杰出人士——“三百六十行，行行出状元”。所以，我们的教育要坚守两句话：第一句话是“上好每门学科的每一堂课”；第二句话是“让每个人成为最好的自己”。第一句话讲的是基础教育的基础性，第二句话讲的是学生之间的差异性。

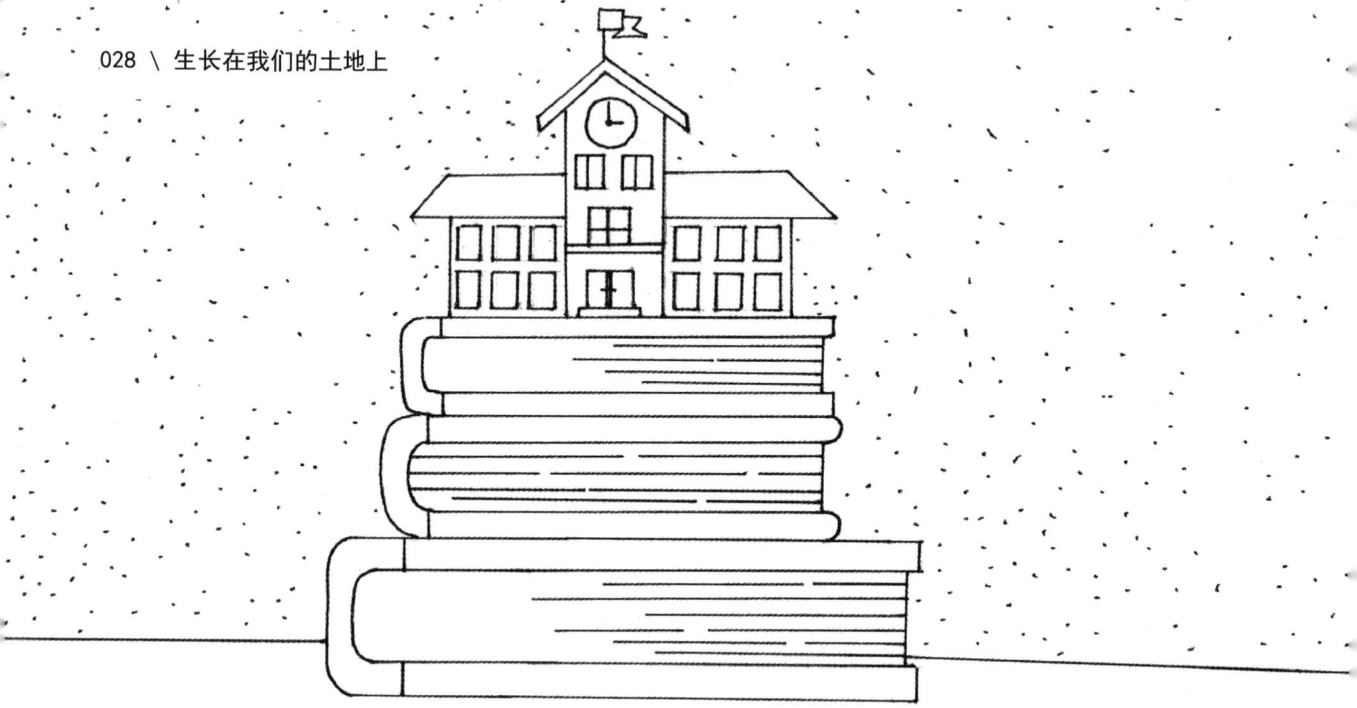

三是心存宽容。做教育一定要有一颗宽容之心，要心平气和地做教育，懂得宽容与等待。因为教育是一种慢的艺术，是一个渐进的过程，切不可急功近利、操之过急，甚至揠苗助长。要有花几年时间、几十年功夫做好一件事的耐心。其实，几千年的教育虽然技术、手段日新月异，但其本质依然没有变，万变不离其宗。不信，你仔细思量这几个词：

关于“教”的——有教无类，因材施教，寓教于乐；

关于“学”的——学而时习，学以致用，循序渐进……

站在“道家”看教育

我总认为，不能为了教育而教育，应当时常跳出教育来看教育，要多从哲学视角思考教育。而站在中国的土地上办教育，还要多从中国古老的哲学智慧中摄取养分，就拿中国的“道家”来说吧——道家的精髓是道法自然，也就是说世间万事万物都有其生长、发展的自然规律，违背规律的事情绝对是难成的。我认为，站在“道家”看教育，必须考虑三个因素:

一是儿童的天性。小学生的天性就是儿童性。孩子就是孩子，儿童就是儿童，教育最重要的就是要站在学生立场、儿童立场思考问题。教育者要经常问自己: 我们为什么办学校? 孩子到学校里来做什么? 其实，把这两个问题的本质想清楚了，一切都会变得很简单，我们就是为了学生办学校，孩子们到学校来就是与伙伴一起度过一段生命历程。知识的掌握、技能的训练等都只是手段，教育的终极目的是儿童的成长、生命的成长。

二是基础教育的属性。当前，升学的压力有不断下移的趋势。我认为基础教育尤其是小学要能够坚守，坚守自己，坚守基础教育的本质属性，那就是基础教育的基础性。基础教育就像是建筑物埋在地底下的桩基，要想建筑物牢固，基础最需要什么呢? ——要厚实: 学科素养越全面越好，知识面越广博越好; 要扎实: 基本知识、基本态度、基本价值观要扎实和稳固; 要朴实: 不需要过多的装饰，不用贴大理石，只需要混凝土的原色，表面是本色的甚至是粗糙的。

三是教师的人性。人有不同层次的要求，教师作为自然人和社会人，有基本的物质待遇要求，更有高层次的精神要求——作为教师的内在尊严和职业欢乐。我认为，真正的教育管理就是尽可能地相信教师、解放教师、调动教师。学校要积极营造一种宽松的环境，提供广阔的空间，让每一个教师的思想都动起来，让每一点人性的光辉都焕发出来，草根的智慧就是无穷无尽的……

让我们来共同品味一副道家的对联，你定会从中悟出点什么——

人法地地法天天法道道法自然

道生一一生二二生三三生万物

对几个教育热点的冷思考

当下的教育似乎繁荣得很，教育人谈教育有不少必谈、必议的话题，使这些话题自然而然地成为教育的热点，教育人似乎不谈谈以生为本、不谈谈课程整合、不知晓走班教学、不知晓翻转课堂就是思想落伍、观念落后，而学校不在这些热点问题上做点文章、弄点名堂就不先进了……面对这一切，作为一个负责任的教育工作者应该有自己理性的思考，需要在发热的时候给发热的地方浇浇冷水降降温，需要有自己的冷思考。

冷思考之一：我们能走进儿童的心灵吗？以人为本、以生为本近些年被很多教育工作者挂在口头上，逢会必谈，逢文必写，逢人必讲。很多人都大谈特谈“走进儿童世界”“走进儿童心灵”。就我多年与数以万计的儿童接触来看，我觉得儿童世界是我们熟悉的陌生世界，儿童是我们熟悉的陌生者。儿童世界是一个美妙的、神秘的、未知的世界，只要我们长大就可能永远远离了这个神秘的世界，而无法再回去。因此，我认为成年人很难或者不可能走进儿童世界、走进儿童心灵，我们所能做的、所要做的就是尽我们的最大可能去敬畏儿童、理解儿童、尊敬儿童，让儿童在属于他们的神秘的、独特的世界里自然、自主、自由地生长。

冷思考之二：一定要做课程综合吗？课程综合似乎已成当今课程建设的必然趋势，好像分科课程和分科教学已成为中国学生创新意识与创新能力差的

罪魁祸首，一说起课程建设就必须进行课程综合。实事求是地说，课程综合带来学科的交叉，有利于培养学生的跨界思维和创新精神，无疑是课程改革的走向之一，但课程综合绝不是课程建设的唯一出路、唯一方式，我们要充分认识到：学科有着其独立存在的价值，学科综合要在学科独立价值的基础上进行深度融合与整合。我有一个比喻：人们每餐吃着不同种类的粮食和菜品，经过胃的消化自然转化为人体所需的营养，有没有必要把粮食和菜品先进行搅拌后做成“营养丸子”？其实，不管是分科课程还是综合课程，关键在于我们能不能进行消化，把知识转化为智慧。

冷思考之三：需不需要进行走班教学？当下走班教学也成一种风尚。走班的确让学生能够自主选择课程、个性化学习、适宜性发展，也带来了教学组织形式的变革。我坚决支持在高中阶段根据教学模块和选修课程需求来进行走班教学。但一些初中甚至小学也在试验并实行走班教学，这实在是盲目跟风、浮躁功利。一则当前的初中、小学没有这样的课程规定和课程设置，没有这个必要；二则初中、小学的学生年龄特点和心理特点也不允许走班教学。初中、小学盲目地实施走班教学，只是为了走班而走班，人为地把学生分成三六九等，根本没有理解走班教学的实质，也达不到应有的效果。

冷思考之四："翻转课堂"可以成为教学常态吗？"翻转课堂"自传入中国就受到一些人的热捧，认为是一场翻天覆地的教育教学革命，跟之而来的"微课"也风靡中小学，各种形式的讲座、培训、竞赛纷至沓来。到底要不要翻转课堂？到底要不要用微课进行教学？我觉得：作为一种互联网时代的教育教学改革，"翻转课堂"的确有其先进性，"微课"也有其独特价值，但如果让"翻转课堂"与"微课"成为一种教学常态，尤其是在中小学学习阶段成为一种教学常态则不太现实。试想想，如果中小学长期使用"微课"进行教学，让"翻转课堂"每天翻转，那教师来制作"微课"，学生学习"微课"该需要多少时间？每天晚上的前置性学习所带来的学习负担是否得不偿失？学生长期看"微课"可能带来的视力损伤谁来负责？所以，"翻转课堂"可以尝试，但不可也很难成为教学常态。

当然，对教育的一些热点问题都可以适当进行理性的冷思考，保持一种教育工作者必备的批判精神，这样，我们才能不人云亦云，才能不盲目跟风，才能少一点功利浮躁……

追问自己的几个问题

近日，参加一次关于素质教育的研讨会，在研讨过程中，我不停地追问自己几个问题。

第一个问题：教育有那么复杂吗？教育的确很复杂，各种理论、各种理念、各种变革让人眼花缭乱，应接不暇，很多校长和老师甚至在怀疑自己——我这样做对不对？我这样上课到底好不好？我的思想理念是不是又落后了？面对日新月异的教育手段、教育技术革新，面对不断涌现的新观念、新理论，我们该怎么办呢？我认为：教育本身是很复杂的，但我们可以把复杂的教育问题简单化，让复杂的教育变简单，将复杂的教育做简单。什么是好的教育？我认为：让孩子喜欢上学，让老师喜欢上班。这就是真正的教育，就是真正的好学校。其实仔细想一想，当前教育所变的大都是手段、技术，而教育的本质规律其实没那么复杂，也没有发生根本变化，两千多年前孔夫子所说的有教无类、因材施教、寓教于乐、循序渐进等教育本质规律，到今天依然是适用的，依然是先进的，也并不那么复杂。

第二个问题：我们的教育当前最缺什么？我认为：当前的教育理论、理念，教育改革、创新风起云涌，此起彼伏，是一种空前的繁荣，甚至有点芜杂，我们当前的教育并不缺乏先进的教育理念和理论，在任何一次研讨会上，专家和一线的校长、教师谈起教育都头头是道。经过近些年大量的培训，哪怕是再偏远的学校，校长和老师谈教育都能说出个一二三来。但实际的办学和实际的课堂，却与所谈的理念、理论相差甚远，有的完全是“两张皮”。“谈一套做一套”“说一套做一套”的现象是比较普遍的存在。所以，当前的教育并不是缺乏理论和理念，欠缺的是将理论与实践有机对接，将理论转化和落实到真实的办学行为之中，落实到真实的教育教学之中，让教育更加贴近地面，贴近泥土和草根。我认为：教育永远是做的哲学。我们需要先进理论、理念的引领，需要理论力，但更需要的是将理论落实到行动中的行动力。

第三个问题：当前的教育能一味追求让家长满意吗？近年，教育部提出“办人民满意的教育”，旨在强调教育要以人为本，以生为本，为家长和孩子着想，不断提升教育服务的质量和水平。但教育能一味地追求让家长满意吗？当下的家长面对教育其实也有太多的无奈，很多时候是被现实裹挟着往前走，“应试的教育”“过度的教育”“近视的教育”“攀比的教育”“灰色的教育”“揠苗助长的教育”等一些不太正常的教育现实，让家长们无所适从。于是，处于矛盾和无奈

中的家长对教育有了更多的要求，这些要求中有的是正当的，有的却是不符合教育规律和儿童身心成长规律的。那么，我们学校是不是一味地满足家长所有要求、所有愿望呢？是不是一味地追求让家长满意呢？我认为：学校以生为本不断提升服务质量和水平，那是学校应尽的职责和义务，但面对家长诸多的要求和愿望则应理性看待，家长正当的要求我们不仅需要接受，而且还可以家校互动，促进我们的工作。反之，面对家长不太正当、不合教育规律的要求我们则应坚守正确的教育立场，并且用我们的专业知识和教育规律去说服家长、引领家长。所以，面对家长，我们一方面要听取家长的意见和建议，另一方面我们又要站在教育专业的角度去引领家长，让我们的教育更遵循规律、更健康绿色。我相信，只要我们坚守教育本质，晓之以理，动之以情，家长会更加理解和满意。

第四个问题：学校在当前能做什么？我认为：无论什么时候做教育都必须做到两点：遵守法规，遵循规律。这两句话既是做教育的底线，也是做教育的终极法则。那么，在法规和规律的框架之下，学校可以做什么呢？我一直认为：先进一步是先进，先进三步就可能成先烈。先进一步是立足现实进行改革创新，先进三步就有可能脱离实际。所以，学校应该有教育理想，但不能有教育空想，学校可以在一步与三步之间行走。也就是说，学校可以做自己想做的事情，同时学校要做自己能做的事情。

总之，学校要致力于“做”教育，并把复杂的问题“做”简单。同时，在“做”的过程中，适当地超前思考和行动，适当地引领家长和社会。

教育改革实验允许失败吗?

教育教学改革、教育教学实验不可以允许失败，似乎是一个不容争辩的话题，人们所持的理由很简单: 因为教育的对象是人、是学生，学生的教育生活只有一次，不可能失败了重来。

记得两年前我校推行“自主课堂”的教学改革实验，要求教师把课堂学习权还给学生，“因学而教，顺学而导”，让学生由传统的“学会”逐步走向“会学”。结果一推出改革措施便招致一些非议，有的来自老师的不理解，有的来自家长的质疑，有的在论坛发帖质问和阻拦，更有甚者面见校长当面指责……面对这一切，学校坦然面对，主动在论坛回帖解释，并约家长代表来校沟通。后来，家长慢慢感受到孩子们的变化，看到了孩子们对学习越来越有兴趣、越来越主动，才彻底打消了疑虑。

“教育改革实验不允许失败，因为教育的对象是人。”这个观点不知道从何而来，也不知道因谁而起，无论是教育理论专家，还是一线的校长老师，尤其是学生家长都认为这是教育的“常态”“常理”，认为天经地义。乍看起来，教育改革不允许失败确实有道理: 教育的对象是人，不能把我们的孩子当实验的小白鼠，更不能让孩子做教育教学改革的牺牲品。如果失败了，学生能接受第二次教育吗? 谁来负责? 谁又能负责?

教育改革实验不能失败这个观点对中小学做课题实验的影响更为明显，中小学在申报课题的时候是慎之又慎，考虑得最多的就是只能成功不能失败。而上级主管部门在审批中小学申报的科研课题时也是讳莫如深，首先考虑的是课题是否存在失败的可能性。特别是在课题结题时，中小学所做的课题基本是成功的实验，基本不存在课题实验失败的情况。

其实，细细琢磨起来，“教育改革实验不允许失败”这个观点还是值得推敲的，关键在于对“失败”的理解。人们普遍对“失败”的理解存在两个误区：一是用功利、近视的眼光来看教育改革实验，人们只希望看到立竿见影的教育改革成功，看到立竿见影的显性效果，而不能透过当下看到未来，好像看不到及时的成效就是失败；二是人们通常所谓的“失败”，是指某些方面的成效、成绩，特别是学习成绩、分数和升学率，如果分数、升学率没有明显提升，可能就是“失败”。显然，太多的人是在偷换“失败”的概念，用“短暂的停步”取代“长远的失败”，用“分数的失败”取代“教育的失败”，就这样无端地给有价值的教育改革、教育实验扣上“失败”的帽子，让教育者不敢放手进行改革实验，甚至投鼠忌器，急流勇退，那实在是教育的悲哀。

我们教育者做教育改革实验，考量的到底是什么呢？我觉得：我们应该考量的是学生的长远利益和终身发展，而不仅是即时利益和短暂效应；是学生人格成长和身心健康发展，而不仅是考试分数和升学。从这个意义上来说，只要这个“失败”不是全局性的失败，只要不是给学生——哪怕是个别学生身心健康成长带来伤害，那么教育改革和教育实验是可以放心大胆开展下去的，哪怕是出现局部的“小失败”。

如果还有人一味拿“教育改革不允许失败”来劝诫我们，或者拿这个观点说事，我们可以不必太在意。不过，我们的头脑必须保持冷静和清醒，要对教育保持一颗敬畏之心，要切记“遵守法规，遵循规律”，在法规和规律的框架下去做有价值的教育改革、教育实验。这样，我们就不会惧怕“失败”，也不会出现真正的“教育失败”。

要不要全面发展?

最近，有人撰文批“全面发展”，在文中，他列举了一些事例: 诸葛亮用的是计谋，不是与张飞比力气；钱钟书体育不必要及格，数学可以考零分，也可成大家；陈景润除了数学之外，可以连做家务都不会，如此等等。

我觉得文章作者其实对什么是全面发展没有弄清楚，他是在偷换概念。“全面发展”指的是一个完整的人需要德智体美等方面均衡发展，而不是指他的“全学科发展”，准确地说，“全面发展”不等于“全学科发展”。钱钟书先生虽然体育可以不及格，数学可以考零分，但他绝对不缺“德”，也不能病“体”，文学本是美学，他的“美”应该是很好的。也就是说，钱钟书先生虽然不是“全学科发展”，但应该是一个全面发展的人。

“全面发展”其实是一个人未来生存、生活必不可缺的基本条件，就像学生中广为流传的那样:“学习不好是次品，身体不好是废品，品德不好是危险品，心理不健全是易碎品。”德智体美这几个基本方面是一个人安身立命所应具备的条件。而有些人把“全面发展”窄化为语、数、外等学科“全学科发展”恰恰是应试的思维，是片面追求“智育”、片面追求学科分数所产生的误解。

再仔细琢磨一下，“全面发展”其实并不排除“全学科发展”，虽然有一些单科突进的偏才、怪才，但绝大多数有成就的大家，除了“全面发展”

之外也是“全学科发展”的，绝大多数杰出人才都是博古通今、文理兼备的。既“全面发展”又“全学科发展”的通才是人才，“全面发展”但“偏科发展”的偏才也是人才。不过，身体不佳、英年病倒的，德不配才、德不配位的，性格偏激、人格缺陷的，生活无趣、审美缺失的，这样的人即使学得再好，恐怕也是无用之才、无用之人。

当前，我们为什么要反复提“素质教育”，反复强调“全面发展”，就是希望学生都努力成为一个健全的人、一个完整的人、一个正常的人、一个能够面对未来生活的人。如果只是片面追求“智育”、追求知识学习、追求学科发展，这样成长起来的人多少是有缺陷的，是难以面对未来生活的，他可能会考高分，会成为一个“考才”，但难以成为一个“人才”，更难以成人。

标准有界，教育无边

2014年8月，教育部颁布了《义务教育学校管理标准（试行）》（以下简称《标准》）。2015年2月，武汉市教育局颁发了《武汉市义务教育学校管理规程（试行）》（以下简称《规程》）。在学习《标准》和《规程》之余，我一直在思考：如何真正落实此《标准》和《规程》呢？如何通过《标准》和《规程》的落实进一步规范办学行为、促进办学水平的提升呢？我认为：最为关键的是将纸上的标准变为教育工作者心中的标准，让文字的条款成为具体的办学行为，把文件的要求化为教育的理想和追求。为此，我有以下几点思考：

落实《标准》和《规程》首先要富有爱心。办学校、做教育最为关键的是富有爱心。爱与责任永远是教育的前提，是教育的底色。教育最根本的不是教学技术，不是教学技艺，不是教学之心，而是对孩子的关怀之心、慈爱之心。夏丏尊先生说："教育不能没有感情，没有爱。没有感情，没有爱，就如同池塘没有水一样，也就没有教育。"的确，以生为本、公平待生、关爱学生是办好学校的基本前提，而对一个老师来说，爱心、宽容与慈悲也是他做好教育工作的最重要因素。其实，《标准》和《规程》也处处体现了关爱学生这一教育的根本宗旨。只有学校和教师富有爱心，才能将纸上的文字变成心中的标准，把标准的条文化为教育的行为。反过来，纵有千条万条标准，教育如果缺乏爱生之心，一切都是枉然。

落实《标准》和《规程》必须遵循规律。办学校、做教育必须遵循规律，包括人成长的自然规律、儿童的身心发展规律和教育的内在规律。纵观当下的教育，有法不依、有规不循的现象还在一定范围存在，“过度教育”“功利教育”“灰色教育”“近视教育”等引起社会广泛关注，以“成才教育”取代“成人教育”，以“应试教育”取代“素质教育”等让教育偏离了规律和常识。我认为：当下的教育不是要奔跑，不是要一味标新立异，而是要适度放慢脚步，适度回归，回归到一些最初的、最原始的东西，回归原点、回归本质、回归规律、回归教育的“绿色”。其实，《标准》和《规程》中的条款，都是围绕“规律”二字来行文的，处处紧扣“规律”。因此，要落实《标准》和《规程》，学校的校长和教师心中必须牢记“遵守法规，遵循规律”。

落实《标准》和《规程》还要具有教育智慧。依据《标准》和《规程》办一所标准化的学校可能不是太难，但要办一所高品质、高品位的学校还需要教育智慧。现代学校需要法治精神，也呼唤民主式、分享式、分布式管理，让更多的人参与学校的决策和管理，让更多的人成为学校的主人。如我校在办学宗旨中就强调“办一所自然状态的学校，办一所孩子喜欢的学校，办一所我们大家的学校”，这里的“大家”指的是校长、教师、学生、家长、社区人士，还有关心学校的各级领导、各界人士，有了“大家”的共同参与，学校才更具生机与活力，才更有现代气息。所以，《标准》和《规程》只是办学和教育的底线标准，在这个标准之上，还可以因校制宜、因地制宜地发挥学校中“大家”的智慧，在《标准》和《规程》的基础上办出品位，办出风格，办出特色。

总之，我们一方面要谨守《标准》和《规程》，谨守爱心与规律，守住教育的底线要求；另一方面又要不囿于标准，超越标准，追求标准之上的个性和特色——标准虽有界，教育却无边。只有这样，我们才能办真正的学校、办真正的教育。也只有这样，我们才能“不忘初心，方得始终”。

教育有什么用?

在古希腊神话中，皮格马利翁是一位善于雕刻的国王，由于他把全部热情与期望倾注于自己雕刻的一尊美丽少女像上，天长日久，雕像竟然活了起来。后来，人们常把热情与期望可以促成或自我实现的现象称之为“皮格马利翁效应”。

当代心理学家罗森塔尔也做过一次有趣的心理学实验。他对一所小学1~6年级的学生进行了一次智力测验，然后并未评卷，而是从中随机抽取20%学生组成实验组，并有意地告诉每个班的教师，这20%的学生智力良好，有很大的学习潜力。八个月后，他再对学生进行一次测验，发现实验组的学生成绩比其他学生有更大的提高。研究者分析，由于教师受到罗森塔尔的暗示，不仅对这些学生抱有特殊的期望，而且通过态度、表情等行为方式，将期待的信息传递给学生，使学生受到鼓舞，并还给老师以积极的反馈。这就是后来被人们所熟知的心理学上的“罗森塔尔效应”。

诚然，学生学习的进步取决于多种因素，不仅仅单纯由教师的期望决定。但教师的热情与期望是学生进步的重要动力，则是不容置疑的。

有这样一则寓言故事: 有两只青蛙掉在了一个大坑里，它们想跳出来，但是坑太深，跳起来很吃力。坑上就有许多青蛙对它们喊，不要跳了，跳也白费力气。一只青蛙不跳了，趴在坑底，最终被太阳晒死。另一只青蛙却在它们的喊叫声中越跳越欢，最终一跃跳出深坑。坑上的青蛙过来问它，我们让你不要跳了，你为什么越跳越欢呢？这只青蛙说，我的听力不好，还以为你们是在为我喊加油呢！

正确有效的鼓励，既可以在老师和同伴的赞许中增强信心，又可以从老师和同伴的肯定中明辨方向，在一种和谐的氛围中获取力量。

大家都知道，教育是有目的的活动，但我们不可对教育的目的作简单的理解。我们常常遇到有人质疑：学这个有什么用，学那个有什么用。这使我想起一个故事：当富兰克林用风筝在雷雨天取电成功时，旁边有一位抱着小孙子的老奶奶问富兰克林：这有什么用？富兰克林反问老奶奶：您抚养孙子长大，他将来有什么用？老奶奶回答说：我现在说不出，但他长大了肯定会有用。富兰克林说：我的发现也是一样，我现在说不出它有什么用，但我相信，它将来会有用处。后来，电的使用几乎改变了整个世界的生产方式和生活方式。

教育有什么用？也许我们不能简单回答所有教育活动的直接用处，但我们可以意会：教育的作用不在于传授，而在于唤醒；教育的作用不在于掌握知识，而在于启迪智慧；教育的作用不在于当下，而在于未来。

警惕“以生为本”的过度

“以生为本”已成为教育人的共识。但如何真正“以生为本”，如何让“以生为本”落实到教育教学的各个环节，如何把握好“以生为本”的度，都值得我们深思。我们的教育教学活动不可缺失学生立场，但也不能一味地顺从学生意愿，一味地满足学生的需要。过度的“以生为本”也会造成教育的偏离。因此，我们要警惕过度的“以生为本”。

一是过度自由放任。教育需要尊重学生的个性差异，需要创设空间让学生自然、自由地生长，但让学生自然、自由地生长绝不是让学生随心所欲。教育有时需要适当的约束，这种约束是必要的教育手段，其目的还是保证和促进学生的自由生长。譬如有的学生活泼好动，而上课时他就要受到一定的约束，该安静的时候必须保持安静，这是为了他自己，也是为了其他同学能正常学习。再譬如教育学生遵守交通规则，不要在马路上追逐打闹，不要乱闯红绿灯，就必须严格要求，约束到位，不能听之任之。总之，无论什么时候，我们既要尊重学生的需求，也要牢牢握紧教育的准绳，坚守教育的价值理念和教育原则，做到张弛有度。

二是过度讲求民主。教育需要讲民主，在教育过程中多听一听学生意见，尊重学生的选择，但这并不等于事事由学生说了算。学生是发展中的人，他们的心智还未完全成熟，是非观、价值观还在形成中，有时难以明辨是非，缺乏必要的理性。譬如在民主评议时，学生容易凭借个人的好恶，仅凭个人关系或者考试来进行评议，难以全面、公平、公正地评价，这时就需要教师来作适当的引导，引导学生全面、公正地评价他人。这样，学生在教师正确引导下，民主意识会进一步增强，而行使民主权利的能力也会得到逐步提升。

三是过度满足需要。教育需要满足学生的正当需求，但这不等于学生需要什么就给予什么。学生的需要有时是“小孩子”的需要，带有明显的个人感情色彩、主观色彩。由于学生尚是成长和发展中的人，有些需要只是出于短暂的兴趣，图一时之快；有些需要受到社会不良文化的影响，本身就是消极、不健康的需求、意愿。譬如有的学生不喜欢上语文课、数学课，能如他所愿吗？有的学生不爱做作业，懒于动笔，我们能听之任之吗？有的学生陷入恶俗、低俗的图书中，我们能不加以引导吗？所以，能否满足学生的需要，关键看是不是有利于学生健康的、长远的发展。凡是有利于学生终身发展的事情，我们就要坚持；凡是不利于学生终身发展的需求，我们就要加以教育引导，这也是教育的价值和意义所在。

四是过度追求平等。教育需要尊重学生，尊重学生的人格，需要教师摒弃传统意义上的师道尊严，讲求师生人格平等。但教师不能不要起码的威信，不能与学生绝对平等。有的老师没有原则地顺着学生，迎合学生；有的老师不敢批评，不敢施教，一味谅解包容；有的老师总是“一脸笑容”，一味表扬褒奖……其结果是，这样的老师没有在学生心目中建立起基本的威信，有的甚至连课都上不下去了。教师一味地表扬与肯定，也会在某种意义上影响到学生对事实的澄清、对价值的判断。所以，老师不能追求师生关系的绝对平等，追求的应是师生人格的平等而不是平起平坐，毕竟“闻道有先后”。殊不知，教师的人格魅力、渊博知识、教育智慧等才是影响师生关系的重要因素，吸引学生、赢得学生才是为师之道。

我有一个愿望

我有一个愿望：还孩子们幸福童年，让孩子们少受罪。

这是一个像泥土般质朴的教育愿望，也是一个像星空般高远的教育梦想。

因为我非常痛心地看到今天的孩子没有少受罪：揠苗助长的“小大人现象”，让我们的孩子不像孩子，儿童不像儿童，过早地变得世俗和成熟，失去了儿童的童性和天真；盲人摸象的“教育近视现象”，让人们急功近利，把孩子的人生当作一次短跑冲刺，普遍患上一种“起跑线焦虑”，殊不知人生本是一场长途旅行；南辕北辙的“错位现象”，让孩子的今天与明天严重错位，很多人喜欢把今天孩子的学习看作未来生活的准备，“十年寒窗苦，方为人上人”，认为苦学的童年是为未来幸福生活的必要牺牲……

让孩子少受罪，就要让孩子“睡得好”。我们的中小学生睡眠不足是不争的事实，睡眠不足将直接影响少年儿童身体正常发育和心理健康，也会带来学业成绩的下降。研究表明，中小学生晚上睡眠时间每多一小时，成绩就会相应提升4%至10%，而患近视的概率就会降低5%左右。如何让学生“睡得好”，一个最有效的路径就是减轻学生不必要的课业负担。我校从2009年开始创办“零作业实验班”，实验班实现“零统一的书面家庭作业”，代之以体育锻炼、做家务、家庭阅读、艺术欣赏等素质作业，对少数学习有困难的学生，有针对性地布置差异性作业、选择性作业。几年下来，实验班的学生有两个很明显的优势：阅读量很大，视野开阔；身心很健康，更像孩子。同时，我校在寒暑假等国家法定节假日推行“零书面作业”，实现“作业变脸”，变统一书面作业为实践性、体验性、选择性作业。另外，还有“每周零作业日”“大书包变小书包”“家长免签字”“作业免做券”等一系列减负举措，尽可能减轻学生不必要的学习负担，还睡眠于孩子。

让孩子少受罪，就要让孩子“玩得好”。对孩子来说，最大的幸福不是吃和穿，而是玩，最让孩子陶醉的是与伙伴一起做游戏。每年新学年开学的时候，我都会问刚进校的新生喜不喜欢这所学校，喜欢什么，孩子们的回答往往会聚焦三点：一是学校干净漂亮；二是学校有很多可以玩的地方；三是有幼儿园时认识的玩伴。在儿童的眼里，他们到学校来就是为了寻找玩伴。儿童需要奔跑，需要游戏，需要玩耍。大量的研究表明，玩得多、玩得好可以有效促进儿童智商与情商的提升，反之则直接影响儿童的智商和情商。甚至还有研究显示，成人后心理障碍、心理问题的一个重要成因是由于儿时游戏、玩耍的缺失。我认为学校可以在以下两个方面为孩子“玩得好”服务：一方面是为孩子的“玩”创造空间，为学生创设适合他们的玩耍场所，一所学校总要有那么几处地方让孩子喜欢，让孩子陶醉，让孩子留恋；一方面为孩子“玩”腾出时间，学校组织大量的学生课外活动，大量的学生社团活动，让学生乐在其中。其实，儿童的“玩”绝不是单纯的“傻玩”，儿童游戏中的假扮、儿童自发性的歌唱与跳跃奔跑、儿童无意识的尖叫与嬉闹、儿童天性的涂鸦与描摹、儿童的幻想与想象都向我们表明，儿童的世界是一个神秘的、诗性的、艺术的、美幻的世界。儿童也会自然地在玩中发育、玩中求知、玩中体悟、玩中启智。

让孩子少受罪，就要让孩子“学得好”。学得好绝对不能与考得好、考分高画等号。“学”有“死学”与“活学”之分。老师死教则学生“死学”，最终则“学死”；老师活教则学生“活学”，最终则“学活”。传统的讲授式教学、问答式教学，教师教学生“学会”，学的是死知识；而适合学生的自主学习、主动学习，教师退居学生身后，实现学生自己“会学”，学的是活智慧。因此，我认为：在学习目标上，我们要改以知识搬运为目标的“蚂蚁式学习”，为酿花成蜜、转知为智为目标的“蜜蜂式学习”；在课堂学习形态上，我们要由“教授的场所”转变成为“学习的场所”；在教与学的方式上，我们要由“目标→达成→评价”的程序型课堂，转变成为“问题→探究→表现”的项目型课堂，由关注知识掌握与达成的学习结果，转为关注思维与体验形成的学习过程。而在学习变革之中，最主要的是改变师生角色定位和学生学习方式，我校提出的“让孩子站在课堂中央，让老师站在学生身后”追求的就是这种改变。“教无定法，道有常道”，如果我们师生熟谙“一切学习皆可归结为自主学习”这一常道，则学生就可“学得好”。

有人问著名管理大师吉姆·柯林斯，怎样保持人生的动力？他说：“我最深层的驱动力，其实是一颗纯粹的、不受拘束的好奇心。每晚睡觉前，我觉得我的好奇心得到了满足，但隔天一早醒过来，我又充满了好奇，这是我体内的一座小引擎。”我认为，对孩子来说有两样东西最为重要：一是“神圣的好奇心”；二是“内在的自由”。孩子拥有了这两样可贵的东西，则“睡得好”“玩得好”“学得好”就顺理成章，水到渠成。

其实，大人们看儿童，认为他们只是在好奇、好玩、好动，在涂鸦、幻想、游戏，在哼哼唱唱、蹦蹦跳跳、吵吵闹闹，看起来是无所事事，但实际上他们在做着非常重要的工作。他们是在悄悄地构造一个人，这个人就是未来的他自己、未来的那个成人。儿童与成人的关系就像蛹与蝶的不同生存形态。我相信：每一个儿童都有化蛹成蝶的那一天，那也是我的愿望实现的时候……

教育现代化别丢了“民族化”

当前，很多地方、很多学校都在追求“教育现代化”。谈到“教育现代化”，很多人言必称西方教育，言必称西方的教育理念、西方的课程设置、西方的学习方式、西方的教育评价，等等。我们不否认西方的教育有其先进性，但当下教育理念研究和教育实践探索中很多“食洋不化”的现象却令人担忧。

我一直坚信：没有民族性就没有世界性。我们追求“教育现代化”没错，但我们的教育现代化必须立足中国国情，立足中华大地，可以说是一种“中国特色的教育现代化”，绝对不是“西化”，更不是“美国化”。而这种“中国特色的教育现代化”就要坚守“民族化”，否则我们的教育有可能丢掉自己的根，成为“无根的教育”。

这种“民族化”的追求在1949年的《共同纲领》里就有了，当时就叫作民族的、科学的、大众的教育文化，可惜到今天，民族的东西却在逐步丢失。这种“民族化”教育的构建应关注以下几个方面：

一是对地方文化的保持。包括地方性文化、民间文化、民间习俗、民间智慧的学习和传承。“一方水养一方人”，这种地方性文化是一个地方的文化命脉，是需要保持的，是需要通过地方课程、校本课程来传承的。

二是对传统文化的吸收。民族传统文化中有很多精髓的东西，尤其是传统道德、传统经典、书院精神，等等。虽然有些东西与现代精神有不符之处，但传统文化和传统智慧中有很多可以让现代人兼容和吸收的成分，可以通过经典诵读等方式来施行教育。

三是对传统技能的传习。像书法、国画、象棋、戏曲、武术、中医、国乐等，都是我们民族文化的瑰宝。这些是看不见的文化，也是看得见的技能。我们要像普及饮食文化那样，传习这些民族文化的元素和技能，从而强化作为中国人的文化归属感。

四是对生活方式的坚守。教育首先是习惯和规矩的养成，立规矩、养习惯都是非常具体、细致而又可操作的。如何待人接物，如何衣食住行，我们自古就非常讲究，但现在都慢慢失传了。如何坚守这些生活方式？一是要靠家教，重扬家风；二是要靠民风，重整民风；三是要靠社会，弘扬社会主义核心价值观。

我所谈到的“民族化”并不等于保守，它其实包含两层意思：一是民族的、本土的好东西千万不要丢弃；二是外来的、舶来的好东西要化为民族的、本土的。让中西方教育好的东西经历交流、交锋、交融的一个过程，也是教育现代化的一个最好的过程。

让孩子离自然近一点，再近一点

现代城市儿童与大自然之间基本处于割裂的状态，有些孩子在不知不觉中患上了“自然缺失症”。一个孩子，如果缺乏与自然的接触，没有在大自然中学习、探索、体验的经历，孩子们感觉和知觉都会受到影响，容易变得孤独、焦躁、易怒，在道德、审美、情感、智力成长中都会有所缺失——孩子就像需要睡眠和食物一样，需要和自然的接触。

现代城市的孩子熟背《悯农》，但没有见过禾苗；吃过猪肉牛肉，却没见过猪牛的奔跑；分不清五谷，辨不出花草，认不了飞禽走兽……这实在是让人弄不清是进化还是退化。其实，大自然并不仅仅是任人类索取的资源体，更是人类生存的力量所在，是一切美、想象力和创造力的源泉。与自然的断裂，不仅会让人失去对生命的体察，更可能让人失去支撑内心的力量。

如果长此以往，孩子与大自然的接触越来越少，孩子的感官越来越局限在手机、电脑、电视等单一的视觉使用上，其他感官退化，逐渐变成“生活的旁观者”，越来越被动地应对生活，心灵得不到滋养，人生经历就会很单薄。

什么是自然？什么是真正的自然？真正的自然，应该是这个样子——那里，空气里是泥土、青草和粪便的味道；那里，有丛生的野草，可以让人在上面自由奔跑；那里，有自然生长的林木，人们可以随便攀爬；那里，鸟儿在林间飞翔，鸟粪时不时落在人们头上；那里，有成片的农田，有数不清的麦垛和草垛；那里，有夏日的萤火虫和蛙叫，有秋天的虫鸣；那里，蚊子会叮人，手会磨出泡，鞋子会沾满泥土，裤子会破洞……而这一切，都散发出世界最初的魅力。

让孩子走进真正的大自然，我们就是什么都不讲，让孩子看看天空，听听风声，重新使用眼睛、耳朵、鼻子和指尖，让所有的感官都动起来，孩子也真正受益。其实，只要孩子用一颗安静的心，大自然就会引领着他，体会大自然的美好，知道一切他想知道的。

孩子不仅天生地喜欢接触大自然，更可以在观察、体验、参与、感悟中学会责任与关爱。建立起孩子和自然的联系，就是在孩子心中埋下敬畏自然、尊重生命的种子——不管怎么说，人类是自然之子，孩子更是自然之子。

正如爱默生所说，“培养好人的秘诀就是让他在大自然中生活”“那些感受大地之美的人，能从中获得生命的力量，直至一生”……

到底要不要惩戒?

当下，学校和老师一提到批评与惩戒，往往噤若寒蝉，生怕批评或惩戒会引起学生的过激反应，导致不良后果。一时间，学校和老师都对批评和惩戒非常谨慎，尽量保持一团和气，遇上个别顽劣的学生就感到束手无策。

我一向反对体罚和变相体罚，但我一直认为适当和适度的批评、惩戒实在是有必要的。教育学生应当以赏识、表扬和鼓励为主，但教育也包括必要的批评和惩戒，从某种意义上说，没有批评和惩戒的教育是不完整的教育。尤其是在今天，在很多“6+1”的家庭里，孩子平时在家里得到来自祖辈和父母太多的表扬与呵护，甚至是溺爱，听到的表扬赞赏之声多了，听不得一点批评，更不要说受到挫折。

我曾经做过这样形象的比喻:“表扬与批评”就好像“打气与补胎”。如果轮胎本身是完好的，那就需要隔一段时间不断地打气。但是，如果轮胎出现了破损，有了漏洞，打气就没有什么用了，这时就需要先把轮胎补好，然后再打气。如果学生出现了错误，就必须要进行批评或是惩戒，这就好比是补胎。

在教育心理学上还有个很形象的比喻——“蛋壳心理”。说的是现在不少孩子因为平时在学校和家庭所听到的表扬和赞赏太多，而基本没有受到什么批评、惩戒，这样就导致这些孩子心理承受能力较差，一旦在外界受到什么委屈，受到什么批评就受不了。就像一个外表很光滑的鸡蛋壳，看上去还很光滑漂亮，其实只要一敲就碎。

的确，适当、适度的批评和惩戒是必需的。但是，怎么样进行批评和惩戒却是需要讲求艺术的。

我们学校制定学校的批评与惩戒条例时就经历一个让学生自主参与、自主选择、自我觉醒的过程：首先，让全校同学参与讨论，校园内外哪些行为是最不文明、最不安全的，经过学生广泛讨论，大家一致认为随地扔纸吐痰、从高空抛物、从背后推搡他人、走路乱冲乱撞、追打他人、上厕所不冲厕所等属于最不文明、不安全的行为；接着，学校组织全校同学再次讨论，如果在校园内外出现这些行为，该受到什么样的批评和惩戒，同学们经过讨论，提出了一些恰当的惩戒措施，譬如说随地乱扔乱吐，所受的惩戒为在此地打扫卫生一周，或在此地站岗执勤一周，或在班级打扫卫生一周，等等；然后，学校将同学们的讨论汇集起来，形成学校惩戒条例讨论稿，发放给学生、老师和家长人手一份，让大家根据学生们讨论的意见来进行“民主投票”，根据大家投票的情况进行统计，向全校师生、家长进行公示；最后，在此基础上形成学校的惩戒条例，印发给每一位学生、家长和老师，遵照执行。当然，在执行的时候也体现一定的弹性，可以让违规的同学自己选择接受惩戒的方式，让学生真正达到心悦诚服。

这个过程其实是一个充分让学生自主参与、自主选择、自我教育、自我觉醒的过程，这个过程比结果更重要。因为所有的条例均来自于学生和学生的监护人，能够唤起学生的内在自觉，也能够取得家长的支持和共识。而如果有的学生违反了这个惩戒条例，他也不会有太大的抵触情绪，毕竟是他自己和家长一起举手、投票同意的，是大家的“共同约定”，违背了自己的约定而受到相应的惩戒也是心甘情愿的，而这种经历和体验也会让学生的感受更为深刻，所取得的教育效果也会更好。

这里我想强调的是，惩戒绝对不等于惩罚，更不等同于体罚。惩戒的目的是让学生经历一个自我认识、自我反省、自我体验、自我纠错的过程，达到知错可改的效果。

的确，教育需要适当的、适度的、艺术的惩戒。

杰出人才是我们培养的吗?

不少中小学在办学目标中都提出来要培养杰出人才、优秀人才。我们中小学真的可以培养杰出人才、优秀人才吗?

试看看，古今中外有多少杰出的思想家、政治家、科学家、文学家是学校里“刻意”“重点”培养出来的?孔夫子?苏格拉底?孙中山?毛泽东?牛顿?爱因斯坦?钱学森?屈原?雨果?比尔·盖茨?乔布斯?……杰出人物中，的确有些人在学生时代就已经锋芒毕露，显示出过人才华，但他们的杰出成绩，却都是在日后经久打拼出来的;而有些人在学生时代名不见经传，在后来的事业中才大器晚成，成为“冒”出来的黑马。因此，根据一个人学生时代的表现来预测他的未来，实在是不可信。即使是估计和猜度一个学生未来是否“有出息”，这种“算命”也往往是难以准确的。

其实，所谓的“培养”实际上是学校和家庭在中小学时期为学生将来的成长打下基础，为学生未来的进一步发展提供条件和可能性。在这个时期，学校和家庭的任务是为未来的人才制造“毛坯”。至于将来他是否真正成为杰出人才、优秀人才，就得靠他自己在实践中打拼和琢磨了。因此，不能说我们中小学所打的基础就是培养杰出人才，只能说是为人才成长做了准备，提供了未来成长的可能性。

我一直认为:真正的人才不是有意培养出来的，而是在实践中“冒”出来的。我们的教育所要做的就是为他们“冒”出来提供土壤。尤其是在中小学教育阶段，中小学教育是基础的基础，就像一栋建筑物埋在地底下的“地基”。作为埋在地底下的“地基”，根本就不显露在外面，是别人看不见的部分。这部分应该是厚实、扎实和粗糙的，不需要刻意装饰，不需要贴上漂亮的瓷砖或者华丽的大理石，只需要尽可能把钢筋和水泥夯得厚实和扎实，地基越厚实、越牢靠，上面的建筑物才越优质。

时下，有不少学校、不少人喜欢把学校的功能无限夸大，其实学校的作用没那么巨大，中小学的教育也没那么伟大。学校教育是什么？不就是今天这堂课明天那堂课，今天这项活动明天那项活动，上节课是这门课下节课是那门课，不就是学生的一首歌、一张画、一道习题……这些点点滴滴组成了真真实实的学校教育。所以我认为，上好学校的每一节课，抓好学校的每一件小事，关注到学校的每一个孩子，那就是教育！也就会为将来杰出人才的“冒”出来提供我们所能提供的基础。

不少学校由于对基础教育认识的误差，就出现了一些急功近利的“培养”措施，信心满满地培养杰出人才，集中优势资源来对学校预定的学生进行“重点培养”。由于社会需求多样化和人才发展多样性，这种特定的培养往往超出了“因材施教”的界限，其效果可能是南辕北辙、弄巧成拙、适得其反。这种所谓的“重点培养”“定向培养”，往往是“有心栽花花不发，无心插柳柳成荫”。不少“重点培养”的学生到后来只是昙花一现，“泯然众人矣”！不少当年的高考状元，如今在“百度”上都搜不出名字来。

正如哲学家第欧根尼所说：“对于天才，我们所要做的就是不要挡住他的阳光。”的确，我们不要刻意地去“培养”“打造”“雕琢”人才，我们要做的是准备好土壤，让人才的种子在良好的土壤里，在阳光、雨水和空气中，自然、自由、自在地生长。总有一天，人才就会破土而出，“冒”出地面……

什么是真正的开放!

上周双休日，我校校园首次向全区中小学生全方位开放。恰逢天气晴好，不少中小学生走进校园，快乐而自由地运动、上网和阅读，整座校园也因为孩子们的到来而充满了教育的味道。

我们经常谈到开放办学，那什么才是真正的开放呢？我认为开放办学至少有三个层次和维度:

第一个层次是时空的开放。这是一种有形的开放，指的是打开教室的围墙和门窗，打开学校的校门和围墙，让教育的时空更为广阔，其可包含两个方面: 一方面是打开校门请进来，如我校经常请家长到校主讲家长课程，请校外人士、社区人士给学生作国旗下讲话，请名家给老师作学术讲座，等等; 另一方面是敞开校门走出去，如我校定期组织学生参加社会实践活动，节假日组织学生到社区做力所能及的劳动，争做“社区小义工”，等等。

第二个层次是资源的开放。学校资源是公共资源，公共资源应该是公民共享的，每一个公民都依法拥有共享公共资源的权利。从这种意义上说，各个学校之间的资源应该是开放和流通的，不能关门闭校办学。而学校的一些教育设施也应该在保证安全使用的前提下，向所在区域的学生开放，特别是学校的图书馆、计算机室、运动场等教育教学设施，完全可以让学生自由自主地学习、使用。当然，如果教师资源可以逐步达到交流、轮岗，那这个层面的开放就是实现了硬件和软件资源的开放，就可以为教育均衡提供一些基本的条件。

第三个层次是思想的开放。比起有形的时空开放，思想的开放就是要打开无形之门窗，走向更为开阔的思想空间，达到更为理想的思想境界。我认为，对一所学校而言，思想的开放主要有以下三点：一是办学胸襟的开阔。学校的办学一定要宽容大度，有着办学的开阔胸襟，学校的管理者和领导者必须要有办学的古今视野、中外视野、全域视野。同时，要广纳众言，集思广益，听得进不同的声音，听得进各方面的意见和批评。二是学校管理的民主。要充分地相信师生、解放师生和调动师生，让不同的办学主体参与到学校的建设和发展之中，让学校里所有的脑袋都动起来，让更多的人为学校贡献智慧。三是学生学习的自主。不仅仅是向学生传授知识、训练技能，更重要的是让学生自我选择、自主学习、自我发展，给学生更多自主学习的时空，注重培养学生自主学习的意识和能力，建构自主开放的学习机制。

也就是说，真正的开放是从时间到空间、从有形到无形、从外在到内在的立体开放。

与校长们分享的五句话

最近，我的校长工作室成员共读《中国教育寻变》这本书。在赠送给工作室五位校长的五本书扉页上，我分别题赠校长们五句话。

第一句话："敬天爱人。"这句话是我的座右铭。"敬天"我理解为敬畏和尊重天道、天理，亦即自然之道、自然之理，万物生长之道、万物生长之理。庄子曰：天地有大美而不言，四时有明法而不议，万物有成理而不说。"爱人"我理解为博爱众生、爱满天下。站在做教育的角度，"敬天爱人"则有以下内涵：敬畏自然之道，尊重人的成长规律，遵循教育内在规律。同时，心怀慈悲，生生平等，爱生如子……

第二句话："视远惟明。"这句话出自《尚书》，意为越放远了看越看得明白。其实，决定一个人事业成败最关键的是视野和思维方式，而有什么样的视野就有什么样的思维方式。做事业靠视野，做教育亦如此。尤其是在全球化、信息化时代，一个教育工作者的视野至关重要。怎样拓宽视野呢？我认为其路径有三：读万卷书，行万里路，交万人友……

第三句话："道不远人。"做任何事都有境界之分，自古至今就有器、术、道之说。对做教育而言，有追求外在投入即得的"教育之器"，有追求技能技巧的"教育之术"，也有真正追求真、善、美的"教育之道"。我认为：教育人一定要穷毕生之力去追求、领悟"教育之道"，不要囿于教育的器术。其实，在不断渐悟、顿悟“教育之道”的过程中，我们就会从不断开悟到豁然开朗，就会明白大道至简，“道”就在身边，就在每一步前行的步伐里，“道”就在你我心里……

第四句话:“知快守慢。”在这个日新月异的信息化时代，人们的生活节奏、工作节奏都在拼命加快，似乎慢一步就会落后于时代，就会被时代抛弃。然而，同时人们又在怀旧，又在呼唤“慢生活”。对教育而言，也有不少急功近利的声音和做法，似乎教育也要大干快上不可，似乎不变革就会落后。我认为:教育确实要适应时代发展的要求，要变革前行，教育工作者要关注时代发展，分析教育发展形势，站在教育发展前沿，不能因循守旧，这是“知快”，但是，教育从来就是慢的艺术，教育需要“文火慢炖”，人的成长更需要一个慢慢的、漫长的过程，不能揠苗助长，不能急于求成，否则“欲速则不达”，做教育要坚守原点，坚守本真，不盲目，不盲从，不贪大求洋，不好大喜功，这是“守慢”……

第五句话:“守正出新。”当下最时髦、最时尚的词汇就是创新。的确，做什么事都需要创新，“在当下不变的就是改变”，做教育更需要推陈出新。但是，创新只是手段，而不是目的，目的还是为了人的发展，不能一味为了创新而创新。创新也不是无源之水、无本之木，更不是空穴来风，一拍脑瓜即成。创新有一个基础前提，那就是“守正”，要在坚守规律、坚守本源的基础上来创新，必须在坚守规律之上，进行翔实、周密的调查、分析、研究，一步一步推出创新思路和举措。否则，即使是一时脑子发热而喊出创新，也是墙头芦苇、风中浮萍，一吹即散……

这五句话其实可以归并为一句话——“守本开新”。“本”是天道，人本;“新”是时势、创新。“守本开新”即坚守天道人本，追求适时出新。

由校训“祖国利益高于一切”想到的……

有一位教育人士曾对两百多所中小学的校训内容作过调查统计，这些中小学校训中出现频率最高的几个词是：求实、勤奋、团结、创新、严谨、进取、奋进、文明等，而绝大多数中小学四个词，八个字结构的校训内容雷同，表述单一，缺乏个性，很难在学生心中留下深刻的印象。

湖北省武昌实验小学的校训是“祖国利益高于一切”，这个校训立意非常高远，而表述又十分朴实，让人印象深刻。这个校训产生于中华人民共和国成立之初，历任校长一直沿用至今，从来就没有人想到要去修改或者更换它，大家都觉得这个校训具有深远的历史意义和现实主义，不应该作修改或更换。每当师生一想到、提到校训，就会使人精神振奋；每当升旗仪式时，全校师生齐呼“祖国利益高于一切”，洪亮、激越的呼号让人热血上涌、群情激昂。

这个校训产生的20世纪五六十年代，中华人民共和国成立不久，人们都很珍惜来之不易的新生活，对中华人民共和国发自肺腑地热爱，爱国热情空前高涨。如果祖国需要，人们宁可抛弃一切，都会激情满怀，义无反顾；一旦祖国召唤，人们都可以赴汤蹈火，在所不惜。人们从来没有考虑个人利益，从来没有计较个人得失，也从来没有怀疑过自己为国的选择。而在同时期的中小学教育中，爱国主义教育顺理成章，教材中有关爱国的内容比比皆是。从古往今来的民族英雄到革命战争年代的革命英雄，从成人英雄到小英雄，都在影响着当时的孩子。从成人到学生，都以爱国为荣，都有一种“精忠报国”的价值取向。“祖国利益高于一切”的校训切合时代的节拍，让当时的学生深信不疑。

进入20世纪80年代，随着国门的打开，改革开放浪潮扑面而来，让还没有做好充分思想准备的人们猝不及防，而潘多拉的魔盒也一下子被打开了，人们沉睡已久的各种欲求被一夜之间唤醒。一时间，各人都在为成为先富起来的人而奔忙，对个人利益的追求势不可挡。一些人为了金钱，为了财富，为了个人利益最大化不惜铤而走险，甚至不择手段，突破了法律和道德的底线。而这个时期，少有人再谈及祖国利益，甚至如果有人再谈祖国利益，可能被其他人嘲笑为“老古董”。道德滑坡，价值模糊，“祖国利益”似乎一下子被人们抛之脑后，被人们淡忘。

当人们从穷困走向富裕，当物质生活逐渐得以改善，当中国综合国力不断提升之后，人们又不禁陷入了沉思，在沉思中惊醒:我们民族优良的传统到哪里去了？我们曾经拥有的德行和良知是不是丢了？我们曾经的美丽家园怎么污染成这个样子？我们的综合国力提升后还需要什么？人们开始意识到，我们不止有眼前的苟且，还有诗和远方；我们不止需要金钱和产品，还需要青山绿水；我们的眼中不仅仅有自己，还应该有他人、有社会责任和祖国利益……当人们在分享改革开放带来的红利之时，祖国利益再次回到人们心中。

因为人们越来越意识到:个人利益与祖国利益是不可分割的。当每个人都能成为遵纪守法的合格公民，每个人都尽可能地成为最好的自己，那么国家就会越来越强盛。而当国家越来越强盛，个人利益就会得到有力保证和保障，人们才能安居乐业。个人利益与国家利益本就是相辅相成的。随着近年改革开放的不断深入，人们也越来越体会到，随着国力的强大，国人无论在哪个领域，无论走到什么地方，都可以挺直腰杆，昂起头来说:我是中国人。国家强盛对每个人是多么重要。

当然，当下人们对“祖国利益”的理解与中华人民共和国成立时人们心目中的“祖国利益”可能会有些差异，那时候人们对祖国有一种炽热的情感，祖国手一挥，人们可以奋不顾身往前冲。而时下，人们难再有这种情感，也很难做到祖国振臂一呼不顾一切向前，但人们对“祖国利益”会有新的诠释：在日常生活中，除了关注个人利益，也要关心他人、关心公益、关心家乡、关心社会；在国家需要的时候，会为国家做出自己力所能及的贡献和应有的奉献；而一旦国家遇到危急，则应该为国家挺身而出，毕竟没有国哪有家。也就是说，在当下“祖国利益”不再是一个高高在上的号召、一个口号，而与人们的生活更为贴近，与个人利益紧密相连、息息相关、休戚与共。人们与祖国同甘苦，共荣辱。

时代在发展、在前进，如何看待“祖国利益高于一切”这个校训呢？如何对今天的小学生进行相应的教育呢？这个校训是否像个别人所说的有点宏观，有点高大上，距离学生有点远？我认为：教育绝对不仅是学习成绩、考试分数，也绝对不仅是知识技能、思维发展，教育最根本的任务是立德树人！立什么德？应该树立社会主义核心价值观；树什么人？应该培养具有“中国心”的现代中国人。所以我认为：教育首先应该是价值观的教育，是“中国心”的教育，是培养具有社会主义核心价值观的现代中国人。“祖国利益高于一切”这个校训在任何时代都不过时，都是先进的。爱国主义教育在任何时代都很重要，尤其是在全球化、信息化、多元化的今天。如果我们的社会主义核心价值观不进入学生的头脑，日本的动画、好莱坞的电影、麦当劳所带来的价值观就会侵袭学生的头脑；如果我们的民族传统文化不进入学生的心灵，激起我们的共鸣，来自各方面的外来文化就会占据学生的心灵；如果我们的爱国主义教育不能到位，学生就会受到一些表面现象的诱惑，追求西方的生活方式，向往外国的月亮。

那么，对小学生来说，如何让“祖国利益高于一切”这个宏大的校训落地生根呢？如何让小学生明白和懂得“祖国利益高于一切”的真正含义？近些年来，我们学校通过一些灵活生动的教育形式、丰富多彩的教育活动来开展爱国主义教育。一是公民教育。充分发挥《品德与生活》《品德与社会》等国家课程的教育作用，利用课堂教学主渠道进行公民教育，传授公民知识，培养公民意识。二是仪式教育，按照《国旗法》要求，举行好周一升旗仪式和每天的升旗，精心安排国旗下讲话，让国旗、国歌扎根学生心中，尤其是教育学生无论何时何地听到国歌，看到国旗升起，都要庄严地敬礼。三是历史教育，包括国家和民族发展的历史、城市发展史、学校发展史和家族发展史等，组织学生做城市的“小义工”，寻访学校历史上的伟人，寻访学校历史上的革命英雄（湖北省武昌实验小学是1927年大革命时期“中央军事政治学校”旧址，史称“第二黄浦”），评选“英雄中队”，开展“寻访家史”活动等。四是传统文化教育，深入开展经典诵读、书法练习、武术传习、传统节日教育等，让学生广泛接触、了解民族传统文化。五是生活教育，让学生从小做起，从身边做起，关心身边有困难的人，关心身边可以做的事，关心家乡的发展，参与公益活动，为身边的人、为集体、为家乡做一些力所能及的贡献，让同学们感受到祖国并不遥远，祖国就在身边，就在身边的人和事中。

总之，“祖国利益高于一切”的校训具有丰富的历史意义和深远的现实意义。过去，它激励着一代代学子刻苦学习，投身革命，报效祖国。今天，它在孩子心中从小播下一颗爱国的种子，无论他将来走到地球村的哪个角落，他都会保存一颗“中国心”，都不会忘记他的根在中国，生他养他的土地在中国，母亲在那儿！在遇到矛盾冲突、利益抉择的时候，他会想起“祖国利益高于一切”的校训，爱国的种子就会发芽。当祖国遇到危难时，“祖国利益高于一切”的校训就会在他的耳畔、在他的心中响起，他就会挺身而出，因为“国家兴亡，匹夫有责”……

“过度教育”让人忧

很多人在讨论当前教育存在的问题，从我的观察来看，当前教育最突出的、最综合的、最大的问题还是一种“过度教育”。这种过度教育主要表现在以下几个方面:

一是过度的“知识”。当前的教学大体上还是一种“知识教学”，教师依据教材教知识，学生依据书本学知识；教师教的多半是“死知识”，学生学的也基本是“死知识”，教师教“死书”，学生读“死书”。中西方教育学、心理学研究都表明：过多、过死的知识不但无益，而且有害，过多的知识会占据和侵蚀学生思维的空间，给学生造成一定的思维定式，阻碍和破坏学生思维能力的发展，尤其是影响创新思维的发展。我们的教与学，并不排斥知识的学习，但绝不是过多、过死的知识学习与掌握，而是要“转识为智”，通过知识的学习与应用，改善学生的思维结构和思维方式，给学生的思维留下广阔的空间。在信息化时代，我们要给学生的应该是电脑所不能给的能力；我们不是要给学生背不动的书包、背不完的知识，而是要给学生带得走的、用得上的思维和智慧。

二是过度的“安全”。由于多方面的原因，安全问题成为学校办学、家长关注的首要问题，安全问题成了悬在人们头上的一把利剑。谈校园内外的安全问题本来无可厚非，安全不保何谈教育！但过度的追求安全，就会逐步导致孩子的“零风险童年”。“零风险童年”看似对孩子的保护，实际上是一种剥夺和扼杀——剥夺了孩子接触和认识真实世界的机会，扼杀了孩子适应真实社会的机会和能力。学生的安全问题其实是一个不折不扣的伪命题，也是一个悖论：越是强化学生的安全问题，越是把学生“管”得死、“管”得严，学生的身体柔韧性逐渐退化，自我保护能力逐渐削弱，摔一跤都会出问题；而让学生更多地自由活动与运动，则学生的身体柔韧性和自我保护能力不断增强，摔一跤顶多只是擦破皮肉，打一个滚爬起来就没事。要知道，大禹治水，不能堵只能疏。过度的“安全”“零风险童年”对男孩子来说，直接影响到男孩子的成长和发展，尤其对男孩子与生俱来的探索精神和冒险精神是毁灭性的打击和破坏，大家都在关注的“男孩危机”绝不是危言耸听，或许会在一定程度上影响一个民族的未来。

三是过度的“精致”。随着经济的发展和地方财力的增强，学校建设是越来越上档次，越来越讲脸面，越来越豪华。学校硬件建设也是超豪华阵容。对教育的重视，对硬件的投入本来是一件好事，但随着硬件建设的不断攀升，学校教育也越来越追求“贵族化”，越来越追求豪华的、精致的教育。其实，中小学是基础教育，什么是基础？就好比建高楼大厦打地基，地基是埋在地底下的，讲求的是厚实、扎实，并不需要在地基部分贴大理石，进行华丽的装潢，地基部分应该是厚实的、扎实的，甚至是原始的、粗糙的。所以，基础教育应该少一些浮华和豪华，少一些装饰与装潢，少一些贵气和精致，多一些宽厚与扎实，多一些原始和粗糙。也就是说，要更原始一些，更自然一些，更真实一些。

四是过度的“超前”。当前，幼儿教育小学化，儿童教育成人化还比较普遍，多半出于人们的急功近利心理、盲目从众心理、虚荣攀比心理，这样过度超前的教育，往往培养出听话的、懂事的“小大人”，这种“小大人”

让人怜爱又惋惜。殊不知，过早的幼儿知识教育，往往造成“三年级现象”，因为早知早会，导致一、二年级难以养成良好的学习习惯，到三年级时会产生一定的厌学情绪；殊不知，一些听话懂事的“小大人”，往往会成为别人的“应声筒”，缺乏独立思考的习惯和能力，更难谈创新意识和创新能力；殊不知，“早熟的果实既不丰满也不甜美，造成年纪轻轻的博士和老态龙钟的儿童”。教育说到底还是要“顺木之天，以致其性”，让孩子就像孩子，让儿童就像儿童，让童年就像童年。

教育是“慢”的艺术，在功利、浮躁的当下，教育尤其要保持清醒和理性，保持从容和淡定，不浮躁、不急躁、不折腾、不过度，回归规律、回归天性、回归原点、回归常识，做“自然适度”的教育……

校长是干什么的?

开学的第一天，天清气爽，春和景明。

清晨，我踏着欢快的步子走进校园，经过教学楼一楼的一年级教室门口时，一位早到的一年级小男生跑出教室，热情地和我打招呼:“校长，早上好!”清脆的童声，单纯美好得让人心颤。

我马上微笑着向他问好，并表扬他很有礼貌。但是，他并没有离开的意思，而是仰起头盯着我看了半天，瞪着一双清澈透亮的大眼睛问我:“校长是干什么的?”

我一下子愣住了，蹲下身，看着他，与我对视的儿童的眼睛清澈得让我敬畏。小家伙在一学期的学校生活中认识了同学和老师，他大概知道语文老师、数学老师、体育老师、音乐老师……每位老师都代表着一门学科，那是每位老师所做的事情。那校长是做什么的呢?他还真不知道。

我握着他胖嘟嘟的小手说:“我是你的伯伯，是你的大朋友，你以后有什么事可以到我的办公室来找我，我的办公室就在对面楼的二楼，第一间就是。还有，我的办公桌上有好吃的糖，你可以到我办公室来吃糖……”我指着对面的办公楼告诉他，他满意地笑了，又似懂非懂地眨巴着眼睛，蹦蹦跳跳地进了教室，却把一个大大的问号留给了我。

校长是干什么的?老师是干什么的?学校是干什么的?教育又是干什么

的？这些教育的原点问题我们似乎思考过，又似乎从来没有得到清晰的答案。而这些问题恰恰又是我们时刻要追问的。

回到办公室，我在办公桌前呆坐了半天，一时还回不过神来。校长到底是干什么的？校长到底该干什么？不该干什么？一年级小男生童言无忌的一个问题，倒真是一个教育的终极问题。

校长是干什么的？我想，校长应该是学校里这样的一个人：他是一个思想者——校长应该是学校的精神领袖，引领着一所学校，引领着学校里的师生精神的生长、成长和发展，把师生不断地带入新的精神高地。他是一个领导者——他是学校办学思想和教育思想的领导，是学校课程和教学的领导，是师生品格和人格教育的领导，他高举着思想的旗帜走在队伍的前头，领着大伙儿一起往前走。他是一个行动者——在行走的过程中，目光深邃而坚定，步履有力而清晰，把教育思想和办学思想转化为一个个实在而有效的办学举措和行动，让师生真实受益，让学校稳步前行。他是一个服务者——心中时刻装着学校，装着每一个老师和孩子，为学校发展、师生需求尽己所能，躬身为大家服务而心甘情愿，乐此不疲。他是一个同行者——他是老师们的伙伴和朋友，是孩子们的亲人和大朋友，与师生一起欢乐而幸福地行走在校园，行走在教育生活的路上，朝浴晨曦，暮看晚霞，共度生命中一段又一段时光……

至于校长具体是干什么的，我还真的一时难以言表。他一天又一天，一年又一年地与学校、与师生一起生活，一起往前走，哭过、笑过、累过、乐过、欢呼过、抱怨过、痛苦过、痛快过。然后，他说：我问心无愧！这可能就已足够！

不过，对孩子而言，校长最应该是校园里一个真实的人，是孩子们眼中一个和善的爷爷、奶奶、伯伯、叔叔、阿姨……

真正的校长

真正的校长是有梦想的校长。他永远有梦，有远方，有理想，有情怀。心存敬畏，行有担当。祈望遇见的每一个孩子、每一个生命，都长成他应该有的模样。

真正的校长是有理性的校长。他绝不过分浪漫，既仰望星空，也脚踏实地。既要成绩，也要习惯，更要素养。上好每门学科的每一堂课，让每个人成为最好的自己。他不是在“当校长”，而是实实在在“做校长”。

真正的校长是有思想的校长。他由理想生理念，由理念到思维，不断寻求理论支撑，不断思考教育本质，不断追问教育规律。坚定自己的教育信念，不断建构办学愿景，渐成自己的教育思想和办学思想。

真正的校长是有勇气的校长。他敢于说“不”，不囿于现实，不人云亦云，不跟风逐流。敢入无人涉足的边界，敢探无人定论的疆域，大胆尝试，敢于探索，勇于创新，勇敢而又理智地进行教育实验研究。

真正的校长是有智慧的校长。他不仅能“喊出”教育理想，画出办学愿景，更能从“管理”走向“领导”。他举着旗帜走在前头，从“喊出来”到“干起来”，从“我干起来”到“大家一同干起来”，用领导者的智慧让更多的脑袋动起来，更多的脚步跑起来，更多的心房热起来。

真正的校长是有魅力的校长。他不仅有领导的魅力、学术的魅力，更有人格的魅力。他不仅心系办学和教育教学，更关心师生的需求，乃至家长和社会的需求。他用人格的魅力调动一切可以调动的资源，形成多位一体的教育合力，他也因此拥有了一种“见天地，见众生”的大格局、大胸怀。

校风是什么?

寒假中，我遇到学校一位年轻教师的父亲。

这位教师入职才一年多时间，对学校工作还不完全熟悉，但她对学校工作很有热情，常常把学校里的故事和感受讲给家人听。

学校下午放学，总有老师在学生放路队之后，把个别学生带回到学校办公室，面对面地辅导学生订正当天的错题，老师不厌其烦地讲解，学生一遍又一遍地尝试，直到学生独立订正，老师满意地打上一个大红勾。然后，师生才一起离开办公室。有的教师，自己的子女也在学校上学，就一直陪在身边，看自己的书，做自己的事，那更是一道和谐的学习风景。

学校的食堂为学生准备中餐，由于中午在校订餐的学生较多，学校采用的是由食堂把饭菜集中送到教室，由本班老师为学生分餐的方式。这位年轻老师发现: 学校从校长到中层管理者，都被分到不同的班级，与班级的老师一起为学生分餐，与班级的师生一起就餐。这种不分彼此，师生一起端着碗吃饭的场景，既是一道教育的风景，更是一道生活的风景。

学校崇尚“自由而不放纵”的学生管理理念，学生在课余时间可以在校园任何地方自由玩耍，但毕竟小学生自我管理能力较弱，就需要老师的适当看护，所以，学校一直就有老师值岗制度，在学生课余自由玩耍的时候，校园的每个角落都会有老师在“站岗”，保护学生自由玩耍时的安全。老师们深知学生安全的重要性，都会按照学校要求，按时戴上明显的标志到岗。这位年轻老师也认真地戴着标志值过岗，感觉自己就像一名“麦田的守望者”，守护和守望着孩子的童年。

让这位年轻老师记忆深刻、津津乐道的不是学校的大型活动设计，不是考试质量，而是真实的教育生活点滴，是点滴中的细节关怀，是学校教师群体严谨求实的工作态度和敬业精神。

这种工作态度和精神，体现在学校工作细节之中，又呈现在日常教育教学生活中，久而久之，就会成为一个集体的工作习惯，并逐步化为一种内隐的精神文化。这种精神文化有着强大的力量，让每个浸润其中的人不知不觉成为“这样的人”，最终被其同化。

这，可能就是人们常说的校风吧……

我心中的好学校

在我的心目中，一所高品质的学校、一所好学校，起码具有以下四个特点：

第一，遵守法规，遵循规律。遵守法规，是指学校的改革发展一定置于国家宏观政策、法规坐标之中，不逾越国家教育政策、法规，这是底线也是红线；遵循规律，是指学校要回归常识、回归本分、回归初心、回归梦想，坚持站在学生立场，按照教育本质规律、教学基本规律、学生身心发展规律来办学。《大学》有言："知止而后有定，定而后能静，静而后能安，安而后能虑，虑而后能得。"学校有了这种"止定静安"的精神，则才可能真正做到遵守法规，遵循规律。

第二，超越规范，自成特色。学校在遵守法规、遵循规律基础上，要追求更高的品质和品位，那就不要囿于规范，应适当超越规范，需要认真分析校情，对学校历史传统、办学现状、未来走向进行整体考量，广泛听取师生、家长、社会人士的意见，逐步谋划、行动，形成学校的办学特色和办学品牌。不过，值得注意的是，特色并不等同于某一个方面的特点，更不等同于某个单一的项目，特色应是学校既开放又相对稳定的文化特质，是一提到学校人们马上就能联想到的、区别于他人的地方。

第三，共治善治，利益共生。学校致力于"共治、善治"的现代学校治理体系建设，每个人都是学校的主人，每个人都是学校发展的参与者，每个人都是学校发展的“利益相关者”，学校与师生、学校与家长、学校与社区等“利益共生”。尤其是学校要特别倡导“利益相关者”的“共治”，让更多的脑袋动起来，让更多的脚步行起来，让更多的心温暖起来。

第四，校风优良，师生向往。师生喜欢的学校就是一所好学校，师生“心向往之”的学校才是一所好学校。看一所学校好不好，师生喜欢是硬道理。一所真正的好学校，学校的“空气质量优良”，弥散着自然、自主、自由的空气，师生在这里可以尽情地自由呼吸。师生由衷地喜欢学校并期待着来到校园，这里时常有能触动他们心灵的故事，他们浸润其中乐于学习、乐于发展、乐于创造。

这，就是我心中的好学校。

教师应该是一个“先生”

古往今来，人们给教师冠上许多称谓，像园丁、蜡烛、春蚕、人梯、灵魂工程师、太阳底下最光辉的职业等等。人们对老师这些美好的称谓，既是一种尊重，也是一种期许。

不过，我最喜欢的还是“先生”这个称谓。“先生”二字，乍听起来，就有一种庄重、神圣、崇高之感，顿觉形象高大而责任重大。

仔细琢磨起来，“先生”二字颇有意思，“先生”相对于学生而言，应该是先生、先知、先行，而学生相对于“先生”而言，则是后生、后觉、后行，所谓“闻道有先后”，“先生”应该是闻道在先，而后“传道、授业、解惑”。

“先生”既然是先知、先行者，那他先知、先行什么呢？我认为：先生要在先行的路上探明哪里是不必要走的弯路，哪里是不能走的险路，哪里是无法回头的不归路。然后一一告知学生，引导学生走人生正途，而少走人生弯路，更不能走上险路和绝路。“先生”以先行者的经验、教训告之后生，避免犯下学生本可避免的大错。

从这种意义上说，教师的职业本质，其实是先行“探路人”和对学生的“指路人”，是过来人对未来人的一种指引和教导。

记得在《肖申克的救赎》中，老瑞德说：“我回首往事前尘，那个犯下大错的小笨蛋，我想和他说话，我试图讲道理，让他明白什么是对什么是错，但是我做不到，那个少年早就不见了，只剩下我垂老之躯。”

真正好的教育，是过来人和未来人说话；真正好的教师，是从未来回来跟学生说话。

教师本应是一个“先生”！

教师的目光该投向哪里？

今天，在学校里我看到两个这样的场景。

第一个场景：一个一年级的新生从开学到现在，一直不肯进教室，老师和家长都很着急。无奈之下，老师和家长商定由孩子妈妈暂时到校陪读一段时间，由孩子妈妈帮助催促孩子进教室上课。中午午饭的时候，孩子的妈妈撑着伞站在窗户外的雨地里，悄悄地、“偷偷地”看着自己的孩子吃饭。看了一会儿，又转到教室前面的走廊，从窗户里看孩子吃饭，目光里满是关切和慈爱，又充满幸福和欣慰。

第二个场景：一个三年级的孩子患有轻微自闭症，上课经常冷不丁跑出教室，大喊大叫，甚至有时用笔扎伤自己。家长特地请一个有心理咨询师资质的老师来帮助孩子。下午第一节课，天下着小雨，这个孩子从教室一下冲到操场上。那个老师跟在他后面，一个劲地喊着孩子名字，等到了孩子身边，她掏出手帕，轻轻地擦着孩子头上的雨水，轻轻地安抚着孩子。

看到这两个场景，我感到一阵心酸和心疼。

像这样的孩子在每所学校都会有，原来人们把他们称为“差生”“后进生”“特殊生”，后来人们又比较委婉地把他们称为“学困生”“困难生”。可我从来就反感这样一些字眼，我宁愿叫这些孩子为需要帮助的孩子。

这样的孩子在学校、在班级往往让人头疼，不能轻也不能重，不能急也不能松，让学校和老师左右为难。于是，有些学校和老师对这样的孩子由不耐烦到嫌弃，由不见效到放弃。

每当看到、遇到这样的孩子，我就在想：这个孩子可能只是暂时的，或者只是当前环境所导致的，随着年龄增长，随着环境改变，一些问题可能就会自然而解。我也在想：好学生、听话的孩子人人都会教，教得好好学生的老师不能说就是好老师。教得好这些需要帮助的孩子才是真正的好老师。我更在想：一所学校教得好好学生不一定就是好学校，也不一定是好教育，只有把这些需要帮助的孩子教育好了才是一所好学校，这所好学校所做的才是好教育。

在台湾教育界有句名言："爱自己的孩子是人，爱别人的孩子是神！"我想说：爱好孩子的是人，爱需要帮助的孩子是神。

我真切地请求老师们再多一些慈悲，以一颗慈悲之心来做教育，对孩子再多一些慈爱。

我真切地请求老师们再多一些宽容，以一颗宽容之心来做教育，对孩子再多一些等待。

我真切地请求老师们再多一些笑容，以一颗善良之心来做教育，对孩子再多一些微笑。

让我们的目光多投向这些需要帮助的孩子，让我们相信种子！相信岁月！

寓言背后的教育思考

有三则大家耳熟能详的寓言，蕴藏着深深的中国智慧，也往往引起人们的教育思考。

第一则寓言是“揠苗助长”。“揠苗助长”这则寓言中的农人绝对是好心办坏事。想想时下的教育，在功利之下，很多人都在“揠苗助长”：恨不得一怀胎就要进行胎教，刚开口说话就要进行早教，幼儿园就开始“培优”，小学就忙着设计人生……典型的“揠苗助长”造就的是遍地的“小大人”。这些“小大人”就如卢梭笔下的“早熟的果实”，“这些早熟的果实既不甜美，也不丰满，而且很快就会腐烂”。“早熟必早衰”，儿童的成长有其自身的规律，反自然、反儿童、反教育的“揠苗助长”，必定会贻误孩子一生！而最为可怕的是很多大人（家长）并不知晓“小大人”的害处，正如寓言中的农夫好心办坏事。

第二则寓言是“盲人摸象”。“盲人摸象”这则寓言中的盲人都只是看到事物的一部分，以偏概全。当下的“教育近视现象”正如盲人摸象只看得见眼前的分数，看不到未来的发展；只看得见知识的掌握，看不到“人”的全面发展需求；只看得见一些尖子学生，看不到全体学生；只看得见学生目前的状况，看不到学生的优点和潜力……因此，很多教育工作者和家长在教育中出现“近视”“偏视”，关心分数，关心当下，关心学业，较少关注

“人”的全面生长和终身发展，正如“盲人摸象”中的盲人：只见部分，不见整体；只见现在，不看未来；只见树木，不见森林……

第三则寓言是“南辕北辙”。“南辕北辙”这则寓言中的驾车人显然是劳而无功，适得其反。台湾学者曾仕强先生在《〈易经〉的奥秘》一书中说：做事有三点最重要，方向、定位和行动。其中方向最重要，错误的方向加上认真地执行，则是万劫不复的灾难。的确如此，教育是什么？教育是培养人的，而不是教书；我们教的是人，而不是书；学生最重要的是成人，而不是升学。而眼下的教育，大家都在用心、用力地追逐名校，追求一张纸的文凭，殊不知这样的教育恰似“南辕北辙”，拼命地学习导致“做人”和“成人”的缺失，愈是用功，愈是时间加汗水、日光加灯光，离教育的规律、教育的真谛越远。教育有教育的规律，学习有学习的规律，成长有成长的规律，违背规律就是南辕北辙，一意孤行则会万劫不复！让我们永远思考并记住：教育就是教育！学生就是学生！孩子就是孩子！

寓言有深意，教育有规律。面对教育，我真切地呼唤自由和自然——借用哲学家第欧根尼的话：不要挡住孩子的阳光……

学校应该是“白天的家”

很多教育人心中都有一个教育的终极追问：学校到底是什么？

我一直认为：学校不仅是读书和学习的场所，不仅是知识积累和能力成长的地方，更是师生共同生活、共度生命时光的地方，是师生共同的“白天的家”。

这个家是安全的。家里的装修和摆设更多地为孩子着想，即使孩子跌倒、摔倒都不至于受伤；在家里吃什么都会很放心，很有兴致；家里有什么可能对孩子造成安全威胁的东西，父母也会放到孩子看不到或够不着的地方。

这个家是自由的。孩子在自己的家里可以自由奔跑，自由跳跃，自由玩耍，自由尖叫，没有任何的禁锢，由肉体到心灵是一种纯粹的自由。尤其是心灵的自由，没有顾虑，没有恐惧，完全是“真我的存在”。当然，在家里还可以犯错，家是可以犯错的地方，可以试错，可以容错，也可以纠错。

这个家是温暖的。环境布置充满着温暖的色彩，校园就像一个超大的客厅，而每间教室就像一个温暖的房间。在这个温暖的空间里，有书声琅琅，有歌声朗朗，更有笑声朗朗。

这个家是和睦的。老师视学生如自己的孩子或弟妹，学生视同学如自己的兄弟姐妹，父母和孩子、兄弟姐妹之间有欢笑，也会有争吵，但这种争吵是家人间的争吵，是家庭生活里的一种情趣，是生活的一份佐料，只有温馨与和好，绝对没有欺凌。在天下父母的眼里，自己的孩子是最漂亮、最聪明的。在兄弟姐妹的眼里，自己的弟妹那是最亲的亲人。在这个家里，伤心时有人宽慰，无力时有人伸手，快乐时有人分享。

记得关于学校是如何产生的，有这样一个美好的记忆和传说：一个人坐在大树下，与另外几个人谈论自己的想法，谈的人不知道自己是老师，而听的人也不知道自己是学生。听的人听得入了神，心想要是这个人留下来多好啊！于是，他们就在大树底下划出一块地方。于是，世界上第一所学校就诞生了……

留一块黑板给未来

教育局在布置新学期工作的时候，给每位校长送两本书自学。一本是《留一块黑板》，一本是《未来》。

把这两本书拿在手里仔细揣摩，觉得挺有意思，如果把两本书的书名联在一起，就成为一个很有意思的教育命题——“留一块黑板给未来”。

黑板，作为一个最古老的教学媒体，曾经是多少代人学生时代的集体记忆。我们一想起学生时代，在想到老师、同学的同时，往往会想到教室和黑板，想到哪位老师的板书十分了得，让我们惊赞而私下里模仿，想到哪个同学在开小差时突然被老师点名“演板”，在黑板上不知所云的窘状。那时的黑板，作为古老而单一的教学媒体，作为联结教师的教与学生的学的一条重要纽带，的确起到了媒体应有的作用，永远地留在我们学生时代的记忆里。

现在回想起来，黑板是多么有温度的一个词汇。当一个地理老师、一个历史老师在黑板上寥寥几笔就勾画出祖国的“雄鸡”地图，当一个数学老师一笔就功底十足地画出一个圆，当一个语文老师一笔工整而漂亮的粉笔字让学生不忍擦去，这时，我们就觉得粉笔和黑板特别有魅力，觉得老师特别有本事，觉得学习特别神奇。

随着信息技术的发展，很多新兴的信息技术不断进入教室，进入到课堂，先有幻灯机，后有投影仪，现在又有了电子白板，甚至电子书包。随着信息技术的不断“侵入”，作为古老教学媒体的粉笔和黑板在节节后退。你看现在的不少公开课、研究课，有的教师根本不拿粉笔，要书写的内容也是事先设计定制好的，一上课只要“啪啪啪”地往磁性黑板上一粘就行了，或者干脆做成PPT，只是移动鼠标点击，这样的课总让人觉得少了些教学的原汁原味。

很多人在谈教育的时候，往往直奔教育技术，直奔教育信息化，大谈学校办学条件，比哪个的电子白板更先进、哪个的网络更快捷、哪个学校又在试用电子书包了。对此，我一直不敢苟同。我认为：信息技术永远只是辅助工具，不可能替代老师的劳动、老师的智慧，也不可替代原始的黑板和粉笔。信息技术永远是一把双刃剑，只有在传统媒体解决不了的情况下，方可使用，以帮助学生通过直观形象的学习，更好地理解学习内容，盲目地、过度地、不合时机地使用，则会对学生造成伤害。

不当地使用现代信息技术，首先是对学生视力的影响和伤害。如果依赖现代信息技术，无节制地使用，势必对学生视力造成不可逆转的伤害，当前中小学生的视力不良率居高不下，与信息技术的广泛使用有一定关系。其次是对学生想象力和创造力的影响。由于信息技术条件下的课堂教学，提供给学生大量直观形象的影像，一开始就先入为主，让学生陷入“思维惰性”，在一定程度上干扰和影响学生的想象，久而久之，对学生最宝贵的想象力和创造力产生影响。再次是对学生人际交往能力的影响。越来越频繁的人机交流、人机对话，尤其是电子书包的使用，使人机交往越来越占据人际交往的时间与空间，间接地影响了学生的人际交往能力，久而久之，可能会造成学生人际关系的淡漠。

回想教育局送给每位校长的这两本书，我觉得颇有意味。教育现代化并非物的现代化，教育现代化归根结底是人的现代化，我们无论在什么时候，都有必要“留一块黑板给未来”！

第二章

有树的学校在云上

一所有树的学校

湖北省武昌实验小学始创于1905年，校园曾是清代张之洞先生创办的“两湖书院”。

校园里有很多树。大树，老树。

别的不说，走进学校大门，迎面就是一棵老槐树。孩子们都知道，这是学校的“校树”，一年级学生少先队入队仪式就是在老槐树下举行。孩子们戴上红领巾的时候，也会给树爷爷戴上鲜艳的红领巾。老槐树便成了一棵戴着红领巾的树。

还有一棵香樟树，它非常奇特，因为它是长在学校教学楼的回廊中间的，树身穿廊而过，直达教学楼的四楼。在当初修教学楼的时候，这棵香樟树恰好处在回廊的位置。经过同学们讨论，一致决定把这棵树保留下来，让它穿廊而过。于是，香樟树成为教学楼中间的一道别致的风景，也成为我们这所老校敬畏自然、敬畏生命的真实写照，是学校环保教育的一页活教材。

至于那两棵樱花树，更有一段佳话。那是20世纪70年代，日本友人访问学校时，从日本本土带来了樱花树苗，由中日教师和学生共同栽种。如今，这两棵樱花树已值壮年，一到人间五月天，樱花烂漫，冠盖如云，如霞似雪，令无数人叹为观止。无论中日关系如何变幻，两棵樱花树都会随春风绽开笑脸，一如往年。

记得每次到师范学院招聘老师的时候，见面会上，我都会如梦如幻、如诗如画地介绍我们的学校:“这是一所有很多树的学校，有很多大树的学校。有树就有生气，有树就有学府气质。有梦的青年朋友，可以和我一起到大树底下去做梦，做着教育的梦，做着人生的梦……”这样的情感告白，往往会唤醒或是拨动很多年轻人的梦想，吸引他们到学校去看大树，然后到大树底下做着美丽的梦。

是啊！一年可以建成一座漂亮的大楼，三年可以建成一所现代化的学校。但是，一棵大树需要多少风霜雨露才能长成，一园大树又需要多少岁月的累积啊！有树就有底蕴，有树就有人气，有树就像家园，有树就有梦想。

今天，我特地让员工仔仔细细地数了校园的树，大大小小，老老少少，一共有461棵树。我想：我会记住今年春天的这个数字。明年春天，这个数字一定还会增加。

我期望有更多熟悉或者不熟悉的人爱上这块土地、这所学校——

因为，这是一所有老树的学校！

因为，这是一所不断有新树的学校！

因为，这是一所永远有树的学校！

把树留下

记得那还是前两年的事情。

一次，学校迎接省里一项关于绿化的评估。前来预检的有一些绿化方面的专家，听了学校的汇报之后，我就带着他们去看校园，然后坐下来听他们提预检的意见。

在交换意见的时候，预检组的负责人就提出了一个问题：学校田径运动场周边有不少树是野生的树种，很不规整，高高矮矮，杂乱无章，不符合绿化的基本要求，要把这些野生的树清理掉，重新规划，栽种整齐的绿篱，那样才更美，更符合绿化的要求。

的确，我们学校田径运动场周边的野树高低不齐，比较杂乱。但我们学校是一所百年老校，在我们的办学理念中，就一直在追求“自然、从容和本真”，这些野树恰恰就是自然的、原生态的、本真的生命。何况，这些野树以它们自己的姿势生长着，与世无争，与地无争，与人无争，会碍什么事呢?

面对专家们的意见，我只说了一句话：容我们再考虑考虑吧！于是，就再也没有了下文。后来听说因为我们迟迟没有动作，检查的专家生气了，换了一所学校去检查评估。我们学校也因此失去了一块先进的匾牌。

每每想起这件事，我都在心里窃喜：幸亏当初坚守了自己的教育理念，幸亏没要那块所谓的奖牌。你看：每到春天，所有的野树都攒足了劲发芽；一到夏天，都千姿百态地撑开了绿伞；而到了秋天，那简直就是在校园中间画了一幅秋天的油画，五颜六色，把校园装扮成了一个童话世界……

我时常这样想象：不知道是哪个年代的哪一天，云淡风轻，一只小鸟衔着一颗种子从我们校园上空飞过，就在它开口唱歌或是呼唤同伴的时候，种子不小心掉落，落进我们校园的泥土里。春天到了，种子发芽了，阳光下、风雨里，小树苗和孩子们一起慢慢长大。一天又一天，一年又一年，它看着小孩儿蹦蹦跳跳地走进校园，又看着一群长高了的毕业生欣欣喜喜地走出校门。它的生命与校园同在，与孩子们的笑声同在，与大自然同在！

这样的树怎么能砍掉呢？

留下这些树，就是留下了学校的历史，留下了我们对大自然的敬畏，也留下了我们教育的本真。

那就让我们把校园里的树永远地保留好吧！

天天看树

去年秋天，进校门路上的梧桐树经过修剪，都变成光秃秃的，煞是难看。

转眼到了春天，看着满园的花都开了，草都绿了，别的树都在冒出新芽，我就天天盯着梧桐树看，可就是看不到一片新叶。我几次追问员工老胡：梧桐树怎么还不发芽？他每次都大笑着说：时候未到呀……

近些天，连续几天高温，昨夜又下了一场春雨。今天早晨，我走进校园，一抬眼，就看到一排梧桐树上都有了嫩绿的新叶，仿佛就在昨天的夜里一下冒出来的。呵呵，原来真是时候未到呀！

我不禁想到这样一个故事：有这样一个孩子，他上学前就整天在街道上玩耍打架，上学后仍然是一副好勇斗狠的性格。他曾多次激怒老师，因忘穿校服而被赶出教室，考试时与同学交换字条被老师现场抓住……除了历史和体育成绩优秀，其他成绩非常一般，大院里的居民忍无可忍地到学校列举他的一条条“罪状”……如果碰上这样的孩子，老师和家长势必会感到头疼。可是，多年以后，家长和老师都为这个孩子自豪：他就是俄罗斯总统普京。

再来看看爱因斯坦吧，上小学时他学习成绩很差，老师的评语是“生性孤僻、智力迟钝”，他因此还差一点退学。16岁时，他因成绩差没有被大学录取，但就是这个“差生”，却大器晚成，创立了相对论，在42岁时获得了诺贝尔物理奖，成为了现代物理学的奠基人。

前两天，我在街上看到刚刚毕业的学生小Z，他大老远就向我问好，当时我还真不敢相信自己的眼睛：这就是那个全校闻名的调皮鬼吗？从一年级开始就十分好动，上课从来就坐不住，只顾做自己喜欢的事情，很少认真听过讲。到了后来，还经常仗着自己个头高，打别的同学。我几次找他谈话，他也爱理不理，家长也几次被请到我的办公室里，共同商量教育方法……后来，因为他特别喜爱打篮球，学校特别允许他，只要愿意就可以到球场练习篮球，他才开始专注篮球。就是这样一个师生皆知的淘气鬼，现在已经进入一所很有名气的中学篮球队，成为篮球队主力成员，而且学习成绩跃居年级前列。

看来，人的成长远远不只是“三岁看大，七岁看老”那么简单，每个人的成长都蕴含着无限的可能性。每个儿童，无论他是聪慧的、乖巧的还是顽劣的、愚钝的，都在以他自己的方式生长着。这种生长，是一种内在的、自然的生长——表面看来，儿童只是在好奇、在幻想、在游戏、在涂鸦，只是在蹦蹦跳跳、哼哼唱唱，甚至在调皮捣蛋、争强打斗，实际上正处在他的一段“理性休眠期”里，在这些表面现象的背后，生命正在自发、自觉地遵循一定规律，在生长、发展和构建。

一旦儿童从这段“休眠期”中醒来，就如同破茧而出的蝴蝶，“一夜长大”，带给人们无限的惊喜——我们可以这样说，教育的作用是有限的，因为孩子总要在他经历过应当经历的事情后，才能真正长大；教育的作用又是巨大的，因为无数次点点滴滴的指导和启发积累起来，才能最终促成孩子“一夜长大”“化蛹成蝶”。

我们要做的就是在点滴中教育，在宽容中等待！

时候到了，树就会发芽，何必天天看树呢？

孩子与树

是一棵大树，就把它放到森林中，让它在风雨洗礼和丛林挤压中更加坚硬、挺拔；是一棵小树，就把它栽到草地上，让它无所遮挡，接受到更多的阳光。

杰出的孩子往往是天造地设的。正如灌木，你给它再好的生态条件，它也难长成参天大树，但可以长得茂盛葱郁；而乔木，倘若没有合适的生态条件，也难长成大树。

很多时候，老师和父母都在做一厢情愿的事情：无论小花小草还是小树，都想催它长成参天大树；无论它们喜水还是喜干，一律浇水，而且越不好越浇水，结果好多根都烂掉了。

矫正孩子的缺点就像修剪灌木，往往被剪去的部分不久就会重新长起来，很难指望它被彻底剪除。我们既不能放任它疯长，也不能企望剪除干净。我们能做的就是尽量让它美观。

瓜熟蒂落是不变的天理，而不少人却经不起足够的等待。施化肥，打农药，加催长素，瓜果是熟了，但完全失去了自然的甜美，甚至不再是原来的瓜果了。

我从来不喜欢一些称谓：不喜欢把爸妈叫家长，爸爸就是爸爸，妈妈就是妈妈，这才有人情味，家长两字很冷。不喜欢把老师叫作园丁，好像老师成天拿把大剪刀剪来剪去，老师最好做个园林的守夜人。

《西游记》最后一回写孙悟空修成正果后，对唐僧说：我已成佛，难道还要戴这紧箍儿不成？唐僧说：你既已成佛，自然去矣，岂有还在你头上之理？！你摸摸看。行者举手去摸，紧箍儿果然不翼而飞。

当孩子真正学会学习时，那考试的紧箍儿也必会从他的脑门上永远消失。

欲速则不达。

自然最美好，天真最可爱。如果更多的老师和父母悟得并守住这个道理，那就是孩子们的大幸了！

我心中的“儿童”

1.一看到“儿童”这个词，我们就会想起他们可爱的模样、天真的笑脸和纯净的心灵，我们都会欣赏他们、赞美他们、喜爱他们，又不由自主地想去关爱他们、呵护他们、帮助他们。儿童是可爱的、美好的、纯洁的和充满希望的，这是所有儿童观建立的基础。

2.很多教育工作者满怀热情地想走进儿童的世界，走进儿童的心灵。我一直认为，作为一个成年人，儿童世界是我们熟悉而陌生的一个世界，儿童是我们熟悉的陌生者。大多数时候，儿童在门内，我们在门外；儿童在花季里，我们在花季外；儿童在故事中，我们在故事外。所以，我一直在努力向往和走近儿童，但我不幻想走进儿童世界，我对儿童世界永远保持着向往、敬畏和尊重。

3.很多时候，我们出于自以为是的爱与善意去教育儿童，我们借着爱的名义，把我们的价值观、意愿与标准强加给儿童。我们总把童年当成人生的准备期，天经地义地帮助儿童的成长。与此同时，我们遮蔽和忽略了儿童获取自由与欢乐、感受美丽与忧伤的方式，儿童有别于成人的思维方式、情感方式、行动与对话方式。在这个过程中，我们似乎把童年当作一种手段，当作儿童成人过程中的手段，而不是目的，以至本末倒置。

4.我一直坚信:“好玩”是儿童的第一天性。儿童最早对世界的认识，不是结构化或理性化的，而是从眼、耳、鼻、舌、身等感性接触中，建构对世界的初始认识。同时，“玩”本身就是一种教育，儿童的成长不全在学校的课堂、教室、课本内，从社区、街道、博物馆到田野、山川、河流，都是儿童的课堂，都是儿童的教科书。诗人惠特曼有这样的诗句:“一个孩子朝前走，他看见最初的东西，他就变成了那东西，那东西就变成了他的一部分……”

5.儿童的“玩”又往往以游戏的方式来呈现。儿童通过多种形式的游戏，如操作式的、想象性的、符号化的游戏，获得自我满足与自我实现。而在游戏中，身体的参与总是伴随着精神的融入，儿童在游戏中达到一种完整的身心合一的境界，在游戏中实现儿童与自我、与同伴、与世界的交往。也就是说，游戏其实是儿童的一种存在方式，而最好的学习便是游戏化学习。

6.我一直认为:“好问”是儿童的另一大天性。小的时候，孩子常常天真地问:星星为什么会发光?月亮为什么会跟我走?太阳为什么从东方升起?鸟儿为什么会飞?但随着孩子进入学校，进入教科书，我们的教育在不知不觉中把儿童满脑子的“问号”教成了“句号”。其实，随着年龄的增长，不是孩子们没有问题，而是他们开始关注“成人的目光”，他们担心把自己的问题说出来遭到他人嘲笑，在已知世界的压力下，他们也就把问题深藏于心底了。

7.儿童还是天生的梦想家。儿童是具有天赋的小小艺术家、梦想家。儿童的世界是充满艺术和梦想色彩的世界。儿童的涂鸦、跳跃和游戏蕴含着一种迷人的秩序和秘密，这些秘密和密码有可能是我们成人曾经拥有又已经遗忘，曾经为之着迷又无法重返的。毕加索说: 学会像六岁孩子那样作画，用了我一生的时间。爱因斯坦也曾说: 看来，认识原子同儿童游戏相比，不过是儿戏。

8.我总认为: 儿童的眼光与成人是不一样的。儿童的伟大在于能用一双没有遭受污染的眼睛看世界，用一个没有功利的大脑思考这个世界。所以，儿童看《西游记》，更多关注的是孙悟空的本领和神奇的金箍棒，关心好吃贪玩的猪八戒；看《三国演义》，会接触到尔虞我诈，但更会关注英雄的故事、战争的惊险、诸葛亮的计谋；看《水浒传》，会接触到打家劫舍，但更会关心武松打虎的勇武等。我们总想把不好的、丑恶的东西过滤或是屏蔽掉，把纯净的、美好的世界呈现给儿童，那实在是“成人忧童”，是以“成人之心度儿童之心”。

9.正如卢梭那句话: 大自然希望儿童在成人之前就要像儿童的样子。如果我们打乱这个秩序，就会造成一些早熟的果实，既不丰满也不甜美，而且很快就会腐烂。我们将造成一些年纪轻轻的博士和老态龙钟的儿童。的确，如果在春天的时候去摇晃一棵苹果树，你不但不能摇下苹果来，相反使得苹果花纷纷落地，到了秋天收获的时候就不再能收获苹果了。或许，对儿童来说，在这个世界上最棒的也是最小儿科的是一个纸箱、一个新的铅笔盒、一个新的彩笔筒和两个小时玩耍的时间。

10.一谈起儿童，我们会不约而同地谈到他们彼此的不同，关注到他们丰富多彩的个性，每个儿童都是一个独一无二的个体。我想说的是：作为父母和教育者，千万不要奢望把所有的树木都培养成参天大树，不要奢望把杨树、柳树都变成劲松，我们要做的是把松树变得更像松树，把柳树变得更像柳树。

11.一百年前，鲁迅先生发出“救救孩子”的社会呐喊。今天，越来越多的有识之士呼吁“把儿童世界还给儿童”。这种基于儿童的生命呐喊，不是简单地出于学术，更多的是出于常识，出于良知。这两声呐喊，隔着百年的时光山谷，遥相呼应，久久回响……

枇杷的故事

校园里有几棵年事已高的枇杷树。

每到春天，枇杷树都会开花结果。阳光下，一串串橙黄的枇杷就像是一盏盏点亮的黄灯笼，煞是好看！引得小鬼们馋得直掉口水。一到下课，总有小鬼跑到枇杷树下，仰起脖子看不够。有时，还会情不自禁地伸出小手去摸一摸。

到了初夏，枇杷全熟了。望着满树的黄灯笼，我灵机一动：就把枇杷摘下来，分到全校的每一个班去，让每一个同学都能分享到校园里的枇杷，也让每一个孩子都增添一份对美丽校园的喜爱，全校一起过一次“枇杷分享节”……

说做就做。枇杷被小心翼翼地采摘下来，分发到每个班级，全校过了一个很独特的节日——“枇杷分享节”。孩子们每人都分到了枇杷，都那么小心地、一点点地品尝着这校园和大自然馈赠的礼物。一种快乐、一种幸福、一种美好，随着这甜美的枇杷汁沁入孩子的心灵。

学校绝不仅是教书的地方！学校要有故事，校园里要有美好的东西——怕只是小小的一个理由、小小的一个载体，都会给孩子一份童年的记忆……譬如这个初夏，譬如这小小的枇杷……

我相信：若干年后，孩子们可能早就忘记了小学时所学的课本知识，也忘记了什么公式、定理，但一定会记得:那年初夏，枇杷黄了。在阳光迷人的一个下午，每个班都分到了枇杷。于是，每间教室里都弥漫着枇杷的香味，那香味留在童年的故事里，留在儿时的记忆里，久久不会散去……

石头与种子

有这样一个教育故事:

在一个国际教育研讨会上，一批中国教师与英国教师坐在一起讨论教育问题，自然而然地谈到了学生地位的问题，最后聚焦到“在老师眼里把学生看作什么”这样一个很实际的问题上来。

这时，一个中国的教师站起来首先发言，他说: 在他的眼中，学生就像一块块玉石，都蕴藏着巨大的潜能。但玉石需要能工巧匠去雕琢，未经雕琢的玉石只是一块顽石，只有经过雕琢才有可能成为一块美玉。所以，中国自古就有“玉不琢不成器”的说法。把玉石雕琢成碧玉，那就是教育的功用所在。

听了他的论述，在座的中国教师都觉得这个比喻很形象生动，英国的教师也频频点头。的确，玉石需要雕琢成器。

英国的教师在称赞之后也有一位站起来发言，他说: 在英国教师的眼里，学生更像是一粒粒种子，是一个个有着很强生长力的生命。教师的使命和天职就应该像一个农夫，把种子播撒到土地上。然后，给种子浇水、施肥，让种子在阳光雨露中自然生长。当然，这些种子撒下去，可能有的长得高壮，有的长得矮弱，但不管怎样，都会长成它自己。

听了英国老师的一番话，大家都陷入了沉思: 石头与种子，雕琢与播撒，看似无意，实则有心，折射出两位老师完全不同的教育观与学生观。

把学生看作玉石的，显然还是一种“接受式教育观”，强调教师的主导地位甚至是绝对权威，把学生置于被动接受的地位，老师是雕琢者，学生是被雕琢者。我们当前的教育，很多老师不都在拿着雕刻刀，不辞辛苦地日夜雕琢吗?

把学生看作种子的，则是一种“自然教育观”，强调的是学生的主观能动性，学生作为一个灵动的生命，有其自身的生长力，只要为他营造一种发展的氛围，把他的思想和身心调动起来，在阳光、雨露和空气中，每粒种子都会以他自己的方式发芽、开花、生长……

我不评论这两种比喻、两种教育观的优劣。我只想说: 我们该如何看待和对待有生长力的生命? 我们该如何真正地站在学生立场? 值得每一位教师深思!

留一块泥土吧

学校田径场中间有一块土操场，一直是我心中最关切的地方。

在学校的水泥、柏油和塑胶之间，它是一块独一无二的泥土。连续几年，在暑假里，学校都要为这片土操场植上草坪，整个暑期草坪非常茂密。但秋季开学后，学生在草坪上活动多了，草坪就日渐稀疏，到了秋冬季节基本上就只见泥土了。特别是在冬天，草木凋谢，晴天起风的时候，就见尘土

飞扬，下雨则是一地泥水，似乎大煞风景。

学校里有些老师和家长提建议，把这片土操场换成塑胶操场，“种”上人工草，就会一劳永逸，无论是什么天气都不用担心了。有的领导、权威人士来校也总是碍眼于这片土操场，希望把这片土操场“消灭”掉。他们说得也头头是道，换上现代化的人工草坪，既整洁美观，又显现代化水平。

然而，我对这片土操场却情有独钟，任它春去秋来，草长尘飞。操场上青草茂密的时候，学生在操场上做操、游戏、玩耍，那是一种草地上的自然幸福，真实的草坪是孩子的最爱！操场上草叶稀疏的时候，虽然晴天见土，雨天见泥，但丝毫不影响孩子们的兴致，孩子们照样玩得开开心心，那是一种泥土上的教育幸福。对孩子而言，真实的草地和泥土，永远是他们最亲近的地方！

我一直有这样朴素的想法：一个城市，除了水泥、柏油和高楼，还需要绿地、湖泊和泥土，这个城市才能呼吸，才是一个有生长力的城市；一个学校，除了水泥和塑胶，还应该有土操场，有沙坑，有大树和树林，这个学校才有灵气和灵魂；一个人，也只有在泥土里摸爬滚打，才能接上“地气”，让生命像树木一样拔节、生长。

所以，我一直留着这片土操场，就是想给学校留一点“地气”，也让学校有了生长的灵魂，让学校里的人有了生长的灵气。

其实，水泥、柏油和塑胶不可能是人类的永恒栖息地。人，生于泥土，长于泥土，又归于泥土。泥土，才是我们最终的家园。

那就且留一块泥土吧……

从“唐诗”到“卫生纸”

前不久，碰到原来一起工作的同事。在闲聊中，谈到学校管理的话题。

他问我：在当校长的过程中，觉得自己变化最大的是什么？

其实，这个问题我不止一次思考过，但真正说起来却一时不知如何表达。应该说，最大的变化是对教育的理解发生了根本性的改变，原来关注的是教育和管理的外在形式，现在更能抵达教育和管理的本质。

近几年，我最关注的就是学校学生卫生间的改造和建设，现在学校的学生卫生间全部是一间一间独立的档位。前几年，我提议在学生厕所每间档位的门后贴上精美的唐诗，回想起来，当时可能是想在校园里营造一种“诗意文化”。卫生间的门上都贴唐诗了，那学校当然就是无限诗意了。

但是，从去年开始，我要求在每个学生卫生间里放置学生用的卫生纸。刚开始的时候，确实像老师们猜测的那样，学生拉卫生纸玩，甚至有个别调皮鬼把卫生纸扯得老长当“哈达”。但通过我们开展“节约一格纸”的主题教育活动后，就很少有学生去故意拉卫生纸玩了。当然，时间长了，学生的新鲜感也就消失了，自然就会用多少拿多少了。

在卫生间门上贴“唐诗”，那是管理的外在形式，是一种功利性的肤浅文化。而在卫生间放置学生用的卫生纸，则真正体现了学校管理中以生为本的实质。

从唐诗到卫生纸，可能就是我在管理中的最大变化……

“兔园”的浪漫

暑期，学校在校园的一片林间草地上新做了一座“兔园”，养了几只兔子，还在树上挂了两只鸟笼子，养了几只小鸟。

今天，学生一到学校报到，就发现了林间的“秘密”，纷纷围上去，隔着木栅栏逗小兔子——小孩子是天生的“发现家”，环境的一丁点变化都逃不过孩子们的眼睛。

看着孩子们兴致勃勃地、满怀童趣地、两眼发光地围着“兔园”蹦来蹦去，我也是满心欢喜。现在的校园，草地上有活蹦乱跳的小兔子，树上有欢欣雀跃的小鸟，流水带里养着成群结队的小鱼儿，为校园平添了许多生趣。

我们总教育孩子要亲近自然、爱护动植物，与自然和谐相处，与万物和谐相处，但我们往往是一味地告诉和空洞的说教。

而我们布置的这些校园场景，却可以让孩子近距离地接触动物，让孩子有真切的体验。从而，在孩子幼小的心灵里播下和谐与爱的种子。

我一直认为：学校绝不仅是教书的地方，更不仅是学知识和考试的地方。校园是师生一起过教育生活的地方，教育生活中必须要有理想、有诗意、有激情，还要有几分浪漫。

的确，教育是理想的事业，也是浪漫的事情。

我们的“兔园”就是一份教育的浪漫。

但愿我们的校园里都多一些这样的温馨和浪漫……

钢琴应该放哪儿?

学校门面出租的时候，店主送给学校两架钢琴。三角的，很漂亮。

钢琴送到学校时，立即引起了大家的围观和讨论。三角钢琴嘛，并不是大众消费品，平日里大家也不是见得很多。

有的老师说: 这么漂亮的钢琴，学校要专门做两个琴房，好好地爱护它们; 有的老师说: 不但要做琴房，而且还不能随随便便让人弹，因为三角钢琴是很高贵的乐器，是表演用琴; 甚至有的音乐老师还说: 钢琴是有灵性的，只有熟悉它的人才能与它心心相印，弹出最美妙的声音……

大家的议论让我陷入了沉思: 如果钢琴是高贵的，那到底什么才是真正的高贵，孤芳自赏、束之高阁是真正的高贵吗? 钢琴在学校到底是做什么用的? 是为少数人所用，还是该为更多的人所用呢?

这时，我又回到教育的原点来思考这个问题: 什么是办学? 办学就是办一种氛围，这两架钢琴在学校里，就是要让更多的孩子走近它，亲近它，从而营造一种音乐艺术的氛围，这才是办学本义所在。什么是小学教育? 小学教育是基础的基础，最重要的是培养学生的兴趣和习惯，小学的音乐教育并不是要培养音乐家、钢琴家，而是要培养千千万万个音乐爱好者和钢琴爱好者!

主意已定，我说服了老师们: 在学校两栋教学楼的大厅里做两个演奏台，让学生先自由弹琴试试。

于是，两架三角钢琴被放到教学楼大厅的演奏台上，立即吸引了孩子们好奇的、惊叹的、向往的、疑惑的目光：会弹钢琴的孩子马上登上演奏台，端坐在琴凳上，神采飞扬地、骄傲自豪地弹奏一曲；还不会弹的就围着钢琴转来转去，这里摸摸，那里瞧瞧，舍不得离开，恨不得马上去学学钢琴；一、二年级的小不点儿更是不得了，一个个趴在钢琴上，踮起脚尖，眼睛睁得圆溜溜地往钢琴里面瞧，看一个个琴键是如何跳动的；还有不少调皮鬼，刚在学校的沙坑里玩得满头大汗，手上满是沙尘，一下子就把脏脏的小手印印在了钢琴锃亮的琴板上……

与此同时，学校课程部相机开展了“争做小琴手，争办钢琴周”的活动，让会弹钢琴的孩子自愿申报，争当一周的“主弹琴手”，并以该同学的名字命名为“某某钢琴周”，感染和引领更多的孩子爱上音乐，爱上钢琴。

看着孩子们那么热烈地、羡慕地、痴迷地爱上了钢琴，老师们也被感染，不少老师在课后也情不自禁地坐上演奏台，弹奏一曲，高歌一首——看来，钢琴是放对地方了！

我想：这两架钢琴如果真的有灵魂，知道这么多稚嫩的小手在自己的身上满怀欢喜地抚摸过，知道自己激起了许多孩子学习钢琴的热望，知道自己在许多幼小的心灵里播下音乐艺术的种子，那它一定会很幸福，很幸福……

让孩子们玩玩沙吧！

学校原来有几块草坪。

前些年，一到春天的时候，学校便会像很多地方一样，想办法来保护这些草坪，在草坪边上竖起牌子，写上“小草也怕疼，请你不要踩”之类的温馨提示，还在全校对学生进行保护草坪的教育。

这样，草坪是被保护好了，小草长得绿油油的，煞是好看。看着这些被保护得好好的草坪，我不禁在想：校园的草坪到底是做什么用的？是被保护得好好的让人观看，还是让学生在草地上尽情玩耍？校园的草坪如果仅仅是供人观赏，这样的草坪价值何在？我们的孩子到底需要什么样的校园空地？

过了不久，我们就把这几块草坪改成了几个大沙池，在大沙池的四周还用废旧轮胎和防腐木做了保护带。现在，这几个大沙池成了孩子们最喜欢玩的地方：孩子们在沙地里尽情地疯闹，聚精会神地挖地下通道，神采飞扬地筑起城堡……看到孩子们的样子，老师们笑了。透过孩子们的笑脸，我仿佛看到孩子们的脑细胞在不断发育，孩子们的想象力在疯长……

脑科学研究表明：孩子们在玩沙、玩泥土的时候，是他们的脑细胞发育最快的时候，也是他们的想象力发展最快的时候。我们都知道“心灵手巧”的古理，如果反过来，手巧也可以促进“心灵”。

我有一个做心理学研究的朋友，他家住在十七楼，但他不辞辛苦地搬了几十袋沙，堆放在家里阳台一隅，让他的小儿子成天在沙堆里爬上爬下，乐此不疲。他不愧为做心理研究的专家。

英国《太阳报》曾向全英国不同职业、不同层面的人士发放过一份调查问卷，调查人们在什么时候感到最快乐、最幸福。收取了十几万份问卷，统计的结果是以下四种人感到最快乐、最幸福：一是正在玩沙的孩子，因为想象和梦想使他幸福；二是正在给孩子洗澡的母亲，因为真爱使她幸福；三是刚完成艺术品创作，正在欣赏自己作品的艺术家，因为创造使他幸福；四是刚做完手术坐下休息的外科医生，因为救助他人使他幸福。

学校的草坪被保护起来是给人观看的，而挖成了大沙池是给孩子们用的。在学校里，任何设施、设备只有被孩子们用起来，为孩子们所喜欢，为孩子的当下快乐、终身成长和未来幸福而发挥功效，这样的设施设备才有价值。

看着学校的大沙池，我仿佛看到了很多东西在生长、生长……

校园趣事

又是一年开学日。

驻足校园，绿树茵茵，笑语盈盈，童趣满满。

校园趣事多——

一、“钓”兔子

学校暑期新修的“兔园”里新添了五只小兔子，活蹦乱跳，煞是可爱。

九月一日刚开学，“小鬼们”就瞄上了“兔园”。一下课，“兔园”就被围得水泄不通。

看到这群小孩子，小兔子似乎蹦得更欢了。不过，这下“兔园”旁边的草地可遭殃了：草地遭踩踏不说，更有奇思妙想者，想出喂兔子的奇招来。

因为“兔园”的周边全部用木栅栏围住，这些“小鬼”就找来细长的绳子，在绳子的一头系上一两根青草，把系着青草的绳子甩进“兔园”来喂兔子。天啊！这哪是喂兔子，分明是在“钓”兔子！

我看到这场景，心头暗笑：这真是姜太公钓鱼，有愿者上钩吗？

说来也怪，还真有小兔子怯怯地凑上来，嗅着孩子的“钓饵”……看来，小兔子和小孩子是心有灵犀啊。呵呵！

二、雀儿飞

学校“兔园”的树上新挂了两只鸟笼子，里面养了几只鹦鹉。

上午第三节课时，学校养花的胡师傅急匆匆地跑进资源部（学校总务处）的办公室，气喘吁吁地喊着:“鸟儿飞了，鸟儿被放飞了……”猛一听，我们还没反应过来。

原来，刚下课的时候，几个高年级的“小鬼”跨进“兔园”里，把树上挂的一只鸟笼子打开，把里面的三只鹦鹉放飞了。等胡师傅看到时，他们哄地一下跨出栅栏，散开了。

“这还了得！太调皮了！”有老师在旁边喊叫起来。

“要买锁，鸟笼子要上锁！”资源部主任心疼地说。毕竟鸟儿是她精心挑选买来的，就这样被无端地放飞了，她心头肯定不痛快。

我默不作声，只在心头暗笑:这群“小鬼”，随他们去吧！

不知这三只小鸟长大后，会不会记得校园里的鸟笼子？记得悬挂鸟笼子的树枝？记得那天下课，几个小孩子跨进“兔园”，把它们放飞……

三、“树叶船”

下课的时候，我看到学校的流水带旁聚满了孩子。

不少孩子用手、脚戏水，更有几个“小鬼”在忙前忙后，不知在干什么。

我凑上前去，只见他们把捡来的法国梧桐枯叶子丢进流水中，让树叶随着水漂流，估计还在比赛看谁的树叶漂得快，漂得远。

我低下身去，故意问旁边一个胖乎乎的男孩他们在玩什么。他仰起通红的小脸，兴奋地说:“我们在玩‘树叶船’……”

树叶船！树叶船！好有趣的名字！好诗意的名字！

这也许是世界上最漂亮、最美丽的船！

愿这一艘艘“树叶船”，载着孩子们美好的梦想，驶向童年的最深处，驶向更遥远的地方……

为什么要有“问题墙”？

学校新开辟了两面“问题墙”，让学生把自己学习、生活中遇到的问题自由张贴出来征答。“问题墙”做好后，有不少同学把五花八门的问题贴上墙，也有“好事者”在旁边贴上自己的思考答案。

学校开辟“问题墙”的目的很明确，就是形成一种氛围，在潜移默化中培养学生的“问题意识”——因为“问题意识”的缺乏，是导致现在的学生不会思考，知识难以转化为智慧的一个主要原因。

其实，好问好思是人的天性，小孩子一个个都是天生的“学问家”和“想象家”，他们脑中有无穷无尽的问题，眼中有数不清的问号，细胞中随时可以冒出奇思妙想。但中国的孩子一旦入了学校，就会受到“接受教育”和“听话教育”的束缚，变得会听讲了，也变得越来越听话了，主动思考、主动提问、自主想象的空间越来越小——我们的学校和老师在不知不觉中，把一个个小孩子教成了“小大人”，把孩子眼中和心中的“问号”都教成了“句号”——不少的课堂，在快下课前的总结时老师都会这样问：这节课同学们学到了什么？这节课同学们懂得了什么？很少有老师这样总结：这节课给同学们留下了什么样的问题？这节课引发了同学们什么样的新思考？

孩子们是带着“句号”离开课堂，而很少带着“问号”离开课堂的。

联合国教科文组织曾派专家组对中国的教育做过调研，在经历一个多月的城乡教育调查后，在一次非正规的场合，中方代表问了调查组专家一个问题：你认为中国的教育目前最需要改进的最大问题是什么？联合国专家思忖良久，回答了这样一句耐人深思的话：如果说中国的教育有什么问题，那就是中国的孩子没有问题。言下之意就是说中国的教育把孩子教“傻”了，教得孩子脑子中没有问题——的确如此！前不久，美国总统到中国上海，上海的大学生与美国总统对话，中国最优秀的大学生都提不出有挑战性的问题。当时就有媒体质问：中国的大学生怎么不会提问？其实，这个现实的结果是必然的——中国的大学生为什么不会提问？不是因为中国的孩子天生不会提问，而是因为我们的中小学为知识而教，为考试而教，把孩子的问题全教没了，满脑子问题的孩子被教“呆”了，教“懒”了。用进废退，中国的大学生自然就不会提问了。

据一则资料载：世界上最聪明、获诺贝尔奖最多的民族——犹太民族，孩子放学回家，家长见面经常问的两句话是：今天在学校你向老师提问没有？今天在学校你向同学提问没有？如果比较一下我们的教育现状，中国的孩子放学回家，家长见面问的两句话常常是：今天你在学校认真听讲没有？今天在学校老师布置的作业做好了没有？如果细想一下，我们又何尝不是这样的呢？犹太民族的“问题教育”让孩子从小养成主动提问、主动思考、自主学习的习惯，而我们的教育则从小让学生学会听讲，学会做作业，被动地完成学习任务，离开了老师可能就难以自主学习了——这真是天壤之别呀！如果这些不改变，钱学森老人所发出的“中国为什么出不了杰出人才，出不了创新人才”的遗憾和追问，估计还会不停地遗憾和追问下去。

“发明千千万，起点是一问。”“提出一个问题比解决一个问题更重要。”这些道理大家都懂，关键是如何去做？怎么去做？又如何坚持做下去？——于是，学校要有“问题墙”，要慢慢营造好问善思的氛围，让孩子从小养成思考好问的习惯，或者说保护孩子的好奇心和想象力。

期待更多的学校有类似的“问题墙”！期待更多的中国孩子“有问题”！

辣，吃还是不吃？

南方的教育朋友来汉。我请他吃饭。

点菜的时候就遇到了大家常见的一个问题：点不点辣的菜？我问朋友：吃不吃辣？朋友说不吃辣。

我把菜谱拿在手中翻了又翻，又试着问他：今天可不可以试着吃一下辣？他笑了笑：当然可以。于是，我让他根据自己的口味选了一些菜，又拣了武汉口味的菜推荐给他。

吃饭的时候，我看他既吃不辣的菜，也试着去吃辣菜。虽然对辣还是不适应，但也吃得津津有味。

吃着吃着，我开玩笑说：看来也不能完全顺着个人习惯，有时候推荐一些新东西让人尝试也是必要的哟。朋友是做教育的，筷子停顿了一会儿：说不定吃了这餐饭后我也会爱上吃辣呢！

看来这吃饭点菜的道理与做教育的道理是相通的：我们总强调要保护天性，尊重个性，但如果一味地、完全地按照每个人的天性和个性来做教育，那教育的价值和功能又怎能得以真正实现？

吃饭点菜时，对客人的真正尊重是考虑他不吃辣的生活习惯，但同时又给他提供吃辣的新体验、新学习、新挑战；做教育时，对儿童的真正尊重是顺应天性，尊重个性，同时又着力培养社会性。

一个都不能少

今天学校举行一年一度的庆祝“六一”儿童节活动：全校以班为单位举行班级合唱比赛。评奖的第一条原则是：必须全班每个同学人人参与，人人上场。

舞台是学校阶梯教室里一个简陋的场地，没有任何灯光的渲染，只有简单的音响和原汁原味的童声歌唱，但可以看得出，每个孩子都那么兴奋和享受。

放学的路上，我遇见一个一年级的小朋友，看她的兴奋劲儿一点儿也没有消退，一个劲儿地大声向妈妈描述今天的合唱。我问她：喜不喜欢今天的活动？她扬起脸连声说：最喜欢！最喜欢！最喜欢啦……我又问她：为什么呢？她不假思索地说：因为全班都高兴呀，所以我也高兴……

真是天真的童言——原来是“全班高兴我也高兴”，高兴在孩子之间是可以传染和传递的。

我不禁想到很多学校的“六一”庆祝活动。往往是学校的艺术老师精心训练、编排一台精彩的节目，再租借一个体面的场地。台上是精彩的演出，台下是热烈的掌声——百分之九十的孩子为百分之十的演员鼓掌。这样的庆祝活动很体面，很热闹，但只是极少数孩子高兴，大部分孩子只是来鼓掌的观众而已。

真正的教育是让绝大多数孩子喜欢的教育！

无论用什么标准来量化，用什么尺度来评价教育，我想：最重要的就是看孩子是否喜欢！我可以肯定地说：好的教育就是努力让每个孩子喜欢的教育！好的学校是努力让每个孩子喜欢的学校！好的老师是努力让每个孩子喜欢的老师。

真正的教育是让每一个孩子平等参与的教育！

教育没有绝对的公平，但有相对的平等——那就是给每个孩子平等参与教育、参与活动的机会。不是每个孩子都会唱歌，但你可以让他上台参与合唱，他就会高兴无比；不是每个孩子都会运动，但你让他有运动项目，拿不拿奖项对他来说并不重要……

基础教育的基础性决定了中小学不是精英教育，而是面向每一个人的教育。因此，办学的第一个要义就是——一个都不能少！

校园要有故事

一个人独坐的时候，时常不经意间想起读书时的故事，以至于会情不自禁地掩口而笑，而那些人、那些事好像一下子就出现在眼前一样。

在我的想象中，应该有这样的情景：学生在放学的路上，或者晚餐的餐桌上，会津津有味、“喋喋不休”、饶有兴致地谈起今天学校里的故事。这时，家长们就会兴趣盎然地听着、笑着、享受着……直到第二天的上学路上，学生们依然意犹未尽，回味着昨天的故事，憧憬着今天的故事。

陈平原教授认为，一所学校有没有文化，看它有没有生产过动人的学术或日常生活故事便可知道。一所学校是不是真的使人受教育，同样可以如是观之。

遗憾的是，在现实的学校里，师生往往面对的是冷面的书本和单调的知识。少了人的在场，有血有肉的校园故事也变得平淡无奇，师生很难有机会、有时空去创造、去体验那令人百感交集的学校故事。

能不能让我们的校园不再苍白，多给它点色彩？能不能让我们的校园不再单调，让它丰富起来？我们有责任去创造美妙的校园故事，让师生在今天的校园里拥有一些更加美好的教育生活体验，在明天的人生中拥有一些更加美好的回忆。

我想会有那么一天：我们会在南边的阳台上，甜蜜地回忆起学校里的那些人和事；也会在丰盛的餐桌上，自然而然地谈起那段难忘的岁月……

什么是真“雅”？

最近，看过一所以“雅教育”而有名气的小学。

校园确实比较“雅”——装潢考究，布置精致，但太精致的装潢让人感觉少了一份质朴和本真。校园里的主角：学生和老师，也都算得上“雅”——举止文雅，彬彬有礼，但似乎少了一份儿童本该有的天真。

学校很精心地准备了星期一早晨的升旗仪式，还特地请来了当地的武警官兵护旗、升旗（虽然威武雄壮，但总觉得还是学生自己升旗好些）。升旗仪式进行中，既是意料之中，又是意料之外的事情发生了——就在我前面站着的四五年级学生队伍中，在不到3分钟的时间里，连续有5个同学晕倒了……

看到这样的场景，我不禁问自己：这是真“雅”吗？如果“雅教育”做到这个份上，这种“雅”还有用吗？连升旗的一二十分钟都站不住，这种教育还有用吗？

当时，我的脑子里就涌出了这样的语句——“文明其精神，野蛮其体魄”。“雅”的应该是精神，是品行，而体魄是要锤炼，是要“野蛮”的。

我经常想：现在的孩子缺少的就是锤炼，离“野蛮”越来越远——他们需要在阳光下晒，需要在雨里淋——不经历风雨，怎能在未来的风雨中站得住？

我又在想：我们到底要培养什么样的学生？我觉得应该是“静若处子，动若脱兔”。“静若处子”是雅，“动若脱兔”是天性。“动若脱兔”是人的自然性，“静若处子”则可以是教育的作用。二者不可偏废。

什么是真“雅”？我认为——既有“文明精神”，又有“野蛮体魄”；既能“静若处子”，又能“动若脱兔”。

再谈谈“作业”

曾几何时，作业成了学生们的“死对头”，也让家长和老师们为之苦恼、为之抓狂。你看，布置作业、抄作业、做作业、作业签字、收作业、检查作业、批改作业，似乎已形成一条难以改变的“作业流水线”，而学生、家长和老师都似乎成为这条流水线上的螺丝钉。

难道作业真的需要做那么多吗？难道学生必须围着作业转吗？难道家长和孩子非要在每个夜晚、在灯下为作业所困吗？难道老师非得为每天早上的收作业、检查作业而总有个别学生不能完成而影响一天的教育心情吗？

作业，作为巩固和拓展知识、技能的重要手段，理所当然地应该成为一个必不可少的教学环节。学生做作业合情合理，天经地义。但关键是看为什么做作业、做什么作业、做多少作业、什么时候做作业。“作业”本身无过也无害，过多、过滥、机械重复、无价值的作业才是无用而有害的。

到底老师该如何布置作业，学生又该如何做作业呢？我有以下一些思考:

一是作业尽量在学校里做，最好在课堂上做。这就要求老师一定要讲求课堂效率，做到“精讲精练”，在课堂上的精讲之后，留下部分时间让学生当堂练习，让大多数学生尽可能当堂完成作业。这是解决作业问题的根本所在。

二是精心设计作业，精心布置作业。即使课堂上不能当堂完成，需要布置家庭作业，也必须经过老师精心设计、精心选择，要避免机械重复、单调抄写的作业，让作业有的放矢，有思维含量，是学生的真实需求，有利于学生的发展。

三是杜绝整齐划一，倡导自主差异。老师没必要布置整齐划一的作业：学生的学习能力有较大的差异，有部分学生根本不用做家庭作业，有的学生布置了作业也不会做，统一的作业会导致有的学生吃不饱、有的学生吃不完。老师应该因材施教，布置差异性的作业，差异性地布置作业。对部分学生还可以放心让其自己“寻找”作业，自主做作业。

四是少些书面作业，多些素质作业。传统的作业似乎就是学科作业、书面作业，考什么做什么，考什么布置什么。其实，广义的作业包含学生发展需要的许多东西。老师要少布置书面家庭作业而多布置一些培养学生兴趣、提升学生综合素养的素质作业，像做家务、体育锻炼、自由阅读、艺术欣赏、与人交往等等，这些作业让学生受益终身。

还有很重要的一点，家长不要在学校老师布置的作业之外，再给学生好心地“加餐”，这种不讲科学、不讲效率、没有针对性、盲目地“加餐”只会事倍功半，甚至起反作用，影响学生的学习兴趣，打击学生的自信，反而得不偿失！

学生来学校学习必须做作业，但一定是讲规律、讲科学地做作业！有张有弛、张弛有度才是学习之道！

活人的教育、活人的学习岂能让无情的死作业困死？我们的确需要反思……

教育，从学校门房做起……

今天，在一所高中参观学习。

路过学校门房的时候，我听到门口的保安与两位学生很有意思的两段对话:

一位同学刚从门外兴冲冲地走进学校，保安师傅边开门边随口问他:“同学，你这么高兴，肯定是这次调考考得不错吧？”“还行，全年级一百多名吧。”“嗯，还真是不错，不过还可以往前进哟！”“是呀，下次争取往前进二十名。”“那就进前一百名了，我跟你打个赌，你下次调考进了前一百名，进校门我就帮你打伞（刚好当时天下小雨），怎么样？”“真的？”“真的，你考进前一百名，我为你打伞，一言为定！”“呵呵，要是考进前一百名，我来为你打伞。”“那可不行，我帮你打伞是合法合规的，你帮我打伞我要受处分哟……”保安就这样和同学聊着、笑着，看似调侃实则为暗中鼓励，气氛和谐亲切，一切又毫无痕迹。

那名同学乐呵呵地说着再见进了校园。又一名同学走进校门，保安师傅又笑呵呵地开门，边开门边随口与第二个同学对话:“同学，你跑得这么急，是家离校比较远吧？”“是的，我爸骑电动车送我来的。”“哟，这么冷的天，你爸天天送你呀？你爸是做什么工作的？”“我爸是做小生意的，急着回去做生意。”“同学，你爸不容易呀！用心学习哟，争点气！”“嗯，谢谢叔叔！”“以后不要这么急，要注意路上的安全！”“知道了，叔叔再见……”又是一席温馨的对话，又是一次不露痕迹的教育。

听到这两段对话，有那么一刻，我真怀疑这位保安师傅不是一位保安，而是一位高明的老师，在自然和谐的氛围中，潜移默化地做了教育工作者的事情。由此我判断：这肯定是一所充满爱的学校，是一所人际关系和谐的学校，是一所有文化的学校。

我们常说：全员育人。但在很多学校尤其是高中，只教书不育人，赤裸裸地追求升学率还比较普遍地存在，师生眼中只有冷冰冰的分数。而在这所高中，虽然保安与学生对话中也关涉学习和分数，但冷冰冰的分数已变成活生生的人。我们不排斥考试和分数，关键是分数和名次只是手段，人的成长才是教育的目的。

其实，很多时候深奥的教育就在朴素的人、朴素的事、朴素的话之中。其实，全员育人并不是一句虚空的口号，可以体现在校园生活的每个细节之中。其实，教育可以从学校的门房开始做起……

真的有“破窗效应”

站在办公室门口，我看到了一幕让人忍俊不禁的场景。

学校的小车师傅从教育局领回一些资料，为方便搬运资料，把车停在靠近办公楼的楼道旁，因为搬完资料马上要下楼，他把车熄火后，连车窗都还没摇上就搬资料上楼了。

就在这时，几个一二年级的“小不点”悄悄靠近了停靠在楼道旁边、敞开窗户的车子，争先恐后地伸长脖子往车里张望，有大胆一点的孩子就把手伸进了车里，摸起了汽车的方向盘。更有甚者，不停地用手去掰汽车的后视镜。一不小心，汽车的后视镜竟然被他掰下来了……

看到这一幕，我实在忍俊不禁，是小孩子的顽皮，还是小车师傅的大意？在学校的小花园旁边整齐地停着一大排车子，平时孩子们都视而不见，为什么这辆不起眼的车子，仅仅停靠一会儿就引起了孩子们的注意，并且还不停地捣鼓呢？不就是因为车没有关窗吗？

这不由得使我想起心理学上经典的“破窗效应”：美国斯坦福大学心理学家詹巴斗曾做过这样一项实验——他找来两辆一模一样的汽车，一辆停在比较杂乱的街区，一辆停在中产阶级社区。他把停在杂乱街区的那一辆车的车牌搞掉，顶棚打开，结果一天之内车就被人偷走了。而停在中产阶级街区的那一辆一个星期也安然无恙。后来，詹巴斗用锤子把这辆车的车窗玻璃敲了个大洞，结果，仅过了几个小时，这辆车就不见了。

“破窗效应”认为：如果有人打坏了一个建筑物的窗户玻璃，而这扇窗户未得到及时维修，别人就可能受到暗示，去打烂更多的窗户玻璃。久而久之，这些破窗户就给人造成一种无序的感觉，在这种公众麻木不仁的氛围中，犯罪就会滋生、蔓延。

同理，如果一面墙出现一些涂鸦而没有被清洗掉，很快，墙上就布满了乱七八糟的涂鸦；如果一个原来干净的地方，人们都不好意思丢垃圾，而一旦地上有垃圾出现，人们就会毫不犹豫地抛丢，而不觉得羞愧。

今天，我亲历了一次现实版的“破窗效应”，而这样的“破窗效应”在我们现实生活中比比皆是。的确，环境可以对一个人产生强烈的暗示性和诱导性，要想避免“破窗效应”的发生，就必须及时修好第一扇被打碎的窗户玻璃。

锁打不开怎么办？

星期天，因到办公室拿一份资料，我来到学校。

但通往我办公室的二楼楼梯口被锁上了，管钥匙的员工还没有来上班。怎么办？刚好有几个四五年级的同学在操场上踢足球，我连忙请他们来帮忙——因为学校沙坑旁有一个学生攀爬训练用的攀爬网，通过攀爬网可以爬上二楼。

三个男孩子拿着我的一串钥匙，很快就通过攀爬网到了二楼，来到了我的办公室门前。可是不一会儿，一个男孩就拿着我的那串钥匙来问我：校长，是哪把钥匙呀？我连忙告诉他，是那把新钥匙。

他很高兴地又回到我的办公室前，三个人在那儿不停地捣鼓，边捣鼓边焦急地讨论着，但捣鼓了五六分钟，就是打不开我办公室的门……无奈之下，我只好打电话给管楼梯门钥匙的员工，请他来打开二楼楼梯的大门，从三个孩子手中接过我的钥匙。

在三个孩子惊诧又羡慕的目光中，我很轻松地一下子打开门锁。拿了资料后，我又特地当着三个孩子的面锁上门，告诉他们开门锁不能只用蛮力，也要用巧劲，让他们再试试。在我手把手地训练下，他们学会了用钥匙开门锁。

孩子们都高兴地跟我道别，我也向他们致谢。但我的心头却像压了一块石头，怎么也高兴不起来。我们的学校教育和家庭教育到底教给了学生什么？我们天天教他们如何做人、如何学习、如何锻炼身体，教他们国家规定的课程，教他们知识和考试，我们的学校教育和家庭教育是不是还缺漏了什么呢？如果没有漏掉什么，那他们怎么连一把门锁都不会开呢？

我又想起学校的一位科学课老师给我讲的一个细节：在做科学实验时，不少中高年级的学生不会穿针，怎么也不能把棉线从针眼里穿过去；有些学生不会自己点酒精灯，因为他不会划火柴……

是的，我们的教育中的确漏掉了一些最基本的东西：学生拿着一串钥匙不知道用哪把钥匙去开锁，因为他缺乏基本的观察能力，没有很好地去观察锁眼的形状；他不知道哪把钥匙对应开哪一把锁，因为他缺乏基本的判断能力，没有“一把钥匙开一把锁”的基本判断；他拿准了钥匙也开不了锁，因为他缺乏基本的动手操作能力，不知道做事时更讲求技巧。

联合国教科文组织反复强调未来学习的“五大支柱”：学会求知，学会交往，学会做事，学会生存，学会改变。看来，其中的“学会做事”“学会生存”的确要引起我们学校教育和家庭教育的共同关注。在一些人眼里，认为孩子还小，“学会做事”“学会生存”离他们还远着呢。如果有这样的认识误区，那就大错而特错了！试想想，一个小孩子连穿针、划火柴、开门锁这样一些基本的生活技能都不具备，我们还能指望他未来做什么呢？

我们的教育，是不是要从教学生如何打开门锁开始呢？

“跳蚤市场”趣味多

每年的12月31日，岁末的最后一天，我们学校都会开展传统的校园活动——“迎新年跳蚤市场”。

取名“跳蚤市场”，本义就是让学生把一年内的旧物拿来进行买卖或者交换，在新年到来之际辞旧迎新。

一大早，校园内就热闹起来，学生们兴奋地在校园指定位置摆开了架势:有摆地摊的，有搬货架的，有提篮的，有结伴的。现场叫卖，就地还价。叫卖声，还价声，欢呼声，此起彼伏，一浪高过一浪。

很多同学都知道“跳蚤市场”的本义，在家里早早地清理好一年来的旧物，拿到“跳蚤市场”来叫卖，对旧物的买卖，卖的同学卖得干脆，买的同学也买得坦然，反正是用旧的物品，卖一个是一个，买卖双方都很开心。

有的同学带来和家长一起自制的商品，有自制小书签、小发卡的，也有自制巧克力、棒棒糖的，因为是自制的手工商品，商品中含有自己的劳动和情感，所以买卖起来都比较谨慎和慎重，还价太厉害宁愿不卖，看来只有经过自己劳动所得才懂得珍贵，懂得珍惜。

有的同学是打货卖货，前一天晚上和家长一起到小商品市场或超市打一批货物，现场来分装叫卖。这样的打货卖货往往不着边际，有的低年级同学五元钱打来的商品，竟然只卖一元钱，这个账也算不明白，真的是要再学习了。看来，穷人的孩子早当家，家长包办的事难有好结果。

有的同学比较洒脱，不局限于一个地方，拎着一个手提袋或者背一个书包到处游荡，当起了“游商”和推销员，见人就推销，不管能不能销出去，反正边走边卖，边走边看，即使没有推销出去，也看尽了沿途的风景，不失为另一种享受。

有个同学专门卖自家做的馅饼，一问才知道他家在武汉开了几家馅饼店，每个店门前都排着长队来买，是武汉名吃名店。可是同样的馅饼在校园里却受到冷落，原来他的营销策略大有问题，一袋10个，要买就买一袋，当然在校园里没人买。我们当即给他提建议，把一袋袋馅饼拆开卖，1元钱一个。果然，馅饼一会儿就被抢购一空，看来这次他是真正体验了一把营销策略了。

最赚钱的好像是卖饮料的摊位，有的同学从超市买来大瓶的可乐、雪碧等饮料，然后分成一小杯一小杯地卖，一元钱一杯，又便宜又好卖。看来，明年的活动中又会有人来模仿了。

最让人叹为观止的是有同学居然现场开起了公司，雇用另外的同学来当员工，让员工去叫卖，自己在一旁当老板，然后给员工发工资，发提成。这样的同学真是了不得，现在就俨然一个老板，将来说不定还真的有点商业作为。

买卖归买卖，热闹归热闹。我们举办这样的“跳蚤市场”活动，其意义倒不在于培养学生的“财商”，而是让学生从小形成变废为宝的意识，增添一份童年的体验，同时，也在活动中提升学生独立思考、独立做事、适应社会生活的能力。

让水泥地面长出美丽的童话

前几天，看到这样一则微信:

来自美国密歇根州的一位艺术家，他整天奔波于安娜堡的大街小巷，借助街头建筑、道路上的缝隙和角落，用粉笔创造了许多街头地画作品，也创造了一个又一个街头童话。

欣赏这些街头地画作品，真的让人忍俊不禁，又叹为观止: 有长着天使翅膀的小猪正在给妈妈打电话，有鼠妈妈带着小老鼠在划船，有小兔子在路灯下聚精会神地夜读，有小象和象妈妈一起编织毛衣，有小怪兽正在清扫街头落叶……这些地画都画在街头一些破损的缝隙和角落，与周边景致融为一体，简直可以化腐朽为神奇。

看着看着，我灵机一动，在我们的校园里不也有这样一些缝隙和角落吗? 如果让孩子们动起手来进行地画创作，不也可以用孩子们的画笔来化腐朽为神奇吗? 说不定孩子们笔下的地画比成人艺术家的画作更有童趣，更为鲜活呢。

说干就干，上周五下午的课程超市时间，学校美术社团的孩子们就在美术老师带领下，在校园的各个角落忙活起来: 老师和孩子们都穿着创作时的工作服，兴致盎然地趴在地上用油漆绘制自己小组的画作。小老鼠、小天使、小怪兽、外星人等可爱的卡通形象和童话形象，纷纷在水泥地上、在台阶上、在角落里站立了起来……很多其他活动小组的老师和同学也上来围观，都伸出大拇指不停称赞。有的孩子也禁不住技痒，跑到我这里来请求加入创作队伍。

仅仅一个下午，校园地面就出现了十几幅地画作品。这些地画作品就像水泥地面上开出的美丽花朵，又像水泥地面在讲述着一个个无声的、美丽的童话。

下午放学后，不少家长看到地面的作品，都纷纷掏出手机拍照。有的家长还带着孩子特地到校长室来，申请和孩子一起来创作一幅作品。更有六年级毕业班的几位老师兴致勃勃地来找我，希望在六年级毕业生中开展一项活动——绘制系列地画作品，表达对母校的感谢与留恋。一石激起千层浪！既然学生、老师、家长都有这么高的兴致，那何乐而不为呢？于是，学校决定，只要家长和学生有兴趣、有能力，可以先绘好手稿，自主向学校申报后就可以在校园地面来进行自主创作。同时，专门为六年级毕业班开辟一条“毕业星光大道”（学校一条排水沟上面的水泥板），让六年级毕业生自由创作，并作为一个惯例，由每年的毕业年级来更新……我相信：水泥地面还会长出更多更美的童话！

一切都在美好之中进行。

正如美学界流传的那句话：世界并不缺少美，缺少的是发现美的眼睛。

是呀，只要心中有美，心中有教育，心中有孩子，一切皆有可能！

手拉手，来种菜

前不久，学校特地把校园围墙边的一块空地开辟出来，围成30块小菜地，每块五六平方米，让高年级与低年级班级之间结对子，全校60个班级都能参与种菜。

其实，让孩子们体验一下种菜有着丰富的意义：孩子们可以品尝田间劳作的滋味，认得清蔬菜的基本品种，体验收获劳动成果的喜悦；可以体会高年级与低年级之间的互帮互学，尤其是大同学对小同学的关心爱护；可以感受植物生长的全过程，从而更加关注环保，热爱生命；还可以感受到书本之外的生活乐趣和情趣。真是一举多得！

班主任会开过之后，很多老师非常感兴趣，马上组织带领学生来到自己的“责任田”跃跃欲试，有的班主任老师特地请来家长协助种。一时间，学校菜地成了校园最热闹的地方，大家都忙得不亦乐乎，一到下课就有人去看菜、去浇水，简直成了校园的又一道风景。

不过，在这个过程中，也有些让人不太如意的地方：有的班级怕麻烦，为图方便，就干脆请会种菜的家长一种了事；有的高年级班级嫌带着低年级种会耽误时间，就自己三下两下种完了；有的班级把菜种下去想一劳永逸，不再派人管理、打理，菜苗几天就枯死了……

于是，我们又召开了班主任会议，强调学生自己动手种菜的细节要求：一定要让孩子经历选种、松土、栽种、浇水、管理、收获的全过程，真正体验蔬菜种植的味道和乐趣；一定要让高年级和低年级班级手拉手，在此过程中学会交往、学会互助、学会合作。

这时，有老师建议学校定制统一标牌，标明是哪个班级的“责任田”。当然，做标牌是有必要的，但统一做漂亮的标牌那就让人觉得形式化。如果让学生自己设计，自己创作标牌意义更大。甚至有的班级还可以别出心裁地设计一下，在自己的菜地里插上一个稻草人，让种菜充满情趣和诗意，充满田园气息——这样原生态的东西可能更接近教育本质。

校园真的不仅仅是教书和读书，校园更不仅仅是书本知识的学习。种菜也是教育！在种菜中蕴含着许许多多的教育元素，譬如培养学生的环保意识、责任意识、团队意识，譬如提高学生的动手能力、合作能力、交往能力等等。

能自始至终种好菜不是一件容易的事情！能种好菜的孩子将来就可能会成长为一个会做事的人！

我相信：到蔬菜成熟的季节，每一个孩子都能吃到自己亲手种植的蔬菜，哪怕是一根葱、一个蒜，那味道也绝对是独特的……

我们都有好朋友

“找呀找呀找朋友，找到一个好朋友。敬个礼，握握手，我们都是好朋友。”很小的时候我们都唱过这样的儿歌。在长大的过程中，父母经常告诫我们“在家靠父母，在外靠朋友”，让我们懂得了朋友的重要性。

然而，今天的孩子多半是独生子女，在“4+2+1”的家庭结构中，受到“特别关注”，容易以自我为中心，与人相处时不太容易为别人着想，也就很难交上真正的朋友。

今年的“六一”儿童节，学校别出心裁地组织了一次很有意思的活动——“双胞胎节”。我们的“双胞胎节”上的“双胞胎”，其实是一个泛指，指的是像双胞胎一样心心相通的好朋友，可以是两人组成“双胞胎”，也可以是三人组成“三胞胎”，还可以多人组成“多胞胎”。

庆祝活动的那天早晨，校门口热闹非凡，“双胞胎”（多胞胎）们都提前约定了到校的时间，穿着一模一样的衣服或配上一模一样的装饰，更有甚者，买了白色的文化衫，一起动手在文化衫上绘制一样的图案或写上共同的誓言。然后，“双胞胎”（多胞胎）们手牵手、肩并肩一起走进校园。

学校在校门口铺上了红地毯，架上照相机、摄像机，“双胞胎”（多胞胎）们一起走上红地毯，在照相机前摆着自己设计的姿势，留下好朋友的美好见证。那场面煞是壮观，最吸引眼球的莫过于一些富有创意的服装设计，有穿着海魂衫、军裤、戴着军帽的“海军范儿”，有装扮成“五四青年”的“民国范儿”，有扮成电影人物形象的“蝙蝠侠”“加勒比海盗”“小魔仙”……古今中外，现实虚拟，千奇百怪，应有尽有。

走过红地毯，拍下照片之后，朋友们一起来到教室，各班又以班级为单位开展形式多样的“双胞胎”展示活动，掀起活动的一次又一次高潮……置身其中，让人感受到这是一场友情的盛会，也是一场创意的盛会，更是一场体验教育的盛会。

记得有这样一种说法，真正的朋友往往是“下过乡的，同过窗的，扛过枪的”，说的是一起下过乡的老一辈知青、同过窗的同学、一起扛过枪的战友，共同的生活经历、共同的生活体验甚至是共同出生入死，让友情牢不可摧，终身难以磨灭。

我想：我们组织的这次“双胞胎节”，可以让孩子们真实地体验朋友的友情和分享的幸福，足以成为孩子们童年生活中一抹亮丽的回忆。我相信：若干年后，同学们、朋友们聚在一起，肯定会满怀深情地回忆起那年的“双胞胎节”……

风筝的纠结

学校体育学科开设了风筝课，受到同学们的一致欢迎，五颜六色的风筝为校园增添了许多生气，也为这个春天增添了许多色彩。

说实话，有很多同学在家里因为场地、时间等限制，是没有放过风筝的，在体育课上放风筝，让孩子们多了一种体验，多了一份童年的记忆。在儿童的心目中，风筝、秋千、滑梯等本来就是孩子们的经典玩具。

但任何事物都会有正反两面，就在孩子们兴高采烈地上风筝课时，也发生了意外，有两个孩子的脸被风筝线划伤了。怎么会这样？怎么办？我的心陷入了深深的自责和纠结。

不管从哪个角度来说，我们设计风筝课的出发点是好的，也是受师生欢迎的。问题到底出在哪里呢？难道是我们好心办成坏事了吗？难道这件事办到一半就需要停下来吗？

我迫不及待地召集体育老师开会。根据体育老师们反映，可能存在两方面的原因：一是由于孩子们放风筝太兴奋了，加上班级人数又多，就没有注意到旁边的同学；二是由于少数同学买的风筝较大，放起来就很重、线也很结实，碰到脸上就可能出问题。接着，体育老师一致认为：既然是好事，就想办法把它做好，不能因噎废食。老师们加强课堂管理：一方面叮嘱学生不买个头大的风筝，一方面在课堂上适当进行控制，让学生分期分批地去放风筝。

听着老师们的讨论，我心里的一块石头也慢慢落地了：是呀，我们都是为人父母的，肯定不希望看到孩子受到伤害，但也不能因噎废食。在我们的身边，有不少地方就因为怕上体育课出意外而把很多体育器械拆掉了，体育课上稍有挑战性的项目就被取消掉，导致学生的身体素质越来越差。这种因噎废食的做法的确不是教育的本质，也不是我们所追求的“绝对安全”。

这其中其实隐含着一种悖论：越是管理得厉害，越是不让学生玩耍，学生的身体就不具备基本的柔韧性，也缺乏身体的自我保护能力，越是容易受伤；而越是放心让学生奔跑、玩耍，学生的身体具备一定柔韧度和基本保护能力，越不容易受伤。

看来，我们的教育不能怕一只小小的风筝，我们的孩子也不能怕一只小小的风筝。如果我们的教育、我们的孩子连放风筝都怕，我们被一只小小的风筝打败，那我们的民族还有什么未来呢？

当然，毕竟孩子还小，我们要多留几个心眼，多几道安全措施，多站在孩子角度思考课堂管理，多加强课堂的预防，这是我们做任何事情的前提！

由此看来，放不放风筝不是核心问题，核心问题是我们要在风筝课上考虑得更加细致，让风筝课更加安全……

何不疯狂一把？

2013年12月30日是学校的“疯狂发型设计日”。

一大早，校园里便热闹起来。一进校门，大家都在用兴奋和欣喜的目光搜索着各种各样疯狂的发型。相互熟识的同学，还故意把发型搔弄搔弄，让人猜猜他是谁。

发型设计的式样真是千奇百怪：有直接买套假发顶在头上的，假发的颜色各异，把校园装点得五颜六色；有拿各种颜色发胶喷在头发上的，在太阳下闪着亮光；有拿各种废旧物品编制成的创意发型，各具匠心，让人眼前一亮。不难看出，不少低年级的小朋友是和家长一起来设计的，这份疯狂也让家长乐在其中。

我更欣赏学生和家长们自己动手做的创意发型：有的同学拿废旧毛线编织成披肩长发；有的同学把旧拖把一拆，将布条随便顶在头上也像模像样；有的同学用废纸盒做成一顶帽子，戴在头上装扮成机器人；有的同学用布带缠在头上，扮演NBA明星，也挺有范儿……最让人叫绝的是书法老师冯鹏，着一袭长袍，戴一顶民国时期的礼帽，背后还拖着一条长辫子，活脱脱的一个清代遗老，引得学生一阵阵惊呼。

我找了顶假发戴在头上，走到操场上。沿途大家都笑我，但我觉得既然有这样的氛围，我也应该加入其中。“疯狂发型设计日”其实做的是创意，戴的是勇气，要的是童心。任何人都可以在今天放下身段去疯狂一把。

我们学校提出“办一所孩子喜欢的学校，办一所自然状态的学校，办一所我们大家的学校”，像“疯狂发型设计日”这样活动的开展，不就是“办一所孩子喜欢的学校”的一个真实写照吗？学校没有必要老是端着一副教书育人的面孔，让学校变得好玩一点，让孩子们在学校好玩一点，让师生在玩中学习、在玩中创造、在玩中交往——这不就是真正的教育吗？

我想：多开展类似“疯狂发型日”这样的活动，就可以让孩子的童年多一些记忆、多一些体验、多一些创意、多一些快乐、多一些欣喜……

落叶该不该扫?

走进我校大门是一条宽阔的柏油路。路的一侧是一排粗壮的、茂密的梧桐树。

老一辈的实验人把这条路称为“四美路”，大概是取自当时的“五讲四美”之意。而我，则更喜欢把这条路叫作“梧桐道”。

每到深秋，梧桐就会落叶。到落叶的时候，校工和负责清洁的学生就会每天清扫落叶，有时候边扫还边抱怨“秋风落叶愁煞人”。

今年春季刚开学的时候，学校就有几个老师提建议:每年秋天梧桐落叶的时候其实很美，为何要天天清扫，何不让落叶保留一段时间，让学生体验一下秋天踩在落叶上的感觉。

老师们的提议真好!本学期的学校工作计划中，我们就安排了一个非常有趣的校园活动——“落叶周”活动。上个星期，“落叶周”活动正式开展:一二年级学生捡校园内的落叶，现场制作“叶贴画”;三四年级学生利用落叶制作“叶贴画配诗”作品;五年级开展写落叶的散文、诗歌比赛;六年级开展以“落叶秋韵”为主题的摄影比赛……

当然，开展“落叶周”活动就需要浓郁的氛围，学校从上周起就保留了这条“梧桐道”上的落叶。双休日刮起了大风，周一路上就被落叶铺上了金黄的、厚厚的一层“地毯”，煞是漂亮!这条路成了一条“落叶大道”!

下课了，孩子们纷纷涌上“落叶大道”。有的踢踩落叶，有的抛洒落叶，有的躺在厚厚的落叶上，假装睡觉，还有的随手拾起一片落叶细细把闻，更多的是在落叶之上、落叶之间玩闹嬉戏……看着这个场面，我的心里充满了欢喜和幸福——原来，对校园和孩子来说，幸福可以如此简单，教育可以如此简单！

也许，就是在这样一个简单的过程中，在这样一个真切的体验之中，孩子们自然而然地亲近了自然，亲近了天地，亲近了四季。也许，这就是孩子们更需要的一种教育！

古人说：“落红不是无情物，化作春泥更护花。”我想说：“落叶不是无情物，化作童趣育天真！”

自由的轮胎

这个学期开学的时候，学校特地买回一批旧轮胎，漆成五颜六色，摆放在校园的几个运动场地，让学生玩“滚轮胎”的运动。

如我们所料，孩子们特别喜欢无拘无束的“滚轮胎”运动。一到课间，孩子们纷纷抢着去“滚轮胎”。笑声、欢呼声伴随着轮胎滚动，心灵也随之自由自在地灵动。一个个滚动的轮胎就像一个个童年的七色光环，煞是漂亮，成为学校课间的一道风景。

然而，孩子毕竟是孩子，加上课间的时间又较短，往往把轮胎滚出老远，上课铃就响了，孩子们赶急赶忙地跑回教室上课。于是，轮胎就散落在运动场上。一眼望去，显得比较零乱，甚至影响了校园的美观。

我观察了几节课后，马上喊来少先队辅导员向红平老师，请他安排几个少先队员志愿者专门负责滚轮胎的秩序，负责提醒学生课间把轮胎滚回原地，摆放整齐，不能这样零散地随意放置。

向老师思忖了半天，问了我一句：为什么要这么急地归还原地呢？

这句话让我一下愣住了！是呀！为什么不能让轮胎散放在校园里呢？为什么非要每节课都那么急地归还原地呢？我们摆放轮胎是给人看的，还是给学生随时用的？如果是给学生用的，那为什么不能让学生随处可取，自由玩耍呢？

想到这里，我再放眼看看散落在校园里的轮胎，觉得一点都不碍眼，倒像是一朵朵七彩的花开在地上，把校园点缀得更为美丽。

于是，我和向老师商量: 为了培养同学们拿东西归还原地的习惯，每天放学等同学们离开校园后再集中收捡一次轮胎。课间的时候，就让同学们自由地滚动和摆放。

自由的轮胎，给了学生自由的时空，也给学生自由的童年和自由的心灵留下一份美好的记忆……

这样的总结大会……

每到年终岁末，各单位都要召开年终总结大会。

一般单位的年终总结大会，领导都要精心准备，好好做一番总结和回顾，激起大家的共鸣。但领导进行总结，总有顾此失彼，挂一漏万的担忧，被总结到的当然高兴，没被点到的则很失落，一场总结大会，总是几家欢乐几家失落。

我们学校的总结大会早在前些年就进行了“变脸”，不再是由校长主讲，而是由学校的七个校区采取自己的方式，来呈现各个校区一年来的工作。有的校区采取做微电影的方式来进行展示，有的校区采取现场话剧的方式呈现一年的教育生活。每年的总结大会，我只给各个校区提一个要求：要让每位老师在微电影或现场演出中露一露脸。

本学期的总结大会，我们又别出心裁地设计了一种很好玩的方式：每位老师先进行自我总结，用一张A4大小的纸做一张自己的年度工作海报，海报的主题为“我与我的学校，我与我的孩子”，每位老师围绕主题采取不同方式呈现一年来的教育生活。然后，学校将每位老师的海报在学校校园进行集中展示。

在此基础上，学校召开七个校区的总结大会，总结大会采取“弹幕”摇号的方式，把全校所有教职工的名字输入计算机，随机摇号，被幸运摇中的老师即走上舞台，去讲自己的2017。每位老师都很兴奋，每位老师都有准备，每位老师都紧张而又充满期待。在摇号过程中，我们还精心安排老师登台演唱，把总结大会推向一个又一个高潮。

这样的总结大会，每位老师都是总结者，每位老师都是主角，每位老师都在讲述自己的故事，讲述学校的故事和教育的故事，每位老师对学校集体又多了一份归属和认同……

不应看到的三个镜头

今天，在一所小学观摩该校的一项学生活动。

学校为活动做了精心的准备，邀请了当地教育主管部门、学区内一些单位负责人和家长代表来校观摩。但在活动中，我看到了三个教育人不应看到的镜头:

第一个镜头: 孩子们站在冷风中冻得发抖。虽然已到谷雨，但北方的气温依然很低，上午气温只有10℃左右，大人们坐在观摩席上穿着厚厚的外套还觉得阴冷。可是，一群孩子却穿着薄薄的短袖衫，被作为活动道具站在冷风中瑟瑟发抖。而此时，从老师、家长到校长，竟没有人去关注孩子们的感受，音乐声照样热烈，身着厚厚外套的校长照样念着稿子，被邀请来参加活动的地方领导照样热情洋溢地讲话……

第二个镜头: 学校邀请的成人代表坐在了孩子前头。学校邀请了部分家长代表、社区人士，他们被安排坐在了学生观看方阵的前排，高高在上的成人挡住了整个方阵学生观看的视线，致使不少调皮的学生不时站起或跳起观看，而多数听话守纪的学生则只能“望背兴叹”，或者干脆低下头去小声议论、玩着自己的手指……

第三个镜头: 少数学生表演节目给主席台上的领导看。整场活动只有不到20%孩子参与表演，80%以上学生在下面观看、鼓掌。最让人不解的是: 学校把活动场地设计成面向主席台，在整个活动过程中，只有少数学生面向主席台进行表演，绝大多数学生都是坐在表演场地两侧，且不说在第一排有大人坐着挡住孩子们观看的视线，就是勉强能看到表演的学生，也看不到表演者的脸。整个表演，在两侧观看的学生根本看不清，表演基本是为了表演给坐在主席台上的人看……

这三个不应看到的镜头像三块冷冰塞在我的心上，这是在做活动、做教育吗？这样的活动为谁而做？是为孩子们做的吗？我们到底把学生当什么？这样的教育会培养出什么样的人？

我们口口声声喊着以人为本、以生为本，但我们真的把孩子放在心上了吗？如果真把孩子放在心上，那不妨让孩子们在表演中多穿一件衣服，哪怕没有设计中的服装那么美；不妨把成人坐的椅子摆到孩子后头，让孩子能坐到前排；不妨让所有的孩子都参与到表演中来，做到“一个都不能少”，哪怕表演效果没有那么好。

我多么希望这些不应看到的镜头，在我们的教育中，在我们的学校里，少一些，再少一些……

人，永远是第一位的

最近看到一篇报道，有人发明了一种像兔子耳朵一样的智能脑电波产品，只要戴在头上，头上的脑电波传感器就会探测并自动分析脑电波，随着人的情绪状态变化，兔子会做出相应的动作。如，注意力集中时，兔子耳朵会竖起来；身心疲倦时，兔子耳朵就会垂下来。于是，就有人联想到可以在教育中应用——学生可以戴着这样的设备上课，老师可以看到哪些学生上课走神，哪些学生专注。

由此，我想到前些年一些学校在做的另一件事：一些学校在教室里都安上了摄像头，学校可以实时看到每一间教室里师生的教与学状况，学校管理者只要坐在办公室里看看监控屏幕，就会了解全校的课堂教学。乍看起来，这种做法好像提高了教学管理效率，也似乎提升了学校信息化水平。但从实际的效果看，绝大多数师生都很反感这种做法，总感觉到原本质朴的课堂加上这么一个摄像头，就显得不自然，总觉得有一双眼睛在盯着课堂，让人有一种被偷窥的感觉，也让人有一种不信任感。后来，由于这种做法存在比较大的争议，在有些学校已被叫停。的确，要了解课堂的真实状况，采用日常巡堂和随机听课等最原始也是最有效的管理方法即可，何必大肆渲染，实行如此监控，结果是过犹不及。

想象以上两个场景，我就在想：如果未来的“人”以这样的方式存在，那么“人”的存在价值在哪里？智能设备、互联网络与“人”之间到底是什么关系？在信息化时代，互联网络与“人”的连接，到底应该遵循怎样的价值原则？

当技术越来越强大时，当人工智能越来越发达时，当我们想让学生戴上“智能兔耳朵”，甚至已经发明出可以监测学生行为的“智能座椅垫”时，我们是否想到过学生这一端的感受？他们是否有知情权和选择权？他们是否愿意在传感器面前表现真实的自我？他们是否认为脑电波的监测是在偷窥他们的秘密？我们是否在给学生强加数字镣铐？我们是守望者还是监控者？

我们已站在“互联网+教育”的门口，在“+”号的两端，一端是技术，另一端连着的是“人”。连接的出发点和落脚点永远应该是“人”，“人”才是连接的核心。如果没有对人性的洞察，没有对人性的尊重和关怀，则再高超的技术都是苍白无力的，都是没有价值的。

在僵硬的技术、冰冷的机器与人的丰富情感、人性的温暖之间，我们如何去选择和取舍，答案其实不言而喻，毋庸置疑——看得见的技术，看不见的人性——“人”，任何时候都是第一位的！

是一种工具，还是一种方式？

今天听了一节学校老师用ipad（以下简称“派”）上的研究课。

课上，老师既让学生用“派”来进行学习，又用了黑板、粉笔和纸质学习资料，学生一会儿用“派”，一会儿用纸，在现代学习工具和传统学习工具之间不断切换，整堂课基本实现了老师设计的初衷：用“派”来辅助教学。

议课时，我提出了一个核心的问题：“派”究竟是一种辅助学习工具，还是一种学习方式？如果是把“派”作为一种辅助学习工具，那就是在一些学习环节用“派”来解决一些问题，“派”只是学习工具的一种，可多可少，可有可无，可用可不用。但如果把“派”作为一种学习方式，那整节课的学习则需要在“派”上进行，通过用“派”来在网络环境中学习，整节课应该呈现出一“派”在手，玩转全堂的状态，充分体现“玩中学”和“游戏化学习”，自学、合作、分享、反馈、评价等学习环节基本上是通过“派”来完成，而在“玩派”和“游戏”中，学习目标也自然达成。因此，我们在设计课时，首先要明确定位：“派”不是一种辅助工具，“派”是一种学习方式，这种学习方式可以称为“派学习”。

由此我想到我们日常使用的智能手机。手机是一种生活工具，还是一种生活方式？我觉得，在智能手机已远远超越其最初打电话、发信息的功能，搭上互联网快车的今天，已不仅仅是一种生活工具，已经成为一种生活方式，成为生活中不可或缺的一部分，怪不得我们今天一旦离开手机就会焦虑不安，就会好像失去联系和依托——因为它已经成为了一种生活方式。

还有我们日常使用的汽车。汽车是一种交通工具，还是一种生活方式？这要看你怎么定位：如果你把汽车定位为一种交通工具，那你就是开汽车与坐汽车；如果你把汽车定位为一种生活方式，那你就是过一种“汽车生活”，你的生活半径将会大大拓展和延伸，你的生活方式就会成为一种“汽车生活方式”。

记得有这样一个小故事：两条年轻的鱼遇到了一条老鱼，老鱼打招呼说，早上好，孩子们，这水怎么样？两条年轻的鱼继续游了一会儿，终于，其中一条问另外一条：什么是水？

今天，我们身处互联网时代，正逐步浸入数字化生存，互联网和人工智能正在不知不觉中改变着我们的思维方式和生活方式，而我们很多人并不自知，就像鱼儿生活在水中太久，并没有感觉到水是什么。

孩子该不该用手机?

在“知乎”上曾有这么一条提问:“谈谈智能手机对我们生活的影响。”有人回答:“腰酸背痛。”这听起来像是一个调侃，不过倒也道出了人们面对手机的困惑。

值得关注的是，“手机控”“低头族”“刷屏党”等正在向低龄人群扩散，引发老师和家长们忧心忡忡。有媒体报道称，六成“00后”拥有手机，近半数的“00后”可以用手机登录社交软件，而一些孩子则沉迷于手机无法自拔。

“无奈、无力、无措”是部分家长来处理“孩子与手机”关系时的尴尬状况:如果不给孩子配手机，就怕孩子有紧急情况需要与家长及时联络，存在安全真空;如果给孩子配手机，又面临着网络游戏及网络不良信息的侵扰;更有的家长担心管理孩子使用手机的时间，会在某种程度上引起亲子矛盾。家长面对手机这个“烫手的山芋”，是“想说爱你不容易，想说恨你也难”，的确处于一种左右不是、进退两难的境地。

那应该如何看待孩子用手机的问题呢?我认为，对待新兴事物，堵绝对不是好办法，因为无论你怎么去堵，都堵不住时代发展的步伐，堵不住信息汹涌的浪潮，就只有想办法来疏导。那么，家长和老师又该如何来正确教育与疏导呢?

一是家长不要用手机、ipad等“哄孩子”。其实，“00后”沉迷手机，除了“孩子与手机”的直接关系，深层次的是“孩子与家长”的关系。不少家长为图一时之快，在孩子撒娇、撒泼的时候，往往会拿手机、ipad等“哄孩子”，这样好像一时哄住孩子不再闹腾，但却埋下了后患。

二是家长不要被手机“奴役”，做好孩子的表率。家长首先应该将自己从被手机“奴役”中解脱出来，避免自己成为“手机控”，用更多时间去陪伴孩子的成长，关注孩子的需求，多带孩子去参加一些户外活动及有意义的活动，以和谐融洽的亲子关系来弱化手机对孩子的影响，以自己的存在来替代手机等信息工具，满足孩子的交往需求。

三是家长尽量不给孩子配智能手机，可以用“学生机”。用“学生机”既能解决孩子与家长及时联络的问题，又能避免孩子沉迷手机。同时，家长可以引导孩子多与同学交往，与伙伴交往，在现实世界中真实地交往，而不是沉浸在虚拟世界的网络社交，多参与户外活动和体育锻炼，在集体活动中锻炼自己，提升自己。

四是学校可以尝试开放“媒介素养课程”。学校通过“媒介素养课程”来教育和引导孩子如何使用媒介，如何对媒介信息进行理性、选择性解读，并借助媒介发展自身的能力和素养。其实，日本、澳大利亚、加拿大等国家早已启动媒介素养的教育，值得我国的学校借鉴。

没有人会否认手机等信息工具带给我们现代生活的便利，但当我们对其逐渐产生一定依赖性时，原来的工具却不知不觉中在“主宰”我们的生活。“孩子与手机”的问题归根结底还是“人与手机”的问题，乃至“人与人”的问题。只要回归到现实世界，回归到现实生活，回归到“人与人”的正常交往，“孩子与手机”的问题就自然迎刃而解。

《朗读者》为什么打动我们？

近日，《朗读者》着实火了，就像综艺节目中的一股清流，直达无数人内心深处，让人们在动人的故事和动情的朗读中泪目。《朗读者》到底为什么能打动我们？

打动我们的不是朗诵的技巧。《朗读者》不是朗诵比赛，更非普通话比赛，语言和语音只是表情达意的载体。像痴迷汉字的美国朋友，为野生动物而孤独坚守的饲养人，他们的语音并不标准，更无什么朗诵技巧，但丝毫不影响他们的朗读。

打动我们的不是文字的华丽。朗诵的文字有些是很质朴的，并不华丽，但暗含朗诵者的人生经历，恰能表达朗诵者内心的诉求，足以引起人们的共鸣。真正的好文字并不在于多么华丽，而是在一定的场景或情境中能引起作者、诵者、听者的共振共鸣。

打动我们的不是声名的显赫。这些朗诵者中有名人，也有普通人，人们看重的不是他们的头衔、名人的名号，而是他们的真实、他们的七情六欲、他们身上的人间烟火。

打动我们的不是技巧、声音、名气，也不是文字，那是什么呢？其实，打动我们的是人，是朗读者本身。

打动我们的是朗读者的人生经历。陪孩子读书的妈妈、红丝带学校的校长、耶鲁村官……他们不一样的人生经历，让我们感受到人生的丰富、人生的无常，也感受到人生的安然、人生的自得。他们的人生就像一面面镜子，照着我们的生活，照着我们的灵魂，让我们从这一面面镜子中看见自己，发现自己，寻找自己。

打动我们的是朗读者的真切深情。在朗读者的讲述中，我们听到了一个个感人的故事，这些故事大都并不遥远，很多就像发生在我们身边。而朗读者在讲述的时候，我们有时感觉他就是我们的邻居在跟我们拉家常，故事背后所透露出的人间亲情、爱情、友情，让人们觉得亲切而温暖。

打动我们的是朗读者的人性光辉。文以载道，读以传道，人以悟道。朗读者在讲述和朗读时传递的是人生的感悟，是生命的大道，是人性的光辉。很多东西已超越个人的生活，超越一己的体悟，传递着一种“大爱”，从爱生活、爱他人，到爱自然、爱天地，再到爱国家、爱人类、爱天下、爱众生。像奥运冠军把“中国”二字刻在自己的额头上，无国界医生救助难民，把大爱写在天地之间，怎不打动人?

《朗读者》与其说是在朗读文字，不如说是在讲述文字背后的生命真谛。

从来就没有人为了写作而写作，也从来没有人为了朗读而朗读。

人们在文字和朗读中发现自己、寻找自己、追问自己、救赎自己。

每个人都是自己人生的朗读者，每个人都在朗读着自己的人生。

人，总要做点激动人心的事

学校有位小刘老师，教音乐，进校不到两年，但很受学生喜欢，被学生昵称为“巧克力老师”。

最近，小刘老师找到我，说想在学校的阶梯教室办一场个人演唱会，演唱会上将要请他的学生和同事一起助演。我当即应允，并叮嘱他和同事们好好策划，好好准备，学校将倾力支持。虽然我知道小刘老师并非声乐专业，只是音乐教育专业，但对年轻教师这种热情和激情，学校应该大力提倡和鼓励。

后来，我又反复琢磨此事，认为学校既然要支持、鼓励这样的尝试，就应该树立一个标杆，让其成为学校的一个“文化事件”，成为学校的一个“文化符号”。于是，我们就与武汉音乐学院联系，借用音乐学院的正规音乐厅，为小刘老师举办一次像模像样的师生演唱会。

由此我又想到学校的其他几位老师：教语文的汪老师自费在武汉琴台大剧院举办个人的独唱音乐会，因为这是他儿时的梦想，演唱会后，他又在学校自发办起了融戏曲与吟诵为一体的学生社团，让无数孩子为之向往；做学校后勤工作的欧阳老师痴迷摄影，学校为他举办了个人摄影展，因为他喜欢，所以无数孩子也成了摄影爱好者；美术贾老师一直自学油画，在个人收入并不丰裕的情况下，不断追求成本较高的油画艺术，前不久举办的“贾老师油画展”让师生驻足，由此他的课堂上也多了一份油画的色彩……

记得前几年我到台湾的一所学校参观访问，一般的学校校长介绍免不了介绍学校办学理念、学校特色、课程设计等等，而该校的校长一开口就花很长时间介绍学校的一位老师。这位天文老师到学校的第一天就在学校楼顶架起了一台天文望远镜，坚持天天观测天象。为了观测，他甚至直接在楼顶支起帐篷，观测晚了就睡在帐篷里。他将观测的照片贴满学校的墙壁，并带领孩子们一起观测天象，做天文方面的课题。而最有意思的是，一位同校的女老师因为他的痴心而爱上了他，从此每天观测星空的就成了两个人。

一所学校，一所有文化的学校，需要有这样的一个，甚至一批老师，他们虽然怀里夹着的还是教案本，手里拿着的是一支粉笔，指缝里还留着批改作业本的红墨水印迹，他们行走在校园的泥土上，但他们的眼睛里却透过黑板、粉笔，透过校园的围墙，去仰望那浩瀚深远的星空，做着一个儿时就在做的梦。然后，他们会心甘情愿地、情不自禁地带着他的学生，带着孩子们把眼光投射到更高的星空、更大的世界、更远的未来……想想这种感觉真的很美好！

人，一生总要做点激动人心的事。教师，一生总要做点与教育有关或无关的梦。

第三章

校园总有孩子跑过

奖励全体

前天，学校组织了全校学生参与的体操比赛。

根据学校设计的比赛流程，从一年级到六年级以年级为单位，分六个场次来进行比赛。然后，在六个场次中分别挑选出该场次的优秀班级。

为了提高比赛评奖的公平性和准确性，我们还特地邀请了各年级的家长代表参与观摩、打分、评奖。当然，家长代表参与评奖的过程，也是提升对学校工作认同度的过程。

各个班级都做了精心的准备，当我们把家长的评分表收起来时，一下子就傻眼了，因为每个班级都攒足了劲比赛，一时竟不分高下，难决伯仲。怎么办？经过反复磋商，我们认为：如果给一部分表现更为突出的班级评奖，则会在某种程度上打击另外同样精心准备了的班级，而这并非我们的初衷。让每个班级、每个学生都认真地做好体操不就是我们追求的目的吗？何必非要决个胜负、评个好差、弄个输赢呢！

于是，我们决定以年级为单位来进行评奖，充分肯定和鼓励全校师生。你看，下面的评奖多有意思：一年级“最萌可爱风采奖”，二年级“最优精神风貌奖”，三年级“最牛动作活力奖”，四年级“最燃全场人气奖”，五年级“最强团队阵容奖”，六年级“最炫感染力量奖”。

今天早晨，当我们在全校集会上宣布颁奖结果时，全校师生由短暂的惊讶到大家都会心地一笑。我想：大家都明白了这次颁奖的目的所在。接着，当颁奖老师宣布因为每个班级都表现优秀，每个班级都可以获得一份神秘的奖品时，大家都翘首以待。当颁奖老师宣布每个班级将会获得一个披萨，由全班师生共同分享时，全场响起了经久不息的掌声和欢呼声……

晚上，我的微信圈里异常活跃，老师和家长不断地在朋友圈里发孩子在班上分享披萨的消息，有的家长在微信里说："我的第一反应是一份披萨分给四十几个同学吃，那每个人能分多大一点？可孩子说今天的披萨是她从未吃过的美味。"有的家长说："孩子回家说，今天吃到了胜利的披萨，每个人都有功劳。"有的家长说的话更有诗意："只溶在口，不容在手。"有的班主任在微信里开玩笑说："亏了我们班主任分呀！"有的数学老师打趣说："今天的数学作业是如何把12寸的披萨平均分享给45个同学。"更有的老师描述得非常形象："孩子们都舍不得吃，哪里是在吃呀，分明是在一点一点地舔。"

小小的一个披萨，竟产生了如此大的效应，真是在我们意料之中又出我们意料之外。

是呀，我们组织任何一次活动、一场比赛，重在全过程的准备和参与，重在强化和激励积极行为，而不是追求活动和比赛结果，更不是追求谁胜谁负、谁高谁低——过程和氛围才是最重要的。

我们经常讲要培养学生的"团队精神""集体主义精神"，这种团队精神，集体主义精神从哪儿来？其实，营造一种团队积极向上的氛围，一个都不能少地参与其中，广泛而充分地肯定团队和集体，对团队和集体予以奖励，可能就是最好的路径和方法——就像我们这次对整个年级不分输赢地奖励，就像给每个班级奖励一个披萨，让每个人都能分享……

“夸孩子”的学问

今天，无意中在一位家长的智能手机上看到几枚学校老师颁发给孩子的奖励徽章。

其中，有几枚徽章很受家长青睐，如一枚“信息敏锐”章，下面老师点评是“能够结合所给信息，说清每一步算式所表达的意思”；又如一枚“感悟算理”章，下面老师点评是“能够结合算式，提出这道算式要解决的数学问题”；再如一枚“讲究卫生”章，下面老师点评是“卫生值日认真负责，把每一处都清理得干干净净”……

有一个来自斯坦福大学的实验：斯坦福大学著名发展心理学家卡罗尔·德韦克花了十多年时间，和她的团队研究表扬对孩子的影响。因为她一直怀疑，表扬对一个孩子不一定有好作用。实验的结果既在她的意料之中也出乎她的意料。实验的结果表明：表扬，即夸奖一个孩子聪明，的确不一定有好作用，那些被夸奖为聪明的孩子，往往不自觉地看轻努力的重要性，甚至认为我很聪明，所以我不用那么用功，而当他们面对失败时，往往束手无策；而鼓励，即夸奖一个孩子努力用功，会给孩子一个可以自己掌控的感觉，孩子会认为，成功与否掌握在他们自己手中。

人们常说，好孩子是“夸”出来的。这句话没错，但如何去“夸”，如何“夸”得有效，却有大学问。我们经常听到课堂上“你真棒”的夸奖，经常听到家人朋友对孩子“你真聪明”的褒奖，实则是一种浅表层次的表扬，并无多大作用，甚至在某种意义上无益反害。

因此，在“夸”孩子的时候，有三点值得我们关注：一是多夸他努力，少夸他聪明。少夸孩子“你真聪明”“你真棒”，多夸孩子“你真努力”“你努力做到了”。二是多行为描述，少抽象评价。如前面所提到的老师在奖章下面的行为描述“能够结合算式，提出这道算式要解决的数学问题”。三是多具体鼓励，少泛泛表扬。如孩子见到客人问好，不是简单夸他“真有礼貌”，而是夸他“你今天真有礼貌，见到客人主动笑着问好”。又如孩子做好了一件事情，不是简单地夸他“你做得很好”，而是夸他“你做这件事情有自己的想法，动了脑筋，从头至尾做得挺好”，等等。

看来，“夸”孩子还真有学问：要注重强化和鼓励孩子的行为过程，而非孩子自身条件和行为结果。

每个孩子心里都有一盏灯

小王同学是全校老师都知道的一个孩子。

他从一年级开始上课就坐不住，瞅着老师一不留神，就从课堂上跑出教室，藏到校园的某个角落，老师和同学经常在校园里寻人。他也很少动笔去做作业，即使老师或同学盯着，也是咬着笔头一脸不在乎。遇上考试那更是让人无可奈何，其学习成绩可想而知。

本学期开学，小王同学的家长鉴于他这种情况，就到医院里做了一个鉴定，计划让他休学，再找个学校让他在原年级跟班就读，让他的学习不至于掉得太远。但小王同学始终都不肯休学，死活都要留在原来的班级，家长软硬兼施，甚至恨不得要动手，但他始终不愿意离开。

这就很奇怪了。按理说，他在原来班上也没有什么好朋友，上课时老是跑出教室，所学的内容多半听不明白，作业也不会做，对学习没有什么兴趣，也没有什么吸引他的东西，待着挺难受的，但为什么就死活不肯离开呢？

出于纳闷和好奇，也出于对这样一个孩子的个案研究，我来到了这个班，通过和老师、同学的交谈，我有了一点发现：小王同学在语文、数学等学科课堂上都坐不住，但对英语却似乎很感兴趣，只有在英语课堂上他才勉强坐得住，并且上个学期他的英语成绩居然考了九十几分。在进一步的了解中，同学们告诉我一个秘密：原来英语老师让他当了英语课代表，并且许诺只要他英语课听讲，下学期还继续让他当英语课代表。

在了解了这些情况后，我决定亲自找小王同学聊一聊。果然，小王同学坚持不肯休学到别的班级，就是因为他要连任英语课代表。在几年的学习中，英语是唯一让他尝到学习滋味的学科，而当英语课代表是唯一让他找到自信的地方，他担心失去这个唯一的东西，所以死活不肯休学到其他班级。

听到小王同学的理由，我的心为之一颤。再难教的孩子都有其可爱处，再不爱学习的孩子都期盼得到认可，再后进的孩子都有其值得肯定、值得鼓励的地方。我们的老师能不能再耐心一点、再细致一点，找到孩子那仅有的闪光点？我们的家长能不能再慈爱一点、再深入一点，打开孩子的心结？

于是，我再次约到小王同学的家长，商量再给小王一点时间，再给他一次机会，就从英语学科开始，把孩子那一点点自信、那一点点兴趣慢慢打开……

其实，正如“幸福的家庭家家相似，不幸的家庭个个不同”，每个学困生都有一个不同的原因。而一把钥匙开一把锁，我们做教育的就是要努力寻找那把钥匙。或许只是一个激起他学习兴趣的理由，或许只是唤醒他自信的一个希望，或许只是一个让他找回自己的机会……只要一个！一个就足够！

其实，每个孩子心灵深处都有一扇心门，每扇门都可以被打开，我们所要做的就是寻找那把独特的钥匙，去打开这扇心门；每个孩子灵魂深处都有一盏心灯，每盏灯都可以被点燃，我们所要做的就是寻找火种，去点亮那盏心灯！

孩子会不会自己下来?

我们一行几位校长从报告厅出来，路过学校的一处攀爬墙时，刚好看到几个小学生在攀爬墙上攀爬玩耍。

校长中的一位高中校长盯着攀爬墙看了半天，像是对着我又像自言自语地说:“小孩子爬上去了，会不会下不来?”我很奇怪地反问他:“你怎么会这样认为?”他又盯着正在攀爬的一个小女孩说:“你看，她爬的时候是出于一种好奇和好胜，爬的时候没什么感觉，一旦爬高了，可能就会感到恐慌，就有可能爬得上去而下不来。”我笑了笑说:“你是高中校长，平时看小孩子看得少，我平时看孩子看得多。你要相信，爬得上去的就一定下得来。反之，如果下不来她就爬不了那么高。”他好像挺有感悟地点了点头。

正当我们边聊边准备离开时，突然爬墙上的一个小男孩大叫起来:“爸爸，爸爸，我要下来。”我们抬头一看，一个小男孩爬到两米左右的地方，怎么也不敢下来，不停地喊爸爸。

这位高中校长看了我一眼，眼神分明在问我:你不是说上得去就下得来吗?他怎么下不来了?我一时不知如何回答，只是又很认真地观察起这个男孩来，他的四肢其实十分有力地“抓”着攀爬墙，只是因为爸爸在旁边，他存在一种心理依赖，或许他是撒一撒娇。我当即对这位高中校长说:“如果这个孩子的爸爸不在旁边，他一定会自己想办法爬下来。当然，如果他的爸爸不在旁边，他也许没有胆量和能力爬这么高……”

我想起我们小时候爬树，只要能够爬上去就一定能够爬下来，就因为旁边没有什么大人，我们就是凭着自己的本能和平时熟练的、反复的体验，上下自如，靠的都是我们自己。

我始终相信：一个孩子只要自己爬得上去，就会自己爬下来，这是他的本能。只要我们给他独立的时间和空间，不去打扰和干扰他，让他自己去尝试、去体验、去摸索，他就会用他自己的方式爬上去，也会用他自己的方法爬下来。

对着空气是讲不好的

因今天下雨，早上的升旗仪式在室内进行。

升旗仪式上，我根据上周的工作安排，做了一个关于阅读的国旗下讲话。因为下雨学生在室内，我的国旗下讲话就只能对着下雨的操场讲，或者说是对着操场的空气讲。本来是准备好的熟悉的内容，但就是找不到讲话的感觉，觉得自己的讲话生硬而冰冷——因为我的眼睛看不到人，看不到学生的眼睛，不能从学生的眼神中找到共鸣，也不能像往常那样得到学生的回应。

由此，我想到当前大家热议的网络远程教学，想到慕课，这些在网络上、在屏幕前讲课的老师，他们与我今天的情形是一样的，甚至还不如我今天的情形，起码我今天还是站在自己的校园的土地上，面对着自己学校的操场。而他们呢？他们面对的就是一个摄像镜头，冰冷而坚硬，这冰冷的摄像镜头能换取老师的教学激情吗？面对这样一个镜头，面对这单调的空气，老师能上好课吗？我想：镜头前的优秀教师、名师可能会讲好知识，但能教好人吗？

教育，说到底还得由人现场来做，还得面对面地进行。师生面对面地教与学、说与议、讲与听，还将是一种最主要的教育教学方式。课堂，依然还会是一个伟大的存在；教学，依然还会是一个面对面直击人心的事情。

我其实特别担心所谓网络教学的盛行，深知课不能对着空气讲。教育教学的“现场感”至关重要，必须对着学生的眼睛，教育是眼睛与眼睛的对视，更是心灵与心灵的现场对话。只顾对着摄像镜头，只顾摆着PPT，没有学生的真正在场，那就不是真正的教学。

对着空气真的讲不好！

从补短到扬长

有一个众所周知的木桶原理：一只木桶盛水的多少，不是取决于桶壁上最长的那块木板，而取决于桶壁上最短的那块。

传统的考试评价机制暗含木桶原理，学生需要全学科均衡发展，如果哪门学科较弱，就直接影响学生考试的总分，就好比木桶装水取决于木桶最短的那块木板，不少学生因为有短板而影响总成绩。因此，学生害怕短板学科，害怕“跛腿”，而为了不使总分受影响，就拼命地“治跛腿”，补短板，这种迫使学生补短的评价机制，导致学业负担和心理负担无形加重。

常识告诉我们，人在未来的学习和工作中，所用的是自己有优势的、擅长的东西，用的是“长板”，而非用自己的“短板”。多元智能的研究成果也告诉我们，每个人都有自己的优势智能，教育的作用在于发掘每个人的优势智能，引导学生充分发展自己的优势智能，成为更好的自己，而非去弥补自己的弱势智能。

正在试点，即将全面施行的新高考改革，正是针对传统评价机制的这一弊端，除语、数、外三门基本学科外，让学生根据个人发展优势，自主进行“6选3”的选择，就是为了让学生认识到自己的“长板”，选定“长板”来发展，让“长板”尽可能变得更长。在2018年实施的北京市中考改革也充分体现了这一主旨，除语、数、外三门必考学科外，其他的学科也由学生根据各自学习状况任选三门，且所选的三个科目成绩，由高到低分别按照100%、80%、60%的系数折算实际分数。很显然，北京市中考的导向就是要充分凸显学生的优势学科。

教育是“补短”还是“扬长”，其实不言而喻。真正的教育应是“扬长”而非“补短”，让每个人“人尽其才、人尽其能、人尽其长”。

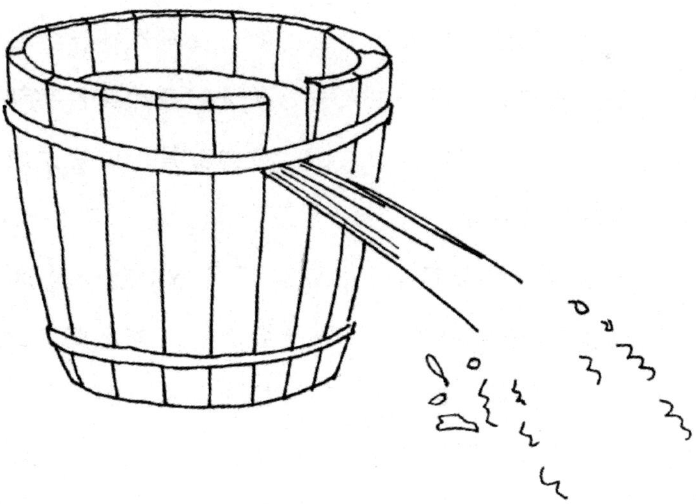

请给孩子们留个名字吧

在观看某学校的大型文艺演出时，我仔细地看了学校设计的节目单：节目单经过精心设计，考虑得也非常周到，甚至连负责剧务的工作人员名单也列上了节目单。可见设计者有意尊重每个人，尊重每个人的劳动。

可是，我把节目单翻来翻去找个遍，就是没有找到一个在台上演出的小朋友名字。这场文艺晚会的真正主人——孩子们竟然连名字都被抹去了，表演的孩子全部成为了台下观看的成人们欣赏的工具，或者说成为了学校为了展示的可有可无姓名的工具。

其实，在很多类似的节目单上，都忘不了写上所有总策划、策划、导演、制作、灯光音响的成人名字，却往往会忽视、忽略真正的演员——孩子们的名字。也许是节目单容量有限，也许是登台演出的孩子太多，也许是节目单的设计者心中根本就没有这些“小不点”。

由此，我想到了电影影片的制作，在每部电影放映结尾，我们总能在银幕上看到一些密密麻麻的名字，有导演、主演的名字，有各种剧务的名字，还有演“路人甲”“路人乙”的群众演员名字，大牌明星与普通群众演员一一在列，真正体现了对人的尊重，对每个人的尊重。

我们经常大谈特谈“以人为本”“以生为本”，但我们真正把孩子放到与我们成人平起平坐的地位了吗？我们真的把孩子当作一个完整的、独立的人来看吗？我们真正在乎每一个孩子的名字和人格尊严吗？

我想：如果以后让我来设计一份学校文艺晚会的节目单，我一定会把每一个登台的孩子姓名一一列上，哪怕节目单做得再厚，哪怕把节目单做成一本“节目书”，我都会把每个孩子的姓名写上去，与策划、导演们的名字列在一起，让每个孩子在节目单上找到自己的名字，也找到儿童的权利和尊严。

请给孩子们在节目单上留个名字吧！

请给学生留下一双明亮的眼睛吧

中午在小饭馆吃饭的时候，进来了一群高中生。

首先晃入我眼睛的是一片眼镜。出于教育者的习惯，我仔细地数了一下，十个学生中居然有九个人架着眼镜。我的心仿佛突然被什么东西撞击了一下，生生地疼。

听他们在旁边桌子上谈话，那个没戴眼镜的女生的一句话，差点让我的眼镜掉下来。“唉，今天忘记戴眼镜来，待一会儿吃饭会不会吃到鼻子里去。”虽然是她的一句玩笑话，但让我的心更加沉重，十个高中生，十个眼镜生，太可怕了！

这使我想起教育部公布的一组数据：据调查，2014年大城市里的小学生视力不良率达到46%，初中生视力不良率达到60%，而高中生竟然达到80%，茫茫学海，万千学子，居然没有几双明亮的眼睛，好端端的眼睛全被教成了近视眼，这是什么样的教育？这是为的哪般？

这又使我想起一个军队里的朋友，他不止一次地跟我讲他的忧虑：现在在城市征兵的条件一降再降，对视力的要求被迫降低，不然就无法招收新兵了。那么多的近视眼，不降低对视力的要求怎么办呢？

听这些高中生的谈论，我发现他们都聚焦在一个话题，那就是这次四月份的摸底考试，谁谁考了700分，谁谁考了600分，谁谁这次没有发挥好。考了700分的眉飞色舞，没有发挥好的明显有些沮丧。哪个题解题时该注意什么，哪个题在解答时该有什么技巧，在考试中如何把握时间，是他们谈话的兴奋点。我听着听着，一颗教育的心越来越不是滋味：难道这群本应充满青春活力的青年，除了分数、考试和解题之外，再没有其他话题吗？他们正处于充满梦幻色彩的热血时期，应该有无数个可以谈论的兴奋点，应该有无穷无尽的梦想，为什么他们的谈话如此单一苍白？为什么他们的生活如此单调乏味？

大家都知道我们当下的教育有问题，但问题到底出在哪里，众说纷纭。我不想讲什么教育大道理，更不想说什么教育的先进理念，我只想说一个最朴素的道理：如果教育把学生的眼睛都教坏了，那绝对不是正常的教育，更谈不上是好教育。

面对学生的眼镜，每一个教育工作者是不是应该反思：我们的教育是不是更应该关注人的正常生长——让学生的身体正常发育，让学生的心理健康阳光，让学生懂得孝敬爹娘，让学生的眼睛纯净明亮……

“玩”是一种境界

前夜，与朋友在一茶楼喝茶。

给我们泡茶的女子一袭素色旗袍，外形俊逸，面容淡然，举手投足间透出一种高贵之气。一问，才知道她原是一知名音乐学院舞蹈系毕业生，已学茶艺二十年。有着舞蹈艺术的根基，又有了二十年茶艺的熏染，怪不得如此超凡脱俗！

听她的介绍，我随口问了一个问题：“学茶二十载，最深的感悟是什么？”她不假思索地回我：“刚开始学茶的时候，专注于手法和技巧，现在，是在‘玩茶’……”我心头一颤，又问了一句：“是不是像武侠小说里所说的心中有剑，手中无剑呀？”她淡然一笑，轻轻点头。

整个喝茶的过程中，我一直在品味着她所说的“玩茶”。是呀，“玩茶”是一种多妙的境界：没有目标，没有技巧，没有程式，不在乎结果，而在于过程中的随性随喜……到了这种境界，就无论茶叶的好坏了，哪怕是一杯白开水，也可以品出滋味。

我又想起我们的教育教学，其实这“师道”与“茶道”何其相似！刚入师门，觉得教育教学有很多奥妙，有很多技巧，那时看重的是技巧和效果，这阶段基本上处于一种“匠师”的层次。待到教到一定火候，就觉得“教理”“事理”与“人理”“天理”通顺，原来教育是如此简单的一回事。于是，师生情同家人，教学信手拈来，渐入一种“人师”之境，不再追求功利目标和即时之效，而在不经意间享受着教育生活的每一天。到了这重境界，老师是在“玩教育”，玩出兴致，玩出性情，玩出真我；学生也是在“玩学习”，玩出兴趣，玩出灵性，玩出幸福。

其实，对孩子而言，人生真的没有什么起跑线，更没有统一的一条起跑线。人生无非是一次长途旅行。如果以一种“玩”的心态去走过这次长途旅行，你就会很轻松地踏上人生之旅，一路上随遇而安，随心所欲，见物成景，见人成友，一切的人和物都会成为你一路上的风景。一路下来，你会“玩”得洒脱，“玩”得坦然，“玩”得平和与心安。

仔细想来，人生如茶，一旦悟道而入“玩”境，便好茶喝得，坏茶喝得，香茶喝得，苦茶喝得。去留无意，宠辱不惊。可见“玩”的境界实在难得！

等待是必需的

近日，看到两个小故事。

第一个故事讲的是：我国西部某地蕨菜味道十分鲜美，出口生意很好。蕨菜在收割后需经阳光晒干，精心包装后运抵目的地，只要清水一泡就会新鲜如初，很受消费者欢迎。后来，当地的一些商家嫌晾晒周期太长，于是就用火烘干蕨菜，运抵目的地后，结果却发现无论怎么用水泡却始终干瘪，无法返鲜，蕨菜的生意从此一蹶不振。

欲速则不达。阳光是不能省略的，省略了阳光也就失去了本来的味道。

第二个故事说的是：有一个小孩，很喜欢研究生物，很想知道蛹是怎样破茧成蝶的。有一次，他找到一只蛹，便喜不自禁地观察起来。几天过后，蛹上出现了一条裂痕，里面的蝴蝶开始挣扎，想抓破蛹壳而出。数小时后，蝴蝶还在蛹里苦苦挣扎。小孩看着有些不忍，想要帮帮它，便拿起剪刀把蛹剪开，蝴蝶破茧而出。但他怎么也没想到，蝴蝶挣脱蛹以后，因为翅膀不够有力，根本就无法飞起来。不久，便痛苦地死去。

水到则渠成。急于求成，往往造成爱极成害，事与愿违。

卢梭在《爱弥儿》中说：大自然希望儿童在成人之前就要像儿童的样子。如果我们打乱这个次序，就会造成一些果实早熟。它们既不丰满也不甜美，而且很快就会腐烂。

教育和学习的确如此——其乐趣并不在于形式和结果，而在于过程和经历。这是一个必须等待的过程，只有足够时间的等待，我们才能等到化蛹成蝶。

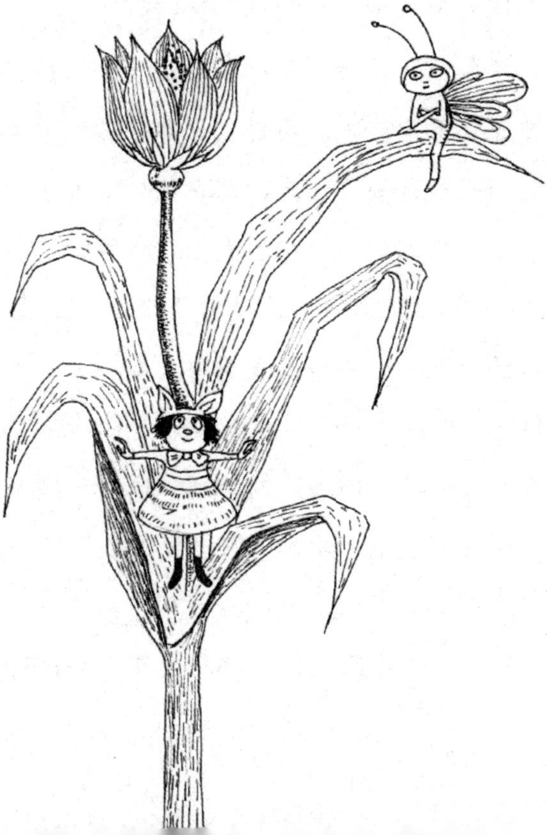

丈母娘的眼光

我听说过这样一个真实的故事：

教了一辈子书的李老师，女儿都已经二十七八岁了，还没有找到男朋友。李老师的一个同事热心地当起了红娘，把李老师当年班上的一个优秀学生介绍给她女儿。

见过一面之后，李老师十分感叹地对同事说："这个孩子原来读书的时候，我是多么欣赏他呀！他学习成绩很棒，又特别听话，从来不调皮捣蛋。现在他也挺成功的，不到三十岁就是公司的中层管理人员，年薪也很高。按道理说，这的确是个不错的年轻人。可是，让他来做我的女婿，我倒真的不中意。你看他的背，好像有些驼了；走起路来像怕踩着了蚂蚁，就像个小老头；你看他的眼镜，镜片那么厚，至少也有七八百度，摘下眼镜估计连人都看不清楚；你再看他说话细声细气的，哪像个小伙子，更不说像个男子汉了；最让我看不上眼的是他那么古板，表情那么单一，一点幽默感都没有。我女儿如果要跟这样的人生活一辈子，她能获得快乐和幸福吗？"

原来很欣赏的学生现在成了被淘汰的女婿，这似乎是个悖论，而这恰恰是我们教育的现实。学生时代的"乖乖男""乖乖女"不一定是未来健康、幸福的"生活者"。

教育的终极目的是让学生未来活得有尊严而幸福，这种有尊严而幸福的生活包括健康的身心、健全的人格、积极的人生态度、自我实现的自觉自信和深度的幸福感等等。这些来源于家庭和学校的教育，又来源于各个个体不同的自我实现。

作为一名教育工作者——老师或校长，我们不妨时常问问自己：如果我面对的不是学生，而是我未来的女婿和儿媳，我希望他（她）是个什么样子？我该如何教育他（她）？

从某种意义上来说——丈母娘的眼光，可能就是素质教育的眼光。

“川菜式教育”与“粤菜式教育”

大家都知道这样一个经典的寓言故事:

冬天里，风和太阳打赌，看谁先把路人的棉衣脱下来。风确信自己的威力，由他先发威。于是，风不断地加大风力，使劲地吹，但路人却把棉衣死死地裹在身上，甚至还用绳子绑紧。轮到太阳了，只见太阳温和地笑了，把阳光投射到路人身上，不一会儿路人就把棉衣脱了下来……

在我们的学校和家庭里，不少教师和家长使用的是“风式的教育”，利用高压和严管来对孩子实施教育，这样的教育虽然使孩子看上去好像“听话了”，其实心中始终有一股抵触情绪，脱不下心中的“棉衣”。进而，形成一种“中国式的过度教育”:家长对子女的教育过度干预和过度设计，教师对学生的教育则过度严格和过度管理。

当然，也有不少教师和家长使用的是“太阳式的教育”，对孩子因势利导，为孩子创设生长的良好环境，让孩子在空气、阳光和雨水中，像一颗种子那样自然、自由地生长。孩子的内心愉悦而自由，教育的效果也就顺理成章，水到渠成。

这使我想起中国菜系中的川菜和粤菜，这是两个比较典型的菜系。川菜讲究调味品的添加和使用，浓重的调料加入之后，食材本身的味道基本消失，只剩下调料的味道。而粤菜讲究原汁原味，加入少量的调料只是为了把食材中的原味“提”出来。

强加干涉、用心良苦的过度教育就像川菜，使孩子看起来是成长了，但完全失去了自我；顺应孩子的个性和天性的教育就像粤菜，让孩子保有“原来的我”。

很显然，我们更应该倡导“太阳式的教育”和“粤菜式的教育”。因为孩子不是“管理”出来的，而是影响出来的；不是过度设计出来的，而是因势利导出来的——最好的教育是“无言之教”“自然之育”，最好的方式是“潜移默化”“春风化雨”！

好孩子？坏孩子？

有两个非常有名的人：第一个人小时候调皮捣蛋，专与老师作对，早恋甚至沾毒品，差点被学校开除；第二个人小时候乖巧听话，年年被评为学校模范标兵。请你猜一猜：这两个人是谁？答案很令人意外：第一个人是罗斯福，反法西斯的斗士；第二个人是希特勒，狂热的法西斯分子。

这样的事情仅仅是个案吗？绝对不是。很多小时候学校的“调皮蛋”在成人之后变得很有出息，而一些学校里的“乖孩子”却碌碌无为甚至变坏。我们的教育是不是要换种思维方式想一想？我们看孩子的眼光是不是可以换个角度看一看呢？譬如对待下列这些问题，能不能绝对地说这些孩子就是坏孩子？

说谎的孩子是坏孩子吗？绝对不能断定。教育学家和心理学家研究表明：说谎是孩子的一种自我保护手段，孩子在说谎的时候，是他的脑细胞生长速度最快的时候。孩子是在说谎的过程中得到成长　　试想一想：哪个成人小时候没有撒过一次谎的？孩子偶尔说谎是很自然、很合乎情理的事情，千万别给他贴上一个“不诚实”的坏孩子标签。我们要教育孩子做人诚实守信，但也要宽容孩子偶尔说谎，在说谎中成长，并最终做到诚实守信。

拿别人东西的孩子是坏孩子吗？不能一概而论。在我们身边，在我们的班级里会偶尔发生孩子拿别人东西的事情。有些人的第一反应是“小偷”。

是“小偷”吗？我看还是要更多了解孩子的心理。孩子拿别人的好东西，多半是出于一时好奇，一时虚荣，绝大多数并不是出于“偷窃之心”，拿了过后他自己可能也会意识到自己的错误，也会想办法还回去。我们要尽可能地相信“小孩拿东西并不等于偷也”，就如孔乙己说的“读书人窃书不算偷也”。

打架的孩子是坏孩子吗？小孩子之间打架是经常有的事情，特别是男孩子。打架与斗殴、打架与暴力是有本质区别的。打架是孩子作为人的一种本能反应，一般是无目的、无意识的。我有时候甚至认为：一个男孩子小时候连一次架都不打，一个男孩子连架都不会打，他怎么能成长为一个真正的男人？一个真正的男子汉呢？孩子偶尔小小地打一架，没有什么可令人大惊小怪的，更不能说打架的孩子是坏孩子。

早恋的孩子是坏孩子吗？这就更不能早下结论了。早恋其实是人世间最真实、最美妙的爱情，两人之间没有考虑任何功利的东西，没有考虑门当户对，没有考虑金钱收入，没有考虑地位高下……仅仅是从心里纯纯地、傻傻地喜欢一个人，没有任何附加条件和功利色彩，喜欢就是喜欢，心跳就是心跳。细想起来，哪个成人在小时候没有傻傻地喜欢过一个异性呢？很正常的事情，只要不沉迷其中，不走火入魔，加以恰当的引导就行了，没有必要谈之色变，好像有个什么不得了。等他（她）成人之后回想起来，说不定是学生时代、少年时代最珍贵的回忆，是最甜蜜的一段“柏拉图式”的情感历程。

诸如此类的问题可能还有很多很多，有不少家长和教育工作者往往不能容忍：小小年纪就这样，那还得了？其实，做出了这些事情，出现了这些行为的孩子并没有在意，甚至是“童心无忌”的，他做了就完了，就自然了。倒是那些家长、老师眼中的“乖孩子”，心里这样想过，但从来不敢做也没有做过，把这些想法憋在心里，这样的“乖孩子”倒有些让人担心：小时候不做这些所谓的“小坏事”，长大后说不定可能做出什么“大坏事”；小时候不做“坏小孩”，长大后说不定心理变态，变成“大坏蛋”。

依我看：没有绝对的好孩子，也没有绝对的坏孩子。“人之初，性本善”——相信孩子，他就可能是一个好孩子。

真的，教育需要宽容之心，更需要等待之心……

是长跑还是旅行?

纵观眼下的世态，似乎人们都摆着奔跑的姿势，为了生存，为了生活，也为了梦想，年轻人攒着心劲在职场打拼，乡村人背井离乡来城市淘金，小孩子丢掉童年为分数拼命……

赛跑，赛出的是浮躁，是急迫，是功利，是泡沫——渐渐地，人们失去了自我，成为社会高速运转的永动机上一颗颗螺丝，一个个零部件。疲劳，磨损，消耗，受伤——然而社会都在加速，不知何日适时地停机休整?

人生是一场长跑，还是一段旅行? 这是个问题。

如果把人生当作一场长跑，那中途还有自我调适的时间，不断前进而笑在终点不失为一种生活方式。无奈的是不少人喊着“不能输在起跑线上”，把人生看作一次短跑冲刺，那真叫人担心: 这样冲能冲多远? 能冲多久?

真想人生是一段旅行。“宠辱不惊，闲看庭前花开花落; 去留无意，漫随天外云卷云舒。”真想人生是一种慢的艺术，静心品味稍纵即逝的生命时刻，生命中的每一个细节，为之感动，为之留恋。真想人生成为一种漫游，随心而至，走到哪歌唱到哪，且行且吟，对无法企及的地方，“虽不能至，心向往之”。

当然，旅行久了也会感到闲散，我们不妨设计一下: 在旅行途中不失时机地参加几次赛跑，胜也欣喜，败亦犹荣。跑完了，休整了，打起行囊继续走上旅途，让赛跑成为旅途中的精彩小插曲。

旅行，没有强迫，完全是一种自我意愿，旅行的人生是自我人生——孩子有自己的童年生活，青年有自己的爱情生活，思想者有自己的智慧生活，知识分子有自己的知识生活……

这才像生活！

那么，开始你生命的旅行吧，朝着你自己的方向，以你自己的姿势，用你自己的方式……

$\frac{2}{3}$与$\frac{3}{5}$哪个大?

一次上朋友家去玩，朋友的孩子刚好小学毕业，正要上初中。

聊天的时候，自然而然地聊到孩子教育的问题，朋友顺着这个话题就给我出了一个题目：能不能检验一下他的孩子小学学得怎么样?

我一看这个孩子，很阳光也很自信，估计在学校里学习成绩也很不错，就随口问了一个很简单的问题：$\frac{2}{3}$与$\frac{3}{5}$哪个大?

孩子一听这个问题，不禁一笑，不假思索地答道："这个问题太简单了，一通分不就行了吗？$\frac{2}{3}$比$\frac{3}{5}$要大。"他回答这个问题的时候，一脸的不屑，估计他心里在想，这么简单的问题，还能考我小学学得怎么样?

我接着追问了一句："为什么要通分呢？"孩子又很自信地回答："这样的题目我们见得太多了，老师早就告诉我们了，遇到这样的问题就要通分，而且数学书上也非常明确地告诉了我们解题方法。"我笑了笑，又追问了一句："你想过没有，为什么非得要通分？不通分能不能比较这两个分数的大小呢？"孩子一时没有反应过来，眨巴着眼睛望着我，估计他心里在想：这个老师葫芦里装的什么药?

这时，我不失时机地点拨他："你看，为什么要进行通分呢？不就是要把不同的分母化成相同的分母吗？其实，学数学一定要学会用数学的思维去思考问题，用数学的规律去解决问题。譬如解决类似的问题，一定要想到

‘化’——化不同为相同，化复杂为简单，化多元为一元，这样，你就可以轻而易举地解决类似数学问题，也会找到更多的解题方法。那你想想，比较 $\frac{2}{3}$ 与 $\frac{3}{5}$ 谁大还可以怎么来思考？”

孩子似乎恍然大悟，一下子联想到了不少方法，譬如可以把分子化为相同、可以化差、可以化商等等，朋友在一旁频频点头。

其实，教给学生通分以及如何进行通分，是立足于知识和解题，教给学生“是什么”和“怎么样”，这是浅层次的知识教学；教给学生为什么要通分，在通分的背后有什么道理和规律，是立足于数学思想和数学思维，教给学生“为什么”。这两者有着本质区别，前者教学生会做题、会考试，后者教学生会思考、会学习。

我们到底该教给学生什么？绝不仅仅是知识和解题，不仅仅是告诉学生“是什么”和“怎么样”，重要的是教学生思考和追问知识背后的“为什么”，培养学生的学科思想和学科思维，并最终养成经常追问“为什么”的学习习惯。这样，才有可能逐步达到我们常说的“转识为智”。

怪不得我们说：教育不是装满、填满容器，而是唤醒和点燃，教师应该是点灯的人和播种的人……

今天的孩子不再喜欢童话?

前不久，我与学校2~6年级学生座谈课外阅读这个话题，30名学生中只有1人喜欢读童话作品，这让我感到十分惊讶。

记得小时候，我们都十分喜爱童话，班上哪位同学有一本童话书，同学们都会争相借阅，想办法先睹为快。一本童话书被大家看得差不多了，同学们会自觉不自觉地凑到一起，津津有味地谈论起童话故事。每到这个时候，大家的情感会被童话所牵动，或喜悦、或伤悲、或愤懑，完全沉浸到童话世界之中，一个个童话中的主人翁也成为我们终身的记忆。

今天的孩子怎么就不喜欢读童话了？通过座谈，我了解到一些客观原因:

一是提前阅读。今天的孩子很早就开始阅读，在早教风潮影响下，不少家长在孩子学前教育过程中就让孩子广泛阅读，把能够读的绘本和童话早就读遍了，导致孩子对此失去兴趣，败了胃口，用孩子的话来说，“童话早就读厌了”“读得快要吐了”。可见过早、过量阅读是导致孩子不再喜欢童话的首要原因。

二是错误引导。有不少教师和家长尽力引导孩子读一些“高深”的书籍，认为读童话是幼稚的阅读行为。这样久而久之，不少孩子都盲目地追求阅读“高大上”的书籍，不再去读童话，甚至还耻笑读童话为“幼稚”。由于成人的错误引导，导致孩子认识的偏差，造成学生的阅读心理早熟，不少孩子成为可怕的“小大人”，有不少孩子已不再相信童话和童话世界。

三是信息芜杂。信息时代中信息的多元和信息的繁杂，导致学生的阅读污染。一方面，由于信息的多元与泛滥，让学生眼花缭乱，无从选择，以致造成“丰富中的贫瘠”。另一方面，文化快餐、电子阅读、浅阅读侵占了学生的阅读时空，导致学生阅读快餐化、浅表化。

四是资源贫乏。当下童话创作乏力，童话资源匮乏，吸引不了孩子阅读。今天的童话书籍，除了一些中外经典童话之外，少有吸引学生的与时俱进的力作。童话作家不多，想象力丰富的优秀童话作品更是屈指可数，也难怪学生早就读完了，早就读厌了。

我认为：童话是孩子童年时代不可或缺的精神食粮，是让孩子保持童心童性的“绿色食品”。在儿童身心早熟、“小大人”现象普遍存在的今天，童话尤为珍贵，童话阅读尤为重要。如果儿童不再喜欢童话，不再向往童话世界，不再保留童话世界的梦幻色彩，过早成熟，过早现实与世故，甚至怀疑童话世界的纯真与美好，那是非常可怕的事情！

我想：每一个成人都有责任——让孩子的眼睛依然保持纯真，让孩子的心灵依然向往童话世界，让孩子的童年多一些童话……

有这样的实验室

前两天与几位朋友一起聊教育，其中一位朋友谈到的一件事让我非常惊奇和惊喜。

这位朋友在他儿子八岁的时候，就在自己的家里专门开辟一个房间，做成一间“科学实验室”。而且，他还专门到不同的中小学实验室里去观察，凡是能够买到的实验器材、实验用品他都淘回来，与儿子一起把一间小小的家庭实验室布置得满满当当，丝毫不逊于中小学的实验室。他的儿子从八岁开始，就沉迷于家庭实验室里的科学实验。刚开始的时候，他还抽出时间来跟儿子一起做实验。后来，他就基本上放手了。而他的儿子对此特别感兴趣，有时双休日一大早就带着面包进实验室，一进去就乐此不疲，往往会捣鼓上一天……如今，他的儿子已经考上国内一所名校，而且已拥有五项个人专利。

无独有偶，另一位朋友也谈到了武汉的一位“奇人”。这位“奇人”是一位小学教师，他也是在自己儿子读小学时就在家里开辟了一间“科学实验室”，这间实验室伴随他的儿子一直升入大学。他的孩子升入大学过后，他觉得自己在与孩子一起做实验中积累了大量的知识和方法，不妨让别的孩子也来试试，分享一下他家的实验室。于是，亲戚的孩子走进了他家的实验室，朋友的孩子走进了他家的实验室，临近中考、高考的孩子也走进了他家的实验室。他家的实验室造就了一批又一批爱做实验的孩子。更妙的是，他边辅导这些孩子边琢磨：孩子们都喜欢电子游戏，能不能把实验过程虚拟化，让孩子通过电子游戏的方式来巩固这些实验呢？没想到他居然做到了，通过虚拟化的游戏来完成实验步骤，极大地提高了孩子的兴趣。

听到这两个真实的、有血有肉的故事，我陷入了沉思：我们司空见惯的教育，很多时候是在讲授和记忆，我们教学的是概念、是事件、是公式、是条例、是模式、是说教。这样的教育是悖心的教育、是死板的教育、是教条的教育。这样的教育培养出的是知识的容器、是记忆者，而不是学习者、不是智者，更不是创造性的人才。而真正的教育，一定是生动的、是体验式的、是探索式的、是生活化的、是人性化的、是震撼人心的、是让人感到刻骨铭心的。真正的知识、真正的学习永远是和身心体验联系在一起的。

其实，对这个学习的道理，中国古人就悟得很透，“知是行之始，行是知之成”“纸上得来终觉浅，绝知此事要躬行”“知行合一”“读万卷书，行万里路”等等，都阐释了古人对学习要义的理解。

我想：我一定会在适当的时候，怀着无比惊喜、无比敬佩的心情去参观这两间实验室。

愿我们的学校多一些真正的实验室，让我们的孩子更多一些动手操作、动手实验。也愿我们的家庭里多一些这样的实验室，让我们的家教中多一些让孩子感兴趣的东西。

如果有更多的实验室，或许在不远的将来，我们就会骄傲地回答钱学森老人的世纪之问了，我们就会告慰老人的在天之灵：中国也会出这么多的创新型人才……

就听孩子的吧

近日，学校新设计了一套校服。其中，为女生的校服设计了两种不同的衣领: 一种是简单的小圆领；一种是镂花边小圆领。

到底该选哪一种领子呢？我与学校资源部（原学校总务处）的几位女老师意见不一。她们认为镂花边衣领好看，我却认为简单的小圆领更有童年的味道。

这时，资源部的余主任提了一个建议: 我们都是站在成人的角度来看的，不如请些学生来看看，看她们是怎么想的？

最先进来的是几名一二年级的小女生，她们一涌进门就发现了挂在墙上的新校服，顿时欢呼起来，像小鸟一样叽叽喳喳地说个不停。当然，她们丝毫没有注意到校服衣领的差别。“你们看看，这两款不同的领子，你们更喜欢哪种？”我信心满满地指着两款衣领问她们。“肯定是花边呀！”她们不假思索地指着花边回答。“为什么呢？”“因为花边好看。”我一下子愣住了。

接着进来的是三四年的女生，她们进门来也是两眼放光地围着新校服欢欣雀跃。“你们觉得哪款衣领更好呀？”我有些忐忑地指着衣领问。她们反复看了几遍，不约而同地选择了花边领。看得出来，比起一二年级小朋友，她们是经过思考和比较后才选择的。我顿时低下头来。资源部的几位女老师都露出了会心的笑容。唉！看来用成年男性的眼光来看孩子的东西，还真的会严重“走眼”。

正在我低头思忖的时候，几位高年级女生敲门进来了。看着新校服，她们都细细端详不语。我又心有不甘地提出了相同的问题。“小圆领好一些。”一位女生静静地回答了一句，其他几位也轻轻点头。我的眼睛一亮：“为什么呀？”“这个显得大方一些，花边的显得花哨了。”我的心里猛地一怔：看来，就是对小学阶段的孩子，也不能一概而论呀！低年级的孩子和高年级的孩子，看法是完全不一样的！

当然，最后的决定大家都可以猜想得到：低、中年级的女生采用的是花边领，高年级女生采用的是小圆领——因为这是孩子的直觉，也是孩子的心理需求，听孩子的肯定错不了！

看来，在以后的学校工作中，一定要经常听听孩子们的意见、孩子们的声音，不能凭着我们成人的主观臆断而想当然——就听孩子的吧！不会错！

我喜欢属龙

学校上学期转来了一个台湾小女孩。

很可爱，很纯，很亮的大眼睛，看着人眼睛一直在笑。

前几天，中午午睡的时候，她好像有什么要紧的事，气喘吁吁地跑到我的办公室。一见到我就问:“我是属龙，还是属蛇？”一下子问得我蒙住了。

“我总觉得自己是属龙的，可班上有人说我属蛇，我想问问校长。”她挺委屈地说。

啊！是这么回事。“那好，我和你一起上网查一查生肖吧！”我打开电脑，进入了关于生肖查询的网站，让她报出出生年月查询起来。

按她报的年月，网上显示她是属蛇的。我看她在旁边凑着看，就又问了一遍她的出生年月。这时，她也看到了网站的信息，开始嘀咕起来:“一定是妈妈记错了我的生日，我就是属龙的……”边嘀咕边掰起了手指头，显得很不安，眼圈也开始慢慢红了起来。

看她这副样子，我只好安慰她说:“说不定真的是你妈妈记错了，回去再问问妈妈，你肯定是属龙的。”她很感激地望着我，如释重负地道了再见，离开我的办公室。

今天早上，我刚上班，就发现她等在我的办公室门口，一见到我就高声欢叫起来:“校长，妈妈说了，我是属龙的，我就是喜欢属龙。”

好孩子！你就是属龙——只要你喜欢！

到这个时候，我觉得她属什么已不重要了。关键是她纯洁的童心里，她已经是一条小龙。

是的！每个中国人，炎黄子孙，无论她走到哪里，龙的图腾已浸入她的血脉。我仿佛听到无数个声音——饱经沧桑的、风华正茂的、童稚纯真的，都在心底默念：我是属龙的！我喜欢属龙！

谢谢你，小龙女！

办公桌上的水果糖

在我的办公桌上一直放着一个水果糖罐，里面总满满地放着五颜六色的水果糖。

每到大课间自由活动的时间，或是上学、放学的时候，总会有学生到我的办公室，我便会从水果糖罐里随手抓出一把糖，让他们自己挑选一颗。看到小不点儿美滋滋地说着再见，离开我的办公室，我的心里也洋溢着一份甜甜的幸福。

每次有同学结对来我的办公室吃糖的时候，我都会多给他们几颗，并叮嘱他们一定要送给自己最好的朋友吃。而他们都会乐滋滋地拿到班上，与好朋友一起分享校长的水果糖，小不点给我做的无形“广告”倒真起了作用，来我办公室吃糖的孩子越来越多了。

来我办公室吃糖的不少是我的常客，其中有一个小王同学更是频繁，基本上每天都会来。他仅仅是喜欢吃糖吗？显然不是。这个孩子由于家庭原因显得有些特殊，他在家里总是提心吊胆，一旦做了什么错事就会招致父亲的拳脚。而到了学校，在班上又特别乖戾，经常扰乱老师的课堂，与同学之间发生这样那样的矛盾，导致同学们都只好远离他，他在班上已经没有朋友。为此，我专门找他的父亲谈过，也到他的班上找同学们聊过，但一直收效不大。我知道：他在班上没有朋友，是把我当成了他的好朋友。

自从他来我办公室吃糖后，我每次都会让他多带几颗糖回到班上去，并叮嘱他分给其他同学吃。渐渐地，他不仅有了我这个大朋友，在班上终于有了自己的朋友。不过，他还是每天到我办公室来，不仅来吃糖，还不停地讲着他的高兴与不高兴的事，讲着班上的事，讲着与同学、老师之间的事。每次走的时候，忘不了带几颗糖给他的好朋友。

教育是什么？或许是老师一个赞许的、宽容的微笑，或许是老师伸出手去摸一摸小孩子的头、拍一拍大孩子的肩，或许是递到孩子手上的一颗甜甜的、甜甜的水果糖……

一个很小很小的孩子

初中的校长打电话给我:“你认不认识小杨同学?”“认识呀!他是我们学校的毕业生。”“刚才我跟他谈话的时候,他还说张校长是他的好朋友呢。”呵呵!这倒是真的,小杨同学的确是我接触最多的孩子,是我最好的小朋友。

初中的校长间隔了一会儿又问:“小杨同学是不是有点特别呀?”“他是一个很纯的孩子。”我回答道。

这个孩子有什么特别吗?我想了半天,他还真有点特别,在我眼里,他就是一个很小很小的、好像永远长不大的孩子。

最初认识小杨同学,是在他三年级的时候,每次在校园里碰到他,这个白净的小男孩都会停下奔跑的脚步,马上立正站好,毕恭毕敬地弯下腰去,给我行鞠躬礼喊校长好,然后又很调皮地跑开。

等到熟悉了,小杨同学就经常来找我,有时是早上上学的时候,有时是下午放学的时候,他一个人咚咚咚地跑到我的办公室。敲过门后,还是先鞠躬行礼,然后就找我说话。谈话的内容一般是两方面:最近,他又看到了一则科学信息,这则信息好好玩,为什么会是这样呢?一连串的问题就来了。最近,他在班上又与哪个同学发生了矛盾,哪个同学很坏很坏,老是欺负他,校长能不能帮忙教训教训一下……每一次我都耐心地与他探讨问题,并答应他去教训那个调皮生，他才满意地离开。说实话，不是我有多么耐心，是因为他很认真，很当真，我实在不忍心敷衍他。

一天中午，我正准备午休，他又气喘吁吁地来敲门了。这次，他进门甚至忘了行礼，而是很愤怒地告诉我，班上有几个男生联合起来欺负他，还把他推倒在地上打他。说完，他低下头去用手不停地捏着衣角……下午，我特地把他班上那几个男生找到我的办公室。原来，他们都嫌他幼稚，一天到晚脑子里都是一些小孩子的幼稚问题，这几个男生都不愿意跟他玩。但他却从不知道，也满不在乎，成天就要跟着这几个男生玩，这几个男生就老是差遣他，还总是欺负他幼稚。问清楚原因后，我又是苦口婆心地劝说，又是色厉内荏地告诫，要求这几个男生好好对待他，就把他当作小弟弟一样爱护。几个男生郑重地许诺，今后再也不欺负他了。果然，他从此很少说到别人欺负他的事，而是不停地说起与其他同学一起玩的场景。我心里暗暗地笑了。

有一次，他抱着一大捆图画纸来找我，让我看看他的画作。刚开始我还不太在意，但翻着翻着，我不禁暗暗惊叹，他的画充满着奇异的想象，远远超过了一般小学生的想象力。我当即好好地鼓励了他一番，并断定他未来肯定会成为一个出色的画家，他满怀欣喜地蹦跳着离开了……随后，我专门去问了他的美术老师，美术老师对他印象很深，说他是一个很有创意的孩子。我又去问了他的班主任老师，班主任说他上课的时候老是不听讲，一个人埋头在底下画些乱七八糟的东西，几个老师都对他无可奈何。

为此，我又专门找来他班上所有的任课老师。大家一致觉得小杨同学的确有些“特别”，他特别幼稚，特别不懂世故，又特别爱画画，上课不爱听讲，学习成绩实在跟不上。最后大家都认为，上帝关上了一扇门，就会打开另一扇窗，对小杨同学要网开一面，允许他上课不听讲，只要不干扰别人，就让他画自己的画吧……

后来，我又给小杨的初中校长打了一个电话，详细地介绍了我与小杨同学之间的故事。在电话中，我反复地絮叨着：他是一个很小很小的孩子，他是我最好最好的小朋友，一定要好好地待他，好好保护一份童真、一份可贵的想象力、一份宝贵的天赋，说不定未来的毕加索就是这个很小很小的孩子……

班干？班干！

一提到班干部这个角色，总会让人不由自主地想起这样一些“经典”场景：

老师又不在教室了，一个学生像模像样地拿根教鞭在巡视教室，还时不时用教鞭在这个同学桌上敲敲，在那个同学头上晃晃，而被敲、被晃的同学都拿一种异样的眼光瞅着他；有时，他站在讲台上，一双眼睛盯着全班同学，巴不得哪个地方有点风吹草动，他就会马上在黑板上得意扬扬地记上不守纪律的同学名字，或者大声地喊着：“某某某，你不要讲话……”

那神情、那语气，俨然就像个旧社会的监工，又像是一个战争年代的“告密者”。我认为这样的班干部很可怕。表面上看，当班干部好像是可以培养和提升学生的组织能力，但是若像这样当班干部就会失去很多：他会失去真正的伙伴和朋友，即使有伙伴也大都是些为了避免记名字的虚假朋友；他会失去平常心，难得像一般孩子那样自由自在，因为他的心底有一道防线，有班干部这道身份的“紧箍咒”；他甚至会失去健全的人格，“监工”“告密者”的心理暗示和心理定位，在某种程度上影响着他人格的成长，甚至会影响他的未来。

类似上面的班干部，着实令人感到无奈，殊不知看上去很“风光”的班干部角色竟然会在无形中影响学生的人格形成。其实，就像很多事物一样，班干部的角色也是一把双刃剑，用得好可以帮助学生成长，用得不好则会伤人至深。

我觉得：班干部是需要的，关键看其如何产生。如果像传统的班级管理中由老师“钦定”，成绩好的学生“学而优则仕”，往往就没有好的效果。而真正的班干部应该由全班学生民主推荐、民主选择，选出学生心目中他们真正拥护的、自己的“领袖”，他们自己的班干部，则会在同学中起到组织者、服务者的作用。一旦这样的班干部有朝一日不称职，则可再次改选，“水能载舟，也能覆舟”，有了民主，则会达到自己选自己爱的效果。

班主任老师对班干部的培养也绝对不是一句空话，尤其重要的是端正其“班干部观念”，帮助其树立一种“为班级服务的意识”。一定要在同学们面前倡导一种意识：班干部不是管人的，是没有特权的，而是服务班级，服务同学的。只有不断倡导这种服务意识，才能让班干部角色回归其本位，让班干部尽心尽力为班级、为同学们服务，成为同学们真正喜爱的、拥戴的伙伴。这样，班干部才会有一颗平常心，以其本色与同学交朋友，这样这些担任班干部的孩子们也会沿着正常的轨迹养成健全的人格。

我还建议我们的班主任老师：最好在班级里实行班干部轮换制。班干部轮换制其实就是一种“轮换服务制”，让每个同学以班干部的名义为班级轮流贡献自己的力量，既让孩子为班级做了服务，又真正锻炼了孩子的服务能力。这样，就不存在特权，更防止了“官本位”意识的产生，每个同学都是班级的生活者、参与者、服务者，每个同学都有平等的权利和义务——这样的班级才是健康的、和谐的班级。

教育真是一门艺术！譬如这班干部，用得好就是一种力量，用得不好就是一种伤害，关键是看班主任老师站在什么角度着想：如果是站在班主任一己工作角度，树几个小帮手，省下一些力气和麻烦，那培养的就可能是“走狗”；如果真心实意地从孩子角度着想，从孩子实际需求出发，实行民主推荐、民主选择、轮流服务，则会让更多的孩子受益——看来，心若在，孩子就在，教育就在……

弹珠该不该“缴”？

就在我们慨叹现在的孩子童年苦、童年累的时候，我们也无奈地发现今天的孩子不会玩。即使把时间还给孩子，他们也不知怎么玩，怎么与伙伴一起痛快地玩。现在的孩子一有时间，大多只有两种“玩”的方式：一是盲无目的地疯闹，借此发泄；二是悄无声息地盯着电视或者沉迷于网络——第二种更多，真可谓是“躲进小楼成一统，盯着屏幕度春秋”。

怎么办？

从本学期开始，我就和学校体育老师一起商量，力争在体育课上教学生“会玩”。因此，我校在体育课中增加了大量的经典游戏内容。像我们小时候乐此不疲的——打弹珠、跳房子、踢毽子、跳橡皮筋等等。虽然这些我们儿时的经典游戏离现在的孩子已比较遥远，但这些游戏一推出就受到孩子们的空前欢迎——毕竟都是孩子，世界在不断变化，但童心永在！

然而，孩童就是孩童，他们哪里有那么强的克制力呢？于是，在其他学科的课堂上，他们也就管不住自己的手了，不由自主地在书包里、在口袋里摸起弹珠来。有时一不小心就掉在地面上……可想而知，这个时候，任课老师的恼怒，那个孩子的惊恐，其他同学聚焦的眼光……于是，这个时候，有的老师就拿出了他的“法宝”——“缴”：走到该同学面前，伸出手来，让该同学掏空弹珠，眼巴巴地看着老师放进讲台上的粉笔盒中；或者是在众目睽睽下，让该同学把弹珠悉数送上讲台……而那个同学下半节课一直惴惴不安——因为下课后他必然会低着头跟在老师后面，到老师的办公室去，硬着头皮去迎接一场暴风雪……

原来我们总说:“考，考，考，老师的法宝；分，分，分，学生的命根。”殊不知老师还有另一个法宝:“缴，缴，缴，老师的法宝。”你看，只要老师不准碰的东西，切不可暴露在老师面前。你看，当孩子上课分神，一不小心摸上了刚刚与别人换来看的一本小人书，又情不自禁、津津有味、忘乎所以地钻进书中时，突然觉得教室一下安静下来，气氛有些不对，猛一抬头，发现老师就站在他的旁边，眼镜片后射出的目光足以把书撕碎，一只大手也伸到了他的面前，而旁边的同桌还没来得及用手肘碰他……这时候，他不得不“缴械”投降，乖乖地做了俘虏——因为，课堂好像总是老师的领地，老师是绝对的主宰，怪就怪他这么不小心，也怪旁边的同学反应迟缓，没有及时发出“撤退”信号——看，又被逮住了，后面的情形可想而知了……“缴”变成了少数老师的法宝后，小人书、零食、小玩具等全都成了老师的“战利品”。于是，有的老师“缴”得不亦乐乎，全然不顾学生的伤心。更可怕的是“缴”而不还，就造成了有的孩子为了还从别人那里借来的小玩具而不择手段，甚至铤而走险……

我也理解老师组织课堂的难处，也知道有的孩子经常干扰课堂让老师头疼。但我也想说：老师，请你再宽容一点，请你手下留情——最好多用提醒，不用“缴”的杀手锏；即使偶尔“缴”一“缴”，也只是帮学生在上课时暂时保管一下，在适当的谈话过后，请把缴的东西还给学生。老师！要知道：大禹治水，从来就不用堵的方法，而是用“疏导”！

总记得魏巍先生在他的散文《我的老师》中有这样一段描述:“我的老师蔡芸芝先生从来不打骂我们。有时，我上课时很顽皮地在桌子底下玩起来，她走到我的面前。我看到她的教鞭好像要落下来，就用小石板轻轻地一迎，教鞭就轻轻地碰在石板边上。这时，老师笑了，我也笑了……我用儿童狡黠的眼光看着蔡老师，我知道她不会打我们，她爱我们……”一幅多么生动而感人的“师生图”呀!

中外教育学家、心理学家研究表明：现在不少青少年存在心理障碍，甚至患上心理疾病，有很大部分是因为儿童时代“游戏缺失”而造成的。所以，孩子要玩游戏，要多在游戏中交往，在游戏中变得“心灵手巧”——老师所要做的就是鼓励，就是引导：教育孩子在该集中注意力的时候集中注意力听讲，在该玩游戏的时候痛快地玩游戏。一味地堵，则永远是一场没完没了的“猫鼠战争”，老师虽然“缴获”了战利品，但却是最终的失败者——因为你失去了孩子的心!

教育是需要爱心的，没有爱心就没有教育！教育是一个良心活，没有足够的良知就给予不了学生好的教育!

弹珠该不该“缴”？我想用爱和良心的名义请求我们的老师：把弹珠还给孩子吧!

让孩子在雪地上撒点野

昨天下午，武汉下起了大雪。虽比不上“天山雪花大如席”，但也是近两年来最大、最猛的一场雪，地上一会儿就铺了厚厚一层雪。

大概是雪的洁白与童心的洁白本性相近的缘故吧，雪永远是孩子最要好的朋友，没有孩子不喜欢雪的。

下午最后一节课是学校的“阳光活动”时间。如果是晴天，全操场绝对是人声鼎沸，龙腾虎跃。我按捺不住对雪的亢奋，拿好相机来到操场。操场上有两三个班的孩子在奔跑、喊叫，他们尽情地打雪仗、堆雪人、滚雪球……但远没有我所想象的沸腾场面。为什么有的班上的学生没出来呢?

我有意无意地找几个老师聊了聊，发现老师们多有自己的难言之隐：有的怕孩子在嬉闹中摔伤，老师要负责任；有的怕孩子的鞋子、衣服被打湿，孩子生病，家长会怪罪……我理解老师们的想法：社会给了老师太多责任，让老师谈安全色变，有些老师只好因噎废食，多一事不如少一事。而有的老师实在是出于好心，生怕孩子打湿了会生出病来……

一时真是让我不知说什么好。我虽然理解老师的想法，但对有的老师把学生留在教室不让出来的做法坚决反对！老师可以再三强调安全，强调玩耍时的秩序，哪怕惩罚不守秩序的孩子，但绝不可一关大吉！正是因为现在的孩子身体协调能力差、身体柔韧性差，他们才需要在雪地里多奔跑摔打；正因为现在的孩子抵抗能力差、免疫能力差，他们才更需要在雨雪天气、高温天气经受日晒雨淋；正因为现在的孩子耐力差、缺乏毅力，他们才更需要在寒风中、在烈日下较长时间站立！

不经历风雨，怎能成长！温室里长大的花朵，出了温室就难以适应！只有从小让孩子经历各种恶劣天气，经受不同环境的磨炼——哪怕是见识或者体验，长大后他才能不管站在什么岗位，遇到什么逆境都能傲然挺立。儿时多淋雨，是为了他长大不怕淋雨；儿时多经受日晒，是为了他长大后不惧烈日；儿时多摔打，是为了他长大了不皱眉头。

“生活教育”的倡导者陶行知先生有一首教育诗——《春天不是读书天》写得真好：

春天不是读书天：关在堂前，闷短寿缘；

春天不是读书天：掀开被帘，投奔自然；

春天不是读书天：鸟语树尖，花笑西园；

春天不是读书天：宁梦蝴蝶，与花同眠；

春天不是读书天：放个纸鸢，飞上半天；

春天不是读书天：舞雩风前，恍若神仙；

春天不是读书天：攀上山巅，如登九天；

春天不是读书天：放牛塘边，赤脚种田；

春天不是读书天：之乎者也，恁是讨嫌；

春天不是读书天：书里流连，非呆即颠。

我想借用陶行知先生的句子：下雪不是读书天——让孩子舒展童心！让孩子亲近风雪，拥抱自然，感受美好吧！——其实，孩子亲近的岂止是风雪呢？！

我想大声呼喊：让暴风雪来得更猛烈些吧……

让孩子在雪地上撒点野吧……

跳绳的小女孩

中午。

在校园的路上，我看见一群大大小小的孩子正拥挤着围成一圈，在围观着什么，看他们的神情，好像有什么吸引住了他们。

我也凑了过去：只见圈子中间有个小小个头的女孩正在跳绳。不同的是，她踩在一个蹦蹦球上跳绳，蹦蹦球被她夹在两脚之间，跳绳的时候一蹦一蹦地，煞是好看！怪不得孩子们羡慕得不肯离去，对他们来说，这的确是高难度动作——而面前的这个小女孩神采飞扬，长发随着跳绳上下甩动，还真有点英姿飒爽。

我也像孩子们一样被吸引、被感染，好久挪不开脚步。等她跳累休息的间隙，我上前去好好地夸奖了她。只见她自豪地望着我，好像要说什么，又欲言又止。

吃完午饭，我的办公室响起了敲门声。打开门一看，正是那个跳绳的小女孩，她的脸上还保持着刚才的兴奋神情，一见面她就仰头问我：“校长，我想上升旗台跳绳，可以吗？”呵呵，这个小鬼，原来刚才想说的就是这个呀！“当然可以，你准备好了吗？”“我在住的小区里天天都练，大家都说我跳得好，没问题。”“那我尽快安排你上升旗台表演吧。”“校长，您要记清楚我呀！我是三（F）班的黄晨，我还有一个双胞胎的妹妹，她不怎么会跳，不过，我正在教她。您别弄错了啰……”

看着这个可爱的小女孩离开我的办公室，我那一刻特别开心，甚至还涌出一股感动——为学校有这样可爱的学生，为她的天真、阳光和自信！作为教育工作者，我们总在追问自己：我们的教育该培养什么样的人？我们的学校该培养怎样的学生？——这个小女孩不正是我们期待的学生吗？她有这份胆量和勇气，有这份阳光和自信，今天，她能主动站到学校的升旗台上；明天，她就能站到天安门的升旗台；未来，她还可能站到联合国的领奖台上呢！

如果我有一个女儿，我希望她就是这个样子！

我期待着学校有更多这样的孩子……

能帮我按一下按钮吗？

中午，正在洗手的时候，突然有人从后面轻轻地拉我的衣角。

我回头，看见一个穿着干净校服的小朋友正想跟我说什么。

“老师，能帮我按一下那个按钮吗？”

我一看，原来是洗手间小便池上的冲水按钮，可能当初安装的时候担心学生故意按来按去，也可能是为了节水起见，所以水箱冲水按钮安得较高，低年级的小朋友是够不着那个冲水按钮的。

我把赞许的目光投向这个低年级的小朋友，郑重其事地问了他的班级和姓名，并连连夸奖他是一个讲卫生、讲公德的好孩子。

但是，我并没有动手去按那个冲水按钮，而是抱起这个小朋友，让他亲自动手去按。我想：我抱起他，让他亲自去按冲水按钮，对他的行为就是一种最好的奖励。

记得有这样一个故事：一个法国的小朋友在中国旅游的时候，上洗手间后发现洗手间里冲水的水箱坏了。他的父母在洗手间外面等了很久都不见他出来。后来，请来工作人员才发现这个法国小朋友正在洗手间里忙着修理水箱，他认为上完厕所冲水是他的责任和义务，必须要靠自己完成。

我看着这个一年级的小朋友满脸喜悦地、满怀成就感地跑出洗手间，然后蹦蹦跳跳地跑向教室，我的心中又是感动又是忐忑。感动的是我们的孩子生活习惯越来越好，让人可喜；忐忑的是我们的冲水按钮为什么不安低一点，让我们的孩子能够随手冲水！

我想：我们的“以生为本”真的还要做得更细致，在每个细节都能站在学生立场、站在学生的高度来思考问题，真正想学生所想、想学生所需。

我们所要做的就是——低下身子，把自己的身子降低到学生的高度，用孩子的眼光和视角来看校园的一切。那么，我们的教育就会更有儿童味道，更能进入孩子的心灵……

守卫童年

童年，是生命的故乡，也是灵魂的故乡。

我记忆中的童年，充满着阳光与虫鸣，充满着野地里的青草香；记忆中的童年，伴随着奔跑、嬉闹，伴随着无遮掩的开怀大笑；记忆中的童年，离不开无穷无尽的游戏，离不开亲密无间的童年玩伴。

童年的我，没有大人的管束，没有写不完的作业，拥有着绝对的自由和太多的闲暇时光。有太多的玩耍——丢沙包、滚铁环、拍纸片、打弹珠、捉迷藏、跳房子……数也数不清；有太多的顽皮——在村子的小树林里“偷”摘桃子，在中午大人们休息的时候去地里扯花生，在烈日下的柳树上捉鸣蝉，在冬日冰冷的河沟里围小鱼……总干些“坏”事情；有太多的迷糊，玩着玩着，就会在哪一块草坡上睡着，玩着玩着，听到奶奶一声高过一声的呼唤，才记起回家吃晚饭……在我的记忆里，玩耍和快乐就是童年的全部。

可是，不知从什么时候开始，孩子们的童年越来越短，书包越来越重，快乐越来越少。城里的孩子，更是“躲进小楼成一统，盯着荧屏度春秋”。更有甚者，是被大人们裹挟着，没日没夜地奔跑在“培优”的路上……野性、灵动和无邪去了哪里？闲暇、自由、自我去了哪里？游戏、疯闹、伙伴又去了哪里？难道大人们没有意识到：看不到四季、听不到虫鸣、摸不到蝉翼的童年是孤单的；远离了泥土、闻不到五谷香、与大自然失去联系的童年是贫瘠的；缺少了伙伴、没有了悠闲，禁锢了自由的童年是危险的……

而我，又在我的教育生命里，与孩子们在童年相遇。我多么希望让所有的孩子做真正的孩子，也希望自己变回孩子，和他们一起游戏、玩耍，与他们共度童年时光，让我和孩子们都变得简单、纯净和快乐。

我愿意：和孩子们一起聆听——聆听轻抚而过的风声、淳淳流过的水声、小动物漫步草丛的脚步声；和孩子一同感受——感受每一滴水的微笑、每一朵花的羞涩、每一片三叶草的激动战栗；和孩子们一同游戏——滚铁环、拍纸片、跳房子、打雪仗、抽陀螺、放风筝……童心未泯的我，愿意乘着童年的翅膀，与孩子们一起在儿童世界里飞翔。

我相信：孩子隐藏在心中的秘密，只有自然的精灵才能破译；孩子天真无瑕的语言，只有森林里的小鸟才能懂得；孩子内心流动的歌声，只有小伙伴之间才能相互领悟。我也相信：只要我陪伴孩子们一路走下去，终有一天，这一切我也会一一读懂。

我梦想：越来越多的教育理想者一起——守卫童年！

你懂自己的孩子吗?

本学期的家长开放周，我们别出心裁地组织了“亲子默契度大考验”的活动。

学校设计了两份问卷，一份问卷面向学生，一份问卷面向家长。两份问卷的题目一一对应，只是分别站在孩子视角和家长视角来表述。如第一题学生问卷的表述是“在家里，你自己能做的事情有……”，而家长问卷的表述是“在家里，您的孩子能独立做的事情有……”。请看以下的调查问卷：

1. 在家里，你自己能做的事情有（在家里，您的孩子能独立做的事情有）__________。

A. 一个人睡　B. 铺床叠被　C. 洗澡　D. 叠衣服

E. 倒垃圾　F. 整理书包　G. 自己定闹钟起床

H. 主动和父母打招呼

2. 当我和爸妈谈论学校发生的事情时，爸妈会（当孩子和您谈论学校发生的事情时，您会）__________。

A. 很有兴趣　B. 常常会问些感兴趣的问题

C. 会夸奖孩子　D. 不做声，不理睬　E. 听到不好的事情会生气

3. 双休日，爸妈经常带我去（双休日，您经常带孩子去）__________。

A. 上培优班　B. 图书馆和书店　C. 和同龄小朋友一起玩

D. 看望长辈　　E. 在家睡懒觉　　F. 在家看电视、上网

4. 平时，陪伴我时间最长的人是（平时，陪伴孩子时间最长的人是）__________。

A. 妈妈　　B. 爸爸　　C. 爸爸妈妈　　D. 爷爷奶奶

E. 外公外婆　F. 家庭教师

5. 平时在家里，爸妈做得最多的一件事是（平时在家里，您做得最多的一件事是）_________。

A. 读书、工作　　B. 陪伴孩子学习　　C. 看电视

D. 看手机、电脑　　E. 睡觉　　F. 常常很晚回家　　G. 其他

6. 在学校，我最喜欢的课程是（在学校，您孩子最喜欢的课程是）_____；和我最要好的朋友是（和您孩子最要好的朋友是）__________。

7. 最近，我最喜欢看的一本书是（最近，您孩子最喜欢看的一本书是）_________；最喜欢玩_____________。

8. 我希望自己长大了，能做（您的孩子希望自己长大了，能做）__________，因为_____________。

9. 我最想为爸妈做这三件事情（您最想为孩子做这三件事情）___________、_____________、_____________。

10. 平时，爸妈对你说得最多的一句话是（平时，您对孩子说得最多的一句话是）________________________。

11. 我最想对爸妈说（您最想对孩子说）___________________。

12. 爸爸妈妈的生日分别是_____________、_____________。

学生的问卷和家长的问卷采取背对背的形式来回答，在双方都不知道的情况下各自单独完成。学生在家长会前填写，家长在家长会上当场填写。家长完成问卷后，再当场阅读孩子的问卷。

有意思的事情发生了。默契度最高的问题是“孩子自己能做的事”“谈论学校发生事情的时候爸妈的态度”“爸妈经常带我去的地方”“爸妈在家做的最多的事情”“孩子最喜欢的课程”“最好的朋友”“最近看的书”等。可见，孩子和父母都会记住双方的共同经历、共同度过的时光。

默契度最差的问题集中在“平时，爸妈对你说的最多的一句话是什么”，双方的回答耐人寻味。爸妈写得最多的是“宝贝我爱你”“你真棒”“为你骄傲”“相信你”，而孩子笔下出现频率最高的词是“快”“快做作业”“快睡觉”“怎么又犯错”“加油考100分”等等。父母的爱，孩子们能够真切地感受到吗？父母对教育的普遍焦虑，是否也传递给了孩子？父母对教育和分数的片面理解，是否会让孩子产生误解。

如果把父母和孩子的两份问卷一一对应来看，则更让人深思。如一位妈妈在填写“对孩子平时说得最多的一句话”时填的是“宝贝我爱你”，但她的孩子填写“爸妈平时对你说得最多的一句话”却是“加油考100分”；一位爸爸在填写“您最想对孩子说”时填写“孩子，你要快一点”，而他的孩子填写“我最想对爸妈说”却是“人生不用那么快”；一位妈妈最想给孩子说的话是“快点做作业”，而孩子最想给她说的一句话却是“妈妈，你不要再看手机了，再看就要戴眼镜了”……

其实，真正的爱需要理解。那么，爸妈对孩子的爱他们懂得吗？接受吗？而孩子在成长中不断地学会思考，逐渐有自己的判断，这些成长，家长关注了吗？了解吗？平时又跟孩子沟通了多少？

饭桌上的教育

一日三餐，是再寻常不过的日常生活。吃饭，似乎是人的本能。但就在这再平常不过的一日三餐中，却蕴藏着丰富的教育机会。家庭教育，其实要从饭桌上的教育开始:

第一，可以教育孩子懂得珍惜和感恩。“一饭一粥当思来之不易”，要教育孩子懂得珍惜每一粒粮食，理解“谁知盘中餐，粒粒皆辛苦”的涵义，进而知道感恩，感恩大自然赐予人类以食物，感恩辛勤劳作、种植粮食和蔬菜的人们，也感恩精心制作食物的家人等。

第二，可以教育孩子尊老敬老。尊老敬老是中华民族的传统美德，在孩子吃饭时，可以教育他吃饭时先请家中长辈入座，待长辈坐定后小孩子再坐下，并先给长辈盛饭。当长辈还未动筷之前，晚辈不应抢着吃。通过饭桌上这些细节的教育，从小在孩子心中种下一颗尊老敬老的种子。

第三，可以教育孩子懂得礼节和规矩。教孩子吃饭时，首先要教育孩子端好饭碗，拿好筷子。单单一个拿筷子的举动，就可以看出一个人是否有教养。还要教育孩子不要为了挑自己喜欢吃的菜而在盘中翻来翻去，更不要把自己喜欢吃的菜全部夹走，把不好吃的推给别人，让孩子知道这都是极其失礼且自私的表现。

第四，可以教育孩子学会劳动。饭后，不要让孩子将碗筷一推，一走了之，可以让孩子跟家长一起清理碗筷和餐桌，帮助洗碗、扫地等，让孩子参与力所能及的、身边的家务劳动。

“推动摇篮之手，就是推动世界之手。”“国民的命运，与其说是掌握在教者手中，不如说是掌握在父母手中。”人们越来越意识到家庭教育的重要性，家庭教育无处不在，从哪里着手呢？——不妨从饭桌上的教育开始……

从拿好筷子开始

本学期，学校开展了一项有意义的温馨活动：邀请学生轮流与校长一起共进午餐，且在共同进餐时听取学生对学校工作的建议。

今天是开学第一天，我采取了随机抽取姓名的方式，邀请八位学生一起吃午餐。因为是第一次开展这样的活动，八位学生都很新奇，在吃饭的间隙也十分主动地提出自己对学校工作的建议。

吃着吃着，我的注意力集中到学生拿筷子的手上，我发现八位同学只有一两个拿筷子拿得较好，其他的同学拿筷子都不那么自然，用起筷子来就显得十分别扭。于是，我让孩子们边吃边看我的示范：拿筷子不能拿得太靠上端，那样既不好用力也很不文明；不能拿得太靠下端，那样容易弄脏手。拿筷子时，手最好放在离筷子尖三分之二、离筷子头三分之一的位置，这样的位置才是最合适的。同时，拿筷子的手不能握得太紧、太实，两只筷子中间应有一定虚空，中指紧靠虚空的位置，可以起到灵活调节的作用，可以使筷子更好地“夹”菜，而不是用筷子“撬”菜。

孩子们都睁着好奇的眼睛，边吃边兴致勃勃地摆弄着手上的筷子，调整着拿筷子的手势。从孩子们的眼神里，我读出了他们的好奇，也读出了家庭教育在这些方面的缺失。现在的孩子可以熟练地拿刀叉吃西餐，但对我们的宝贝——筷子却熟视无睹。作为一个中国人，吃中餐时筷子都不会拿，那是何等尴尬，又是何等悲哀！

记得我们这代人在很小的时候就会接受这些基本习惯、基本礼仪的教育。我们小时候吃饭，家里的大人首先是教你端碗、拿筷子，并且谆谆教诲我们：吃饭时一定要好好端着碗吃饭，端碗是表示对天地、对碗中食物的敬畏，也是对同桌吃饭人的尊重，而拿筷子不能拿得太上或是太下，拿得太上、太下都是没规矩、没礼貌的表现。如果有哪个孩子不听饭桌上的教育、不守饭桌上的规矩，轻则遭到家里大人的训斥，重则还会遭到脾气暴躁的父亲或祖父的当头棒喝。

我们那时候饭桌上的端碗、拿筷子的教育，会永远铭记在一个人的心底，而且会成为心中的铁律。直到今天，每每吃饭时，都会不自觉地端好饭碗、拿好筷子，哪怕是一个人吃饭，身边无人盯着，也不敢有丝毫的怠慢、随意和不敬，这是一种化在骨子里的对家教、对规矩的敬畏，这种敬畏将会伴随人的一生。甚至我们这一代人现在在一块聚餐时，也不时谈起小时候在饭桌上所受到的教育，都觉得这种教育有趣、有味更有力。

当下，传承中华民族的优秀文化已成为全社会的共识，但文化在哪里，要如何传承却值得大家共同思考。我们的民族文化到底在哪里？我认为，民族文化可以体现在以下几个方面：一是国学经典，包括诸子百家学说、唐诗、宋词、元曲等；二是民族精粹，像书法、国画、戏曲、中医、武术、象棋、民乐等；三是地方文化，包括地方性文化、民间文化、民间习俗等；四是传统节日，包括传统节日、传统节气等等。此外，民族文化还有一个很重要的构成部分，那就是生活方式，如何待人接物，如何在衣食住行中遵守礼仪，我们自古就非常讲究，但现在很多人却很不讲究。

要教育孩子们养成好的习惯，而习惯的养成是非常具体、细致而又可操作的。如何坚守和传承我们民族保持的一些好的生活方式呢？这需要家庭和学校共同努力去教育孩子，那么，不妨从教孩子吃饭端好饭碗、拿好筷子开始……

见人问好太重要

这几年，我校一直在倡导学生养成“八个好习惯”：见人问声好，走路靠右行，清洁自己做，饭菜吃干净，写字姿势正，做操有精神，每天勤读书，主动常提问。

这八个习惯涉及学生生活、学习中的日常行为。从小养成基本的生活习惯、学习习惯和行为习惯，对学生的终身发展会产生积极的影响，让学生终身受益。然而，要养成良好的习惯，却非易事。

本学期我们着重培养学生讲文明礼貌的习惯，而要讲文明礼貌首先要从“见人问声好”开始。

在学校的开学典礼上，我们就专门讲了“见人问声好”的重要性。开学的第一天我就站到了学校大门口，向每个进校的学生点头问好。校门口值班的老师、同学和家长义工都保持着笑容，向进校的每名同学问好。一时间，校门口的彼此问好声此起彼伏，煞是悦耳动人。

但是，依然有极个别同学难以养成习惯，有的因早晨在家里心情不好，一进门就板着脸，难以换个笑脸；有的在路上堵了车，匆匆忙忙，低着头往里边跑，对门口的老师视而不见；有的高年级同学始终觉得难为情，开不了口……对这样的同学我们都会善意地提醒一声，而被提醒的同学一般都会豁然醒悟似的向人问好。

据心理学研究表明，一个人要养成一个好习惯，至少需要连续21天的周期。我想：我们不是要靠21天的强化训练让学生产生条件反射，而是真正让学生明白养成“见人问声好”这个习惯的重要性。未来社会肯定是一个合作分享的社会，人际交往能力至关重要，而与人交往需要最起码的文明礼貌。试想一个在人群中、在团队中一声不吭的人怎会得到团队的认同，又怎能充分发挥自己的才智。

当然，我们绝对不是追求学生在门口见到校长、老师时形式上的问好，而是希望逐步做到让我们的孩子在任何时候、任何场所，见到熟识不熟识的师生都能够主动地上前问好，热情地和人打招呼，大方地和人相处。

“见人问声好”真的很重要。见人时一张快乐的笑脸、一声热情的问候，比成绩、分数要重要得多——无论是现在还是将来……

背诵有错吗?

近期,《中国诗词大会》强势走红,这样一档形式活泼的电视节目极大扭转了人们对诗歌的固有认识,惊觉诗歌其实就在我们身边。不仅如此,该节目还引起人们对家庭教育的热议。

好评如潮之时,也有人发出了不同的声音:有的学者指出,《中国诗词大会》基本上是一个考查记忆功夫的综艺节目,谈不上有思想性;有的专家针对一些选手暴露出的只知背诵、不懂平仄对仗等问题,提出专业方面的质疑;有的教育工作者对以竞赛方式呈现的诗词大会产生担忧,担心会助长诗词的应试之风,甚至把诗词教学异化成死记硬背等。

应该说,警惕传统文化教育的应试化确实有必要,但古诗词教育应试化却基本上是一个伪命题。众所周知,“熟读唐诗三百首,不会作诗也会吟”。语文素养的提升本就是一个厚积薄发的过程,古诗词教学更是如此。古诗词的理解内化与背诵本身就是有机融合在一起的,很难截然分开。学习古诗词,背诵是不可或缺的“童子功”,烂熟于心才能体悟其诗词妙处。换言之,熟读背诵是学习古诗词行之有效的方法,熟读是基础,在此基础上才能对诗词的韵味、声律、意境有更深入的理解。

因此,对于讲求“熟”的古诗词教育,无须讳言背诵,“书读百遍,其义自见”。学习古诗词尤其需要不求甚解,很多时候只要对诗词的意思有所了解即可，而后自会体会其意境之美，“从小记诵，到时自悟”。

刚开始背诵的时候，可能有人会觉得“痛不欲生”，但倘能坚持下来，“读着读着就自然而然地背出来了”，最后可能“爱不释手”。“腹有诗书气自华”，古诗词读多了，气质修养在潜移默化中会得到提高。诚如有人戏言：能否熟背古诗词的差别就在于看见夕阳下飞过归鸟的时候，你可以吟诵“落霞与孤鹜齐飞，秋水共长天一色”，而不是只会说“哦，这夕阳，这鸟，真好看”。

不仅是古诗词教育，其他方面的学习亦如此。背诵本身并没有错，但如果是在师长功利性思维支配下去死记硬背，那就有可能走偏。

同理，考试本身并没有错，分数也没有罪，但如果把考试和分数作为教育的主要目标去追求，而不是把考试和分数作为一种教学诊断的手段，拿着考试分数来说事，来算平均分，算升学率，那才真是错把手段当目的，真可谓:“考试本无罪，分数亦无错。若将名次排，好心也是过。”

“真负担”与“假负担”

中小学生的课业负担问题一直广受全社会的关注。过重的课业负担成为困扰中小学生的一大难题，也成为不少家长和学生心中挥之不去的痛。

“课业负担”是指适量的学习任务和适度的学习负担，学习本就是需要付出时间、付出努力的，并不是一味追求轻松、快乐。无要求、无目标、无任务的学习也不是真正的学习，学习需要适度的“课业负担”。而“过重的课业负担”主要是指机械重复的作业、机械重复的习题训练带来的过度的学业负担和心理压力。“过重的课业负担”让学生学习效率低下，心理压力大，疲于应付。久而久之，它会消磨学生的学习兴趣、透支学生的学习潜力、损害学生的身心健康，可以说是一种无意义甚至有害的负担。

“课业负担”还有“真负担”与“假负担”之分。无论是孩子还是成人都有这样的心理体验：只要是我们喜欢做的事情，花再长的时间，再苦再累我们都不觉得苦和累。反之，不喜欢做的，硬性要去完成的事情，我们就觉得是负担。同理，如果学生要去完成老师布置的过量作业，这就是一件痛苦的事；如果老师引导学生去主动寻找、主动思考、主动钻研、主动学习，就可能让学生乐此不疲、乐而忘我。

可能有人要问，人毕竟是有惰性的，如果老师不布置作业，那学生贪玩了怎么办？毕竟乐意去主动学习的学生是少数。这就要看学校管理和教师教育教学的艺术了。有一所中学的教室四周内外墙壁上都布满了黑板，学生有不懂的问题、难解的题目，就立即抄写在黑板上，一下课，学生们都围聚着去讨论、去研究，很多学生晚上回家还在不停地思考和研究这些问题。虽然老师并没有布置大量的作业，但学生的积极性、主动性得到充分调动和激发，他们思考着、争论着、探索着，以此为乐，何谈负担。

我在教语文的过程中，从不给学生布置抄抄写写的作业，尤其不会布置把生字、生词抄写很多遍的作业。但我会给学生订目标和任务，明确告诉学生我们要听写哪些生字词。已经会了的孩子晚上根本就不用再抄写，他就可以腾出时间去做自己喜欢的事情，看自己喜欢的书籍。不会的孩子晚上就要花时间用自己的方式去写会这些生字词，这是一种“自主作业”“弹性作业”，或者叫“差异性作业”，学生的听写效果都会很好，没有谁觉得是负担。写作文是学生最感到头痛的事情，而让学生写好作文的最好方法是引导学生大量阅读，厚积薄发，“熟读唐诗三百首，不会作诗也会吟。”我也不布置什么读书作业、阅读作业，而是让每个孩子自己准备漂亮的读书摘抄本，自主阅读并做好摘抄。然后，我在教室里开辟一块作文园地，把学生的摘抄本一一悬挂展示。记得我们班上有个学生一个学期做了九大本摘抄，作文水平也飞速提升。试想想，学生以此为荣，何谈负担。

再譬如困扰很多家长和学生的奥数培优问题。我从不赞成家长因为功利、虚荣、攀比而送孩子去学奥数，但我也不绝对反对学生学奥数。如果有的孩子的确对数学感兴趣，喜欢奥数，那花多少时间去学都无可非议，这是他的兴趣所在，何乐而不为。但如果有的孩子并不喜欢学奥数，家长硬性地让他去学习，可能会使孩子自信心一次又一次受到打击，这种“陪太子读书”就会成为一种负担。

总之，面对课业负担的“真负担”与“假负担”，老师和家长所要做的

就是引导学生积极、主动地学习，让学生真正成为学习的主人，那“真负担”就会变成“假负担”。

男女真的有别

学校举行运动会入场式。

每个班都用自己的方式展示班级风采。不少班级设计了展示时用的简单道具，篮球、彩带、滑板、彩旗……各具特色。

有几个班级学生手上拿的是纸扎的彩球。一二年级小朋友拿着彩球表演，蹦蹦跳跳，天真烂漫，还挺自然。可是当六年级全班学生拿着彩球表演的时候，我就觉得怪怪的，因为六年级男生抖着彩球时，从动作到表情都不自然，与他们的年龄性别不相配，看上去挺别扭。

趁着学生表演下场的时候，我悄悄地问了两个六年级男生喜不喜欢抖彩球，他们不好意思地望着我，不知如何回答是好。但从他们的眼神里，我读出了他们的疑虑和无奈。

一二年级孩子天真，性别意识尚处于萌芽阶段，男女生同时使用女性化的表演道具，还不太引人注目。但六年级学生明显有了性别意识，让男生拿彩球来表演，当然显得别扭。试想想，如果将男生的道具换成篮球、足球或者滑板之类更切合他们年龄、性别的道具，他们表演起来就显得自然得多。

这使我想起不久前听的一节高年级的音乐课，内容是“金孔雀轻轻跳”。课上音乐老师设计了一段舞蹈，让学生加深对歌曲的理解，但在设计舞蹈动作时，老师没有考虑到男女性别的差异，让男女生同时跳孔雀舞，男生跳的时候也极其不协调、不自然，甚至有点滑稽。

我们时常谈论“性教育”，其实，性别的教育蕴含在具体的教育细节里，像上述六年级男生就应该跳男性的舞蹈动作，男生就应该拿男性的表演道具。

“以生为本”或许要从“男女有别”做起——让男孩就像男孩，女孩就像女孩。

无痕的“性教育”

今天上午听了一节六年级的科学课，老师让同学们自由组合，进行小组合作探究学习。

但在听课过程中，我发现六年级学生自由组合时，全部是男生跟男生坐一起，女生跟女生一桌，无一例外。

看着课堂上的这一幕，我不禁想到了近年来被炒得很热的“性教育”。有不少业内外人士为之呼吁，有不少相关书籍出版，还有些学校尝试把这些书籍作为教材，让“性教育”进课堂。对“性教育”进课堂，人们一直褒贬不一，赞成的认为“性教育”应从小做起，反对的认为当前所谓的“性教育”很多并不科学，有的甚至太“露骨”，不科学的教育可能适得其反。

我一直认为:“食色，性也。”人们对性的认识是人天性的一部分，而且会随着时代的发展而发生变化。“性教育”更多的是顺应人性，顺其自然，没必要硬生生地抠出来进行强化，进行所谓的露骨的“性教育”。当下有些地方在做的“性教育”，很大程度上是把“性教育”知识化、学科化，把它作为一种“性教学”，而不是自然的“性教育”。

其实，“性教育”需不需要？肯定是需要，但我们孩子需要的“性教育”绝对不是这种学科教学式的教育，应该是一种自然无痕的教育。在班级生活中，男女生自然地交往，无拘束地开展班级活动；在课堂上，很自然地

实行男女生混合分组，引导男女生一起讨论、一起学习。这样，在不知不觉中让男女生自然交往，以一种平常心态去感受两性，既不刻意制造神秘感，也不刻意渲染，更不去回避。

就拿这节科学课来说吧，六年级的男女生正处于性成熟的初期，在异性面前会羞涩，但又希望引起异性的注意，有了对异性的向往。于是，在羞涩与向往的矛盾心理下，就会自然选择与同性坐在同一桌，生怕主动与异性坐一起会引起同性的笑话。面对这种情况，就需要老师做教育的有心人，巧妙而又自然地引导男女生进行混合分组，在轻松自然的氛围中，打破男女生的界限，潜移默化地进行无痕的“性教育”，这种渗透教育，比专门把“性教育”作为一种知识、一门学科更有价值，也更有成效。

教育的关键还是要教师眼中有人，眼中有男孩，也有女孩，眼中有孩子们的今天，也有孩子们的明天……

家庭教育的问题出在哪?

作为教育中非常重要的一个部分，家庭教育越来越被人们关注和重视，人们也逐渐意识到家庭教育出了一些问题和偏差。那么，家庭教育的问题到底出在哪呢？我认为，不少家长对家庭教育是“三不知”：

一是不知道为什么“教”。不知道教育的根本目的是什么，不清楚教育的价值所在，对“成人”与“成才”的认识模糊，一味地强化“成才”的现实追求和世俗愿望，而忽视成才先成人的基本教育原理。因此，家长比较普遍地存在“重成才轻成人”的家庭教育倾向，偏离了教育的初衷和方向，使家庭教育充斥着功利色彩和功利倾向，把考好分数、上好大学、找好工作、拿高薪水作为功利而单一的追求目标。这样盲目而单一的价值追求，这样的世俗、功利和“近视”，导致不少孩子有知识无常识，有高分缺能力，智商高情商低也就是典型的看似“成才”，实则未“成人”，未很好成为一个全面发展的人。

二是不知道“教什么”。不知道家庭教育的主要内容是什么，不清楚家庭教育该在哪些方面着力，以至在家庭教育中，不少家长眼睛盯着的是学习成绩，是功课和分数，重复做着学科老师在课堂上做的事情，存在“重成绩轻品德”的现象，造成家庭教育与学校教育的错位。其实，家庭教育的根本任务和定义应该是人们常说的“家教”，一个孩子有没有“家教”才是家庭教育要考虑的事情。那怎么样衡量一个孩子有没有“家教”，就是看一个孩子有没有良好的教养，有没有良好的品行，有没有良好的习惯。因此，家庭教育就应该重在提升教养、涵养品性、培养习惯。

三是不知道“怎么教”。不知道家庭教育的正确方法，不清楚家庭教育的路径策略，以致在家庭教育中出现了行为上的偏差：一是从众地教。看到大家都在做什么，也跟着做什么，常常为“别的孩子都在培优，我的孩子不培优会不会掉队”而焦虑，根本不考虑自己的孩子是否需要，存在“反正别人做了我也做，不让孩子掉队，将来孩子也不会责怪父母”的心理，盲目地从众；二是虚荣地教。眼睛老是盯着“别人家的孩子”，一心希望自己的孩子拥有“别人家的孩子”所有的优点，在与“别人家的孩子”相比时一定不能比别人差，“别人家的孩子”学钢琴，我家的孩子也要学钢琴，“别人家的孩子”钢琴过十级，我家孩子就不能停在九级，这是一种典型的攀比心理、虚荣心理和好面子心态。结果，面子好像是好看了，但却苦了孩子也害了孩子，孩子活生生成为家长比面子的工具。三是硬性地教。一厢情愿地按照家长的心愿和意愿去教孩子，把家长的意愿强加在孩子身上，甚至有些家长希望通过孩子来实现自己未实现的梦想，以至不考虑孩子的先天秉性，不考虑孩子的个性特点，不尊重孩子自己的意愿和选择，强行地“塑造孩子”，强行地按着孩子的头喝水，结果往往事与愿违。四是过度地教。有不少家长把所有的希望寄托在孩子身上，把大部分精力用在孩子的教育上，尤其是女性家长成天唠叨，患上可怕的“唠叨病”，盯着孩子的点滴表现不放，放大瑕疵，导致家长累孩子更累。

爱后代是母鸡都知道的事情，但怎么去爱却大有学问。古语云：“子不教，父之过。”“养子必教”天下父母似乎都知道，但要真正懂得为什么教，教什么和怎么教，却不那么容易。因此，父母不仅要爱孩子，更要会爱孩子；不仅要教孩子，更要懂得会教孩子。否则，可能好心办坏事，事与愿违，甚至造成不可挽回的遗憾。

三个“更重要”

时下，家庭教育存在几个典型的误区：一是关注孩子的学习成绩，关心分数，而忽视真正的家教，忽视孩子的教养，即关心成才而忽视成人；二是重视孩子所谓的“未来幸福”，而忽视孩子当下的幸福、童年的幸福；三是喜欢把自己的孩子与别人的孩子相比，而忽视自己孩子的个性特点，在家长的比较、攀比、虚荣中，孩子的自信心受到打击，“别人家的孩子”让孩子感到无穷的压力，变得无所适从。

面对这几个典型的观念误区，我认为：家长在家庭教育中必须明白几个关系：

一是“成人”比“成才”更重要。成才先成人，一个孩子要真正成为一个未来社会所需要的人才，必须先成为一个德、智、体、美全面发展的人。其实，教育的目标有两个：培养未来幸福生活的人，培养未来社会的劳动者。所以，在家庭教育中，家长首先要重视让孩子成人的“家教”，然后再去关注孩子的学习成绩。

二是“当下的幸福”比“未来的幸福”更重要。孩子拥有自然的、快乐的、幸福的童年，是他人生必要的精神底色。大量的心理学研究表明，童年游戏的缺失是导致青少年心理问题、心理疾病的一个重要因素。很多现实事例都沉重地告诉我们：一个人若是拥有了自然的、幸福的童年，那他更有可能拥有阳光的、灿烂的未来。童年的幸福是一个人终身美好的记忆和享用不尽的精神财富，没有“当下的幸福”很难有未来真正的幸福。

三是“自家的孩子”比“别人家的孩子”更重要。每一个孩子都有其秉性，每一个孩子都是一个独立的、独特的个体，每一个孩子都有一条属于自己的人生之路，孩子与孩子之间无法用同一个标准来评判。作为家长，最重要的是了解自己的孩子，清楚自己孩子的发展优势，理解自己的孩子，而不是出于脸面、虚荣和攀比，一味把自己的孩子与别人的孩子相比较，这样只会给孩子带来沉重的心理压力，让孩子无所适从，甚至失去自我，实在是得不偿失。

一个男孩，一个母亲，一个班级

有这样一个男孩。

他生来就是高敏体质，对很多过敏源都过敏，春天的花可以让他过敏，冬天的冷空气让他过敏，甚至晒太阳时间稍长一点也会过敏。对这样的一个孩子，从小就呵护有加，不让他过多地出门，不让他和小伙伴们随便玩，甚至在太阳底下多待一会也会担心，就这样把他包裹得严严实实，以至于给孩子制造了一个接近真空的环境，与自然、社会和同伴基本隔绝。

但孩子到了入学年龄还得入学。一进入小学一年级，孩子的问题就显露出来了: 一方面，他不太愿意与人交往，老师和同学主动跟他讲话，他爱理不理，甚至充耳不闻。久而久之，同学们都不太愿意接近他；另一方面，他又渴望与人交往，但丝毫不懂正常的交往方式。对他喜欢的老师会冷不丁地上去又亲又抱，对他不喜欢的老师冷眼相对甚至吐口水、扔纸团。对同学更是有一些过激行为，有时会故意伸出腿去绊同学，有时会拿笔去戳同学，有时会在上课过程中大喊大叫……

这下问题来了，班级其他孩子的家长纷纷找学校反映情况，担心自己的孩子会在有意无意中受到伤害。学校和老师花了大量的时间和精力，接待、劝说其他的家长，希望其他家长努力换位思考，尽可能做到宽容和理解。

一晃一年过去了，在不断的矛盾冲突和化解中，老师、这个孩子的家长、其他家长都身心疲惫，但这个孩子的情况似乎并没有根本好转。万般无奈之下，学校和孩子的母亲商量，请她到学校来陪读一段时间。

鉴于孩子的情况，孩子的母亲想办法调换了白天上班的岗位，换到晚上上班，白天就到班级陪读。由于母亲的全心投入，孩子的情况得到了一定控制，也让其他家长暂时松了一口气。但这时新的问题又出现了：他的母亲坐在孩子旁边陪读过程中，有时会发现老师处理课堂问题和其他孩子问题时的不当之处，就马上私下告诉其他家长，以致其他家长到班级质问老师。为了让其他孩子愿意和自己孩子一起玩，她每天在随身包里带些零食到班级，分发给其他孩子。真是可怜天下父母心！

但她这种“讨好”“笼络”其他家长和孩子的做法，也很快引起了班级老师和其他家长的反感，老师觉得在课堂上多了一双时刻监视自己的眼睛，其他家长担心孩子养成爱吃零食的坏毛病。于是，新的矛盾和冲突又在上演……无奈之下，经几方商定，孩子的母亲可以进校陪读，但不要每节课进教室坐到孩子身边，只有发生状况的时刻才进教室处理。想起来让人心酸和心疼：严寒酷暑中，妈妈会经常站在教室的窗外，偷偷地、悄悄地注视着自己的孩子，眼睛里充满着担忧和期待……

最终的爆发源于最近发生的一件事：一节课上，这个孩子把腿翘到桌子上，旁若无人地边用脚敲打桌面边喝牛奶。老师实在看不过去，提醒他不要发出声响影响其他同学。就在老师转身的时候，他一下子把未喝完的牛奶扔到老师身上，溅湿了老师全身。其他家长听闻后，再一次到学校，希望学校保护其他孩子的安全……

面对双方家长的诉求，学校陷入了深深的矛盾和困顿之中：站在“法”的层面，教育法律法规保护每个孩子平等受教育的权利，这个孩子依法享有与其他孩子一样受教育的权利；站在“情理”的角度，其他家长的诉求也确实在情理之中，谁也不想为孩子在班级生活中的隐患担惊受怕。

怎么办？其实，这样的事情并非典型个案，在很多地方、很多学校都时有发生。而最后的结果往往是寡不敌众，在其他家长强大的压力下，这个孩子的家长甚至学校会做出妥协，给孩子换个全新的环境，重新开始。幸运的话，可能换个新环境会有改观，但很多孩子在新环境中依然故我，又引起新一轮的矛盾，不得不再一次考虑换校，这种无奈之下的“孟母三迁”屡见不鲜。

对这样有着先天身心缺陷的儿童的教育，是全世界都面临的一个教育难题。一些发达国家的做法是：在政府下拨的教育经费中，专门设立一项特殊教育经费，用于聘请专业的特殊教育教师，对这样的孩子进行一对一或一对几的特殊教育教学，充分保障这些孩子平等受教育的权利，也同时保护其他孩子受教育的正当权益。

我想，这还需要多方共同努力：作为学校和老师，应当再多一些仁爱之心、宽容之心、慈悲之心，对这样的孩子给予更多的耐心、宽容和关爱。学校也需要设立专门的心理咨询室，对其进行心理辅导、疏导。作为家长，要正视自己孩子的问题，不回避，不甩包袱，积极寻求与学校配合教育的有效途径，在必要情况下，还应适当进行医学干预和治疗，在有些时候，还需要由自己或请专人陪读。当然，我还期望教育主管部门和社会对这些孩子特别关注，可以考虑在教育经费中设立特殊教育经费，聘请专业水准的特殊教育教师进行有效教育教学，可以由社会机构、公益团体等聘请较专业的社会义工，进入学校和班级，对这样的孩子予以帮助。

绿色的生日

曾有一段时间，在不少地方都出现过这样的一种不良现象：当某同学过生日的时候，该同学的家长会邀请其他同学和家长参加生日聚会。受邀家长参加聚会时，免不了要带上祝福的礼品、礼金。而自己的孩子过生日时，又要讲一讲礼尚往来，回请对方的家长。这样来来往往，既给大家带来了负担，又造成了不必要的浪费，甚至还出现了炫耀、攀比等不良现象，让大家都疲于应付，苦不堪言。

小朋友过生日希望得到同伴的祝福本无可厚非，但有的家长的做法却出现了偏差，让本应纯洁的同学友谊沾上了世俗的色彩，怎么办？学校能不能尽自己的教育力量，巧妙地进行引导呢？

本学期，我们学校就尝试开展“绿色生日，绿色祝福”的活动，各班老师统计全班每一位同学的生日，在同学过生日的当天，由老师组织全班同学，采取不同的绿色方式，给该同学过一个“绿色生日”，给他送上一份温馨而纯净的“绿色祝福”。

这项活动迅速得到老师、家长和同学们的响应，大家纷纷根据学生的年龄特点，采取不同方式来开展“绿色生日，绿色祝福”活动：低年级的班级主要采用唱生日歌、送祝福语、送一个拥抱或一个小点心的方式来进行；中年级除了唱生日歌之外，还让全班同学一起拍照留念，写签名卡牌送“小寿星”，利用电子班牌播放“小寿星”的照片和生日寄语，让过生日的同学提议全班共同开展一次游戏等；高年级过“绿色生日”的方式更丰富，有的班级为“小寿星”举办一场“生日足球赛”，有的给“小寿星”赠送全班同学集体制作的一件手工作品，有的让“小寿星”制作本人的PPT，给全班同学说说自己想说的话……

在同学过生日的过程中，全班所有任课老师都参与其中，老师们除了和同学们一起唱生日歌之外，有的还自己买一个小点心送给过生日的同学，有的给过生日的同学送上一张小小的明信片，有的还别出心裁地在学生当天作业的后面写上对该同学的生日祝福。

不少班级在学生过生日的时候，还特地邀请家长来校现场参与自己孩子的生日祝福活动，让家长也一起分享这份温暖和感动。

绿色的生日，让每个孩子都能得到一份绿色的祝福、绿色的友谊，也收获到一份绿色的温暖、绿色的记忆。

校园是学习的地方，是教书育人的地方，更是师生共同生活的地方。如何让师生共度一段美好的生活时光，共享一份幸福的校园生活，如何让师生留下一份美好的校园记忆，的确值得我们思考。

让学生喜欢的寒假作业

又快到寒假了。

每到寒暑假，孩子们既开心又忧心，开心的是假期，忧心的是作业。

一提到寒暑假作业，大家的脑海里一定会浮现出那枯燥无味的《寒假作业》《暑假作业》，而孩子们做这样的《寒假作业》《暑假作业》一般会走两个极端：有的一放假就拿起作业本，以迅雷不及掩耳之势，尽快做完，以求写完作业后能痛快地玩；有的采用拖字诀，苦苦拖延，苦苦挣扎，实在拖不下去了，就在临开学的前几天，苦着脸挑灯夜战，以图开学交差。

做作业至此，情何以堪？是不是寒暑假作业非得要这样布置？做作业难道非得要苦做吗？能不能布置让学生喜欢不已的作业呢？

早在十年前，我们就在学校里坚决废除了书面的、机械的、无多大意义的传统假期作业，代之以学生喜欢做的寒暑假作业。这些寒暑假作业让学生乐意去做，争着去做，甚至还主动拉着家长一起做。就拿寒假作业来说吧：

一是趣味性作业。如：编一条春节祝福短信发送给亲朋好友；和父母一起进行一次户外远足活动；拍一张全家福照片；学唱一首与节日相关的歌曲；看一本自己最喜欢的书；搜集与春节有关的风俗与传统；给下学期的自己写一封信；学习一个魔术；朗诵一段文字或一篇文章并录音等等。

二是实践性作业。如：和父母一起到市场去购买年货；剪窗花或写“福”字贴在自己家的门窗上；写一副春联贴在自己家的大门上；在除夕夜的年夜饭时为家人做一道菜；和父母一起去亲戚家拜年；学会整理自己的床铺等等。

三是自主性作业。我们尝试让学生自己给自己布置作业。学生自己设计作业设计得像模像样，有滋有味。如：学讲一些笑话，开学后说给大家听；学一些谜语，让大家猜；给爸爸妈妈写一封感谢信；画一幅关于武汉风土人情的连环画；和家人一起守岁；请家人讲小时候过年的故事；看一本数学趣味书；学会玩魔方等等。

四是选择性作业。有的年级会由老师一起商量，共同布置十道作业，让同学们在这十道作业中选做五道；有的年级会让老师推荐十道作业，学生自己推荐十道作业，然后在老师和学生推荐的作业中各选做三项；有的年级甚至请家长也推荐一些作业，让学生选做。

让孩子在乐中学、做中学、问中学、玩中学。自然学习、自主学习、自发学习、自由学习是学习的真谛。“让学生喜欢”是教育最通俗也最深奥的道理。

第四章

那些星星眨呀眨

永远的课堂

记得在读小学的时候，老师就说过:“钟声就是命令，课堂就是战场。”的确，课堂是师生学校生活的主要场所，是教师职业价值最好的体现场所。“关注课堂，抓住课堂，上好每一堂课”应该成为每一位教师的不变价值追求。

在当下，学习的沉重、教育的沉重是因为教育本身就是这样的吗？不是！你见过鱼儿饮水累吗？你见过鸟儿飞翔苦吗？你见过树苗怕风雨吗？你见过花儿害怕阳光吗？教育说到底是一个人的成长，木来就应该像呼吸一样自然，像喝水一样自然。我觉得真正的课堂就是要走进学生心灵，追求教育实效，激发师生智慧，享受课堂生活。真正的课堂是以下的课堂:

一是学生的课堂。在课堂上要更多地关注学生的学，要充分考虑学生的需要，以学定教。洋思中学的成功得益于它的“八字教学论”——“先学后教，当堂训练”，这真正地突出了学生的学习主体地位。这一届的全国小学语文优质课竞赛主题定位很好——“以学定教，顺学而导”。只有把学生放在第一位，把每一个学生放在课堂第一位，才会有真正意义上的课堂。

二是规范的课堂。这涉及两个问题: 一个是教师教得规范。一名真正的教师在课堂上是既注重言教更注重身教的。准确的表述、巧妙的诱导、精到的点拨都是很好的言传，得体的仪表、工整的板书、标准的示范、和善的态度等都是必要的身教。另一个是学生学得规范。虽然我们不再那么刻板地要求学生“秧田式”的坐姿，不再要求静悄悄的课堂，但课堂永远是讲秩序的，没有一定的课堂秩序就没有预设的教学效率和效果——有序才有效。每一位教师都要把培养学生良好学习习惯放在首位。

三是真实的课堂。课堂不是剧场，课堂是教与学的真实空间。真正的课堂是真实的课堂，拒绝虚伪、做作、浮躁与奢华，要尽量做到朴实、真实、扎实、厚实。真实的课堂是诸多课堂要素的和谐统一，是“动与静的统一，实与活的统一，放与收的统一，形式与内容的统一，静听与回应的统一，预设与生成的统一，教学与育人的统一”。

四是生活的课堂。人类的知识分为两类：一是“书本的知识”，一是“街头的知识”。而我们的课堂教学的要义就是要把书本知识变为学生现实生活、未来生活所需的街头知识，为学生所用，为生活所用。我们的课堂最重要的就是完成知识的激活、转换和迁移。真正的教师一定会跳出书本来教学。

五是开放的课堂。这里所说的开放包含知识的开放、教学视野的开放、师生关系的开放、学习心态的开放等等。在开放的课堂上，应灵活而恰当地运用自主、合作、探究等学习方式。教学的艺术和教学的智慧可以在开放的课堂中得到充分的挥洒和体现。

六是诗意的课堂。杜威先生说过这样一句话：真正的好课是“鼓舞人心”的。真正的课堂能为教室带进阳光，让阳光照亮学生的头脑和思想，让生理和心理的影响开启学生的学习。记得著名数学家陈省身先生弥留之际说过：“天国里也有数学之美。”其实，任何学科都蕴含着美与诗意，真正的课堂能使心灵撞击心灵、激情唤醒激情、智慧引发智慧。

七是育人的课堂。从来就没有无教育性的教学。知识与技能、过程与方法、情感态度与价值观是我们每堂课必须关注的三个维度目标。不过，三个维度目标的达成则要通过不同的路径。知识靠传授，技能靠训练，过程与方法靠体验，而情感态度与价值观则靠无形的浸润、渗透与熏陶。

哲人说：知识分子的全部尊严在于他的思想。我想说：教师的教育生命和课堂息息相关。尽责尽心上好每一堂课是教师的天职，而上好每门学科的每一堂课也是素质教育的内涵所在。

课堂永远是课堂。

课堂如水

课堂如水。

水——自然、柔韧、宽容、博大、随缘。真正的课堂是如水的课堂，自然而有容。

课堂应有水的宁静。在课堂上，师与生都应有一份宁静的心态，宁静而致远，宁静而致深。在时下的浮躁与喧嚣中，守住课堂的宁静，才能够守住课堂的根。

课堂应有水的宽容。自古教学无定式，的确如此，教学有法，但无定法，贵在得法，妙在新法。无论什么方法都有其可取之处，“尺有所短，寸有所长”，最适合的课堂就是最好的课堂。

课堂应有水的博大。“一日为师，终生为师。”师生相遇，无论富贵贫贱，无论聪慧愚钝，既然走到一起，老师对学生就应该有“有教无类”“因材施教”的气度和胸襟。学生的差异是天生的，但只要有水一样的胸怀，那每一个孩子就如一朵花——有天生的差异，但无后天的差别。

课堂应有水的随缘。水，至柔而至韧，可疏而不可堵。真实的课堂也应该如水般自然，自然而流，随缘而安。纵有千万般理念，千万种方法，但最重要的是“因学而教，顺学而导”。

课堂如水，似水课堂……

解放教师

在我的理想中，教师有充分的教学自主权：有权安排班级课程计划，有权选择教学内容，有权采取自己的教学方式。

其实，学校管理的最高境界是让人人成为管理者。管理就是把复杂的事情简单化。学校的管理者应该赋予教师更多的自主权，而不是制订更多的规则，约束教师的教学自由和思想自由。

学校的最核心活动——教学活动，是教师精神世界与学生精神世界的对话。这种对话的质量，取决于老师的内在修养和自觉努力。教师应有充分的课堂自由，学校不能也不可能对具体的师生互动过程做出限制性规定。对学生起根本性作用的，不是制度而是教师的职业素养。

教学强调的是精神的交流和平等。在教学过程中，学生有学的自由，教师有教的自由，教学才是真实的。教学寄希望于教师的职业境界：教师的境界越高，教学的境界就越高。

一名充满艺术的管理者，就是充分解放教师，调动教师，成就教师，让教师的智慧和激情被充分激活。

老师衣服上的小鸟

老师五十余岁，教美术，身形瘦弱，平日不苟言笑。

一日，上水粉课，学生手舞足蹈，满教室谈笑风生。

突然，教室安静异常。老师正在指导学生构图，良久回过神来。

怎么了？原来是学生不小心，把涂改液泼洒到老师衣服上。大家心里明白，涂改液无法洗净，都呆望老师，一时静寂。

还是老师首先打破这凝固的气氛：你看这涂改液像什么？

“好像一只小鸟……”学生的声音小到只有自己听见。

那你能不能就在我的衣服上，把它画成一只小鸟呢？

于是，老师的衣服上有了一只小鸟，站在枝丫上，栩栩如生，微笑歌唱。

学生们不由自主地鼓掌，教室里充满了温情。

我见过这件衣服，太独特！太美！

而这只小鸟一定会在孩子们的记忆里，永远地飞翔……

段文兰老师二三事

段文兰老师是我校已离世的老教师。

她所带的1958届毕业生，在聚会的时候还满怀深情地回忆起小学生活。提起班主任段文兰老师，年过花甲的学生们不约而同地流下怀念的热泪，儿时的记忆依然那么清晰。

他们清楚地记得：上《长江大桥》一课时，段文兰老师带学生们走过武汉长江大桥，走到龟山上，居高临下地俯视长江大桥。在龟山顶上让孩子们玩了最喜欢的游戏后，才带着学生兴犹未尽地返回教室。这些年过花甲的学生至今还记得这篇课文的内容——让语文课打开围墙，走进现场，走进生活，学生当然终生难忘！

有一次，班上的一名学生在写作文时抄写了报纸上的一篇文章，段文兰老师一眼就看出这并非出自他之手，但段老师并未声张。她让这名同学把自己的这篇作文在全班认真地朗读了一遍，并仔细地对这篇作文进行了点评，对这名同学作文的“进步”提出了表扬。但与此同时，她在作文批改时给全班每名同学都判了分数，唯独对这篇作文没有给分数。她就是用这种善意的提醒在警醒这个学生。后来，这个同学发奋阅读、写作，成为一名知名记者——教育的艺术首先是爱的艺术！用老师的爱心保护了学生的自尊，学生就会自爱、自省、自强。

他们还不会忘记：段文兰老师不止一次地叮嘱学生们，早晨上学见到校门口的校工一定要问好，下午放学见到校门口的门房师傅一定要说再见。而别人递送过来的东西，一定要用双手去接——教育不仅仅是传授知识，也不是简单地教书，教学生学会做人才是教育的重要目的。而做人的道理往往蕴含在点滴的日常生活之中，真正的教育也往往着力于校园生活的真实细节之中。

段老师还会为学生剪指甲，段老师总是随身带着一把小剪刀，看到哪个同学忘了剪指甲或者不愿在家里剪指甲，就会很温和地把这个同学喊到跟前，小心翼翼地帮他剪指甲。更让人感叹的是，段老师把剪掉的指甲细心地用一张白纸包起来，“还”给学生，并反复叮嘱要收好，将来可以作为童年的珍贵纪念——师者之心，乃童稚之心，圣母之心呀！

童年的教育其实就是播种！段文兰老师在学生幼小的心灵里播下了学习的种子、生活的种子、做人的种子、爱与善的种子。这些种子伴随着学生生长，不断生根、发芽、开花，结出真善美的果实。

这就是我心目中真正的师者！

这样的师者怎不永远活在学生的心中！

回家路正远

看完新闻频道“摩托大军回家路”的节目，心里久久不能平静。

我看到雨那么大，天气那么严寒，背井离乡的农民兄弟携妻带子，走上漫漫回家路。他们冒着雨，顶着风，朝着家的方向一往无前。我知道，这风雨中散发着年的味道，远方传来家乡的泥土味道，再大的雨，再冷的风，也挡不住要回家的那颗滚烫的心。

我看到一家三口挤在一辆摩托车上，男人紧握车把，尽量展开双臂，挡住迎面而来的寒风，女人紧紧抱住男人的腰背，孩子则裹着一层层衣服，被他们紧紧护在中间。虽然看不清他们头盔下的脸，但从他们的眼神里，我看见苦难中的坚毅、贫寒中的温情、窘境里的关爱。

我看到几千辆摩托车一起转过弯道，就像动物群落的迁徙，一时说不清是悲壮，是痛楚，还是苍凉。我不知道他们来自哪里，不知道这一年来他们在陌生的城市里过得怎样，不知道他们在工地、在晨昏的街道、在最苦最累的地方到底流了多少汗，不知道他们的手上新添了多少道伤口，不知道他们忍受了多少不屑的目光、歧视的白眼……但我知道他们的包裹里装着的廉价礼品，那是最底层的、最真实的欢欣！在他们和远在家乡的老人眼里，这些礼品是自己的血汗和真心，比世界上所有的名牌更加珍贵。我不知道他们到哪儿去，但我知道他们的心都朝着一个方向——那就是家的方向！

我看见夜幕降临，他们从摩托车上解下简易的帐篷，就地安营扎寨。我无法想象夜晚的寒冷，无法想象那么小的孩子怎么睡在这寒夜里。也许他们已经习惯，他们在工地上就是睡在露天的帐篷里，他们在街角清扫完垃圾就这样抱着扫帚疲乏地睡去，他们搬运完满车的货物就会随地躺下。如果他们能够在这寒夜里入梦，他们肯定会梦见家乡的炊烟，梦见家里的暖炕，还有春天里满山遍野、房前屋后的映山红……

听电视中的交警介绍，每年都有大量的农民兄弟，因为节省一点路费或是买不上车票，只好一家人骑摩托车回家。近则几千米，远则两三千千米。就在一些城里人在暖得冒汗的商场里，从这件衣服试到那件衣服的时候，他们又冒着严寒，甚至冒着生命危险，奔向漫漫回乡路。

那位男交警还含着眼泪讲了这样一件事：一对夫妇骑着摩托车想进加油站休息，由于骑车时间太长，丈夫又太冷太累，他想刹车停靠，但双手已经冻僵，脚也不听使唤，一头撞上对面坚硬而冰冷的墙壁，摩托车零部件和随身的物品四处飘落，他们再也没有看到家乡新年的太阳……

我有一个小小的愿望：希望明天就是大大的太阳，天气暖暖的，照着我们最苦最累的农民兄弟，让他们骑着摩托车平平安安地回家！

我还有一个大大的愿望：希望我们的祖国更加富强，我们的人民安居乐业，再也不用背井离乡，打工迁徙。即使出门在外，也是满怀乡情，衣锦还家。

到自然中去

现代人其实是一个矛盾体：居乡野而眼羡城市的繁华，在城市又怀恋乡土的悠闲。

于是，时时在一个不经意的午后或是一个有着繁星的夜晚，望着太阳或是星空，那份乡土情结又涌上心头。一个声音也在树丛之中呼唤着我们：走，到大自然中去。

是的，应到大自然中去。被城市驯化之后，是应该在忙碌与盲目的缝隙，整理整理心情，去赴一场源自《诗经》的约会——在河之洲，她已等待多时。她的名字就叫——自然。

水泥森林构筑的是城市，也是疏离，还是虚拟的安全感。挤满人的电梯里，人们都冷着一张脸，那么鸦雀无声。“皎皎白驹，在彼空谷。”我们不妨去寂静的山谷，听听自己的脚步和心跳，受那安静的喜悦。

朝九晚五，有多少时日没好好晒过太阳了，那就走到山巅，沐浴山风，从里到外都晒晒——让内心和万物随阳光一起生长。晒晒太阳，内心一定不会潮湿。

其实，在城市里人们也一直在追逐自由。城市的自由有两种：一种是顺应人事、游刃有余的自由；一种是忠实己心、执着洒脱的自由。更多的人是聚集在中间地带，一边和自己打太极，一边又感叹时光飞逝。

路过多少街头，徘徊过多少橱窗，人一生成长、学习、工作、恋爱、生子、老去……一叶勃发而知春，一叶飘零而知秋。人生如寄，不如暂时放下自己，做一回自然人。“天地与我并生，万物与我为一。”老子所描述的天人合一至高境界，虽不能至，心向往之……

黎明的感觉

梭罗在其名著《瓦尔登湖》中，描写了一种“黎明的感觉”。

那是一种什么样的感觉？每天当你睁开眼睛，就意味着获得了一次新生，生命就开始了新的一天，就有了黎明的感觉：一切对你来说都是新鲜的，你用新奇的眼光和心态去重新开始，重新发现。

是的，太阳每天都是新的，人的生命每天也是新的。

如果你拥有“黎明的感觉”，保持一种“黎明的状态”，你的生活就会有丰富的可能性，每天的工作都是新奇的；每天所遇见的人，都好像是新朋友。如果你是一名校长，你眼中的学校每天都是新奇的；如果你是一名教师，你眼中的班级每天都是新奇的，每天的教学都是新鲜的……

无论你是什么职业，只要你有了这种“黎明的状态”，你就不会熟视无睹，你就能一直保持初心去倾听，去思考，去创造。因为一切都是新的，你没有束缚，没有禁锢，没有麻木，不管出现了什么，发生了什么，都会成为过去。一觉醒来，你又有了新的开始，你又看到了“黎明”，拥有了“黎明的感觉”。

新年就是新的黎明，一切都是新的。让我们用力拥抱新年！拥抱“黎明”！去体验那“黎明的感觉”……

诗从年轻的心中来

前些年有句流行语:“30岁的人，60岁的心态，60岁的人，30岁的心态。”《菜根谭》卷首语中有句话说得好:“心定菜根香。”

林清玄在散文《化妆的境界》中写道:“第三流的化妆是脸蛋的化妆，任何人都可以做到，只要你能花钱买廉价的或是昂贵的化妆品;第二流的化妆是身体的化妆，只要你请教营养师，注意营养平衡;第一流的化妆是灵魂的化妆，这就要你葆有一颗永远年轻的心，一颗永远高贵的灵魂，才会百毒不侵……”

记得前几年身体保健很盛行了一段时间，很多专家提出保健三原则:平衡饮食、有氧运动、心理健康，其中最主要的是心态良好。心理状态不好，怎么吃也不行，怎么锻炼也不行。国际上提出保健第一是喝绿茶，第二是吃大豆，第三是睡好觉，第四是常运动，第五就是爱笑。爱笑是心态良好的明显标志。

拥有一颗年轻的心才能写诗，正如一位诗人说:“这世界并不复杂，只要有颗年轻简单的心就行。”

一颗年轻的心，是一颗敏感的心。有了这颗心，即使看到风中摇曳的一片树叶，你也能倾听它的脉搏声;即使看到道旁盛开的无名小花，你也能惊叹它的美丽！即使看到街头蓬头垢面的乞者，你也能从他身上看出人性光辉。

一颗年轻的心，是一颗童稚的心。这是一颗永不褪色的童心。加斯东·巴拉什在他的《梦想的诗学》一书中告诉我们："童年是永不消逝的，童年的世界深藏在我们的心中，永远在我们心底一角，它是我们的心灵深处沉睡的'秘密花园'。童话不仅仅属于孩子，也属于曾经是孩子的所有大人，与童话相遇，你心灵深处沉睡着的'秘密花园'，不经意间就会被悄悄地点醒。"

一颗年轻的心，是一颗感恩的心。一个写诗的人，应该懂得感恩——感谢上苍，感谢天地万物，感谢四季，感谢阳光雨露，感谢亲情、友情、爱情……在感恩者的眼中，一切都是那么美好，一切都是那么富有诗意。

一颗年轻的心，是一颗易于感动的心。一个写诗的人，总有一些东西让你感动，总有一种力量让你泪流满面。

留一点发呆的时间

留一点发呆的时间，随意说说自己对生活一些杂乱的感悟吧！

每一个人的人生都不会有彩排，你的每一天都是现场直播。

每一个人都有自己的位置，每件事也有它的位置。但时下的教育发生了错位，大学教育、基础教育、幼儿教育均发生了悲哀错位！

人生确实需要“三根支柱”：身体健康支柱、精神信仰支柱和经济支柱。有了这三根支柱，人生便有了“三大自由”：身体自由、精神自由与经济自由。

素质是什么？素是“简单”，质是“质朴、原始”，素质就是人之所以为人的最原始、最根本的东西。中国人不管把头发染成什么颜色，它的根还是黑色！插花艺术虽然漂亮，但它没有根，没有土，也就没有了生命！

等是等不来一个新世界的。改变世界要从改变自己开始。当代社会唯一不变的就是变化。

如果你的梦中没有文学，你就不能成为一个文学家。如果你没有一点发呆的时间，那么你的人生是可悲的。

当你故意学着潇洒的时候，是你离潇洒最远的时候。

阳光是最好的防腐剂，快乐是最好的化妆品。

教育是什么？“教”——“上所施，下所效也”；“育”——“养子使其善也”。

没有自我教育、自我觉醒就没有真正的教育！真正的教师从不向学生要求什么，也不灌输什么，而是在春风化雨间教会他们唱自己的歌，跳自己的舞，讲自己的故事……

老师有三种：第一种是教书，第二种是教学生，第三种是教学生学。

“万物莫与朴素争美”——细雨湿衣看不见，闲花落地细无声！

认认真真做人！老老实实做人！安安静静做人！

敬天爱人

看到这样一个打动我的故事，这样一个打动我的人:

日本有个世界500强企业的老总叫稻盛和夫。他虽然已贵为大企业老总，但心存慈悲，一心向佛。每年他都会放下事务，外出托钵，每次为一到三个月时间。而且，他每次托钵诚心诚意，剃了头发，穿上袈裟和草鞋，真切体验人间疾苦。

一年寒冬，他穿着单薄的袈裟和冰凉的草鞋，站在街头的路灯下。寒风凛冽，滴水成冰，他又饿又冷。正在这时候，步履蹒跚地走来一个老妇人。这个老妇人看到寒风中的稻盛和夫，停下脚步，小心翼翼又很艰难地从内衣口袋里掏出身上仅有的几个硬币，真诚地、轻轻地放入他手上托着的碗钵中，然后，轻声地对他说:“天这么冷，你赶快找个地方买点吃的，暖和一下吧。”

老妇人真诚的面容、真诚的话语，加上硬币撞击碗钵的声音，让稻盛和夫的心猛地一颤！这哪里是施舍，分明是心对心的撞击，灵魂对灵魂的撞击！稻盛和夫的脑中立即佛光一现，闪出了四个大字——“敬天爱人”。

后来，稻盛和夫就把“敬天爱人”这四个字作为他的企业精神，把这种至高无上的利他精神作为他的企业信仰，因此，他的企业得以长盛不衰，以至于他在一生中缔造了两个世界500强企业。

若干年后，稻盛和夫把他的这些经历写成了一本书，书名叫《活法》，一个很有禅意的名字。这本书有一个副标题就叫作——商道，人道，佛道。看来，只要一个人带着爱心、带着使命、带着责任，他迟早就会托钵成为菩萨。托不了钵的人，将来也难以布道。而作为一个引领者，生命价值取向要高，生命体验要深……

老子说得好："胜人者有力，自胜者强！"

《易经》说得好："天行健，君子当自强不息；地势坤，君子以厚德载物。"

蓝天下的孩子

前几天，受湖北电视台一个公益项目的邀请，我来到湖北省一所最普通的村办小学，按照电视台的需要做教育观察、指导。

这所普通的村小，每个年级只有一个班，学校的条件简陋得让人心酸，整个学校没有一架音乐课必备的风琴（更谈不上有钢琴），没有乒乓球台（连水泥的也没有），没有电脑（更谈不上有网络），更没见到现代化的投影仪、电子白板。

当然，这些并非我关注的重点，我把关注的目光投放到孩子身上。

这里的孩子和城里的孩子一样天真，见到有外人来，低年级的孩子都围上来，用好奇的眼光看着来人，个别胆大的还问一句客人从哪里来；这里的孩子和城里的孩子一样活泼，一到下课，孩子们都涌出教室，在最原始的泥土操场上奔跑、嬉闹、尖叫；这里的孩子和城里的孩子一样爱读书，在孩子们的课桌上，摆放着《曹文轩文集》《丰子恺文集》《格林童话》等书。

这里的孩子比城里的孩子更会玩耍，他们没有钱买高档的玩具，就动手制作一些简陋的“土玩具”，用废纸折成纸片玩“打纸片”，用废旧铁丝围成铁环玩“滚铁环”，随手在泥土地上一画就可以玩“跳房子”；这里的孩子比城里的孩子更坚强，不小心在泥土地上摔一跤，马上就爬起来，拍拍身上的泥土，什么事都没有似的又玩开了；这里的孩子比城里的孩子更会自理，吃午饭的时候，孩子们将碗中的食物一扫而光，没有人碗里有剩饭，吃完午饭后，孩子们排队把碗洗干净，就到各自的卫生包干区做卫生，动作干净利索，真是“穷人的孩子早当家”呀！

这里的孩子比城里的孩子做事更认真，我看他们做操时都非常认真地按照要求来做，因为他们知道父母在外打工挣钱不容易，自己在家就要好好上学，要认真读书学习；这里的孩子比城里的孩子更腼腆，他们不太爱讲话，上课也不太爱举手发言，更不会夸夸其谈，可能他们更喜欢去做而不是去说；这里的孩子比城里的孩子更纯朴，乡村的世界本身就很单调，没有外面世界的热闹喧嚣。

同在蓝天之下，同在校园之中，孩子的天性永远都是一样的，天下的孩子一样聪明，一样可爱。但孩子们生存和生长的环境却大不一样，无论是外在的物质条件还是内在的心灵世界，都有些许的差异。我无法比较城乡孩子哪个更幸运，哪个更幸福，但在我内心深处，我更希望孩子们能更多地、更长时间地保持其童心、童性，让孩子更像孩子！

教育公平的路到底还有多远?

进入新世纪以来，“教育公平”几乎成为每年“两会”的教育热点。《国家中长期教育改革和发展规划纲要》把促进教育公平作为国家基本教育政策，而党的十八大更是旗帜鲜明地提出“深化教育领域综合改革”“大力促进公平”“让每个孩子都能成为有用之才”。与此同时，教育公平也成为教育界的共同追求和家长的共同心愿。

现有的教育公平主要是从教育的外部条件入手，从教育的外部因素考量，主要在以下两个方面着力: 一是入学机会均等。各级政府和教育主管部门花大力气给“择校热”不断降温，采取多种方式和措施促进义务教育均衡发展，努力“让老百姓上家门口的学校”，像名校集团化办学、实行多校划片等措施都卓有成效，也得到了家长的广泛认可，不仅能让孩子上家门口的学校，更让尽可能多的孩子上家门口的好学校。二是教育资源均等。各地都在强调均等的教育资源配置，包括生均预算教育事业费和公共经费、生均校园校舍面积、教育教学设施设备、专任教师学历结构和职称结构等。一方面，在教育经费上面，尽可能把钱花得均等；另一方面，在教育核心资源师资问题上，也采取教师交流、支教、走教等方式追求平衡。这些都取得了较明显的效果。

但我认为，实现外部条件、外部因素的均等只是教育公平之路的第一步。要让孩子“进得来，留得住，学得好”，在“进得来，留得住，学得好”的基础上，最关键的是要“学得好”，也就是教育质量，教育质量公平才是最重要的公平。

那什么体现了教育质量的公平呢？打个浅显的比方：把刘翔和姚明放在一起同等训练那是公平吗？把董卿和郑渊洁放在一起测试那是公平吗？让袁隆平和钟南山比赛那是公平吗？看似公平却是完全不公平。“龙生九子，各不相同。”每个人都是一个独特的个体，每个孩子都是与其他孩子不同的生命体。统一的要求、单一的教育、绝对的比较都不能保证真正的教育质量，更不能体现教育的公平。

说到这里，还得回归到教育的目的和基本规律来谈质量，我认为：只有做到因材施教、实施个性化教育才能有真正的教育质量。真正的教育质量是差异发展、个性化发展的教育质量，我们学校和教育工作者所要做的就是“为更多孩子创造适合的教育，为更多孩子提供发展可能性，为孩子发掘更多的发展可能性”。只有这样，才能逐步达到党的十八大提出的“让每个孩子都能成为有用之才”，才可以做到“让每个孩子成为更好的自己”——而这，才体现了真正的教育公平。

客观条件可以要求平等，物质资源可以等分，但教育可不能整齐划一，更不能用一把尺子度量所有的孩子。真正的公平是教育质量的公平，而真正的教育质量是差异发展、个性化发展的教育质量，为不同的个体制造适合的教育，让不同的孩子找到自己的发展之路。这，可能体现了更深层次的教育公平。

实现教育公平，我们期待政府加大投入，推进改革，但教育公平的动力其实来自于每一所学校、每一个班级、每一个老师、每一个公民、每一个孩子，在实现教育公平的路上，没有旁观者，而我们，正走在这条路上……

当前课堂的三大弊端

综观当下的中小学课堂，较普遍存在以下三个弊端：

一是“把学生当白板”的课堂。老师在预设教学时，往往假定学生不知道、学生不会，把学生当作一块白板，以教材、教参为起点，不管学生会不会，不管学生有没有自己预习，也不管学生自己会不会学，从头到尾照本宣科地教，既费时又低效。其实，在信息化时代，学生在平时已通过各种信息渠道知道了不少，自己也可能在预习中学了不少，不必这样照本宣科地教。所以，在教学中关键是找准学生学习的起点，学生已知的不是起点，学生自己可以学会的不是起点，学生有疑难的地方才是教与学的真正起点。

二是“面向中等生”的课堂。当前的大多数课堂都是面向中等生的整齐划一的课堂，老师在预设教学时，基本上是以中等生学会、学懂、会做题为标准。为什么这样说呢？因为优等生一般掌握知识速度快，一点就通，根本就不需要花一节课时间去重复学习和训练；而学习有困难的学生即使老师按部就班地一一讲解了，他也一时不能学会，课后还需要再辅导。所以，在这种课堂上真正受益的是中等生。那么，是不是优等生与学困生在课堂上却不能真实地参与教学呢？如果老师换一种学习方式，采用自主、合作的学习方式，则不同层次的学生都可以真正参与课堂的教与学，在小组合作学习中可以实现“兵教兵”，老师则可在“兵教兵”的基础上，抓住重点、难点来相机点拨，就可以让不同层次的学生在课堂上均有收获。

三是“没有真正问题”的课堂。眼下的课堂中有没有“问题”？当然有，但这些“问题”大多是老师根据课标、教材、个人判断提出的“问题”，然后，老师把这些“问题”抛给学生，让学生围绕老师设计的问题来讨论、学习，达成学习目标。其实，在这个过程中，老师是提问的主体，学生成为了围绕老师问题、配合解答问题的“工具”，而且，老师提出的问题是站在成人角度，是一种“伪问题”，并非学生学习中遇到的“真问题”。更可怕的是，这样教着教着，就把学生提问的意识和能力教没了，把学生的“问号”教成“句号”了，把学生教得只会听讲不会提问了……所以，课堂上要变“师问生答”“师问生议”为“生问师答”“生问师导”，要做到“因问而教，循问而导”。

奥苏泊尔说:“影响学习的最重要因素，就是学习者已经知道了什么，什么是学习者的真正疑问，老师要探明这一点，并应据此而教学。”要解决当前课堂教学的这些弊端，老师就要探明学情，真正变“讲堂”为“学堂”，变“教授的场所”为“学习的场所”，在学生学习上的真正起点处教与学，在学生学习上的真正差异处教与学，在学生学习上的真正问题处教与学。

“知音号”不应只是一艘船

最近，武汉的“知音号”旅游观光船成为市民热议的一个话题，它所倡导的“带入式体验”着实让人耳目一新，的确颇有创意。但“知音号”是不是能将游客完全“带入”其中，是不是能给游客刻骨铭心的体验，是不是能唤醒游客内心的怀旧情感，却值得商榷。我认为: 在以下方面还可以进一步反思和改进:

首先，在项目定位上，“知音号”不应只是一艘航船，可以定位为再现民国市井生活的一个“微社区”。在这个“社区”里，尽可能还原民国生活的所有场景，再现民国生活的形态和情态。这个“社区”应有充满烟火味的柴米油盐，有市井生活的酸甜苦辣，有人世的悲欢离合。它应有街头擦皮鞋的鞋童，有巷尾卖报纸的报童，有店铺林立的牌匾，有满街跑的黄包车，有拎着花篮的卖花姑娘，有街角卖香烟的小摊点……这一切的细节，才可能把我们真正带入那个年代。

其次，在设计理念上，游客不应只是演出的旁观者，而应是民国时代的虚拟生活者。在这个民国“社区”里，没有演员，没有管理者，没有观众，只有一个个活生生的“民国人”。游客不是被催赶着往前走，不是去观看演员们的表演，不是去听演员们讲着陌生的故事。而是每个人都浸润其中，每个人都在过着自己的民国生活，每个人都在讲述着自己的故事。在这个过程中，应该给游客带来更真实的现场感、更真切的参与感、更开放的互动环节。

再次，在情感渲染上，我们要换的不应只是外在的服装，更要换的是一种心境、一种生活方式。在上“知音号”之前，要向游客反复强调换衣服、化妆，要女士换上旗袍，要男士穿上长衫、马褂并戴上礼帽。这些外在的服饰换起来是非常容易的，难的是换一种心境，让游客从现世功利的、世俗的、快节奏的甚至是焦虑的生活中，短暂地跳出来，过一把悠闲的、从容的、淡定的民国生活瘾。游客可以去街头擦一擦皮鞋，去报摊买一份报纸看上半天，去烟摊买一包香烟优雅地点上一支……

在我的理想中，“知音号”不应只是一艘船，它应是我们通往民国生活的一个通道、一个虚拟平台，让我们回归那个我们不曾见识又似曾相识的年代、那段我们不曾走过的时光，寻找那段岁月，寻找那份感觉……

把一部电影看完

我算得上是一个影迷。

最热门的片子我定会去看，最冷门的片子我也会成为三五个观影者中的一员。最好的片子我看，最烂的片子我也试着去看。看最好的片子我不停地想它究竟好在哪里，看最烂的片子我在想它不好在何处。

每当看电影，我都会至少提前几分钟坐在位置上，安安静静地等待，从来就不会等灯快暗了才慌慌张张去找位置，片头都没有看清。我总觉得，看电影必须有一种从容的心情，必须丢掉现实世界中的一切东西，才能真正沉浸其中，进入电影，欣赏到真正的电影艺术。

每当电影放完，人们都急不可耐地拥挤着离场，而我，则会耐心地坐在位置上，等所有的音乐放完，等所有的字幕放完，才慢慢起身离开，哪怕是看不懂的英文字幕我也会盯着它翻过最后一页。这样观影，就会有始有终，回味更浓。

今天晚上，我看了最近好评如潮的《摔跤吧，爸爸》这部影片。当最后一个镜头定格，观影厅的灯光亮起，观影的人们又像往常一样立即起身向大门涌去，我还是一动不动地坐在后排的位置上。不时地有人回头用奇怪的眼神瞟着我，估计他们觉得好奇，电影都放完了这个人还坐在这里干什么？

这时，打扫卫生的师傅们也说笑着走进来，收拾场地，我立即提醒他们:

轻一点，电影还没有放完，请让我把一部电影好好看完……

其实，无论做什么都需要这份从容。从容地看电影，才能够真正进入电影艺术；从容地教书育人，才能够真正进入灵魂；从容地生活，才能够真正进入人生。

多想让这世界停停电……

下午临近期末考试的时候，因为线路抢修原因，突然停电了。

学校大树上久已不用的铁钟敲了起来，“铛、铛、铛”，那久违的钟声唤起的感觉真奇妙。

好不容易才买来的蜡烛在教室的讲台上、高台上一支支点了起来，星星点点的烛火，映照着孩子们静静读书的脸庞，这种秉烛读书的感觉就像梦幻一般美好。

听着古旧的钟声，看着点点烛光，我的思绪一下子回到了那没电的岁月：小时候，在煤油灯下，我们被父母盯着做不情愿做的作业，父亲坐在角落抽烟，母亲在一旁缝缝补补；如果是夏夜，放暑假了，就抬一个竹床，在小溪流的边上乘凉，用玻璃瓶子装满萤火虫，那星星点点的光把我们的脸照亮，也把乡村的童年照亮；冬夜里，一家人围着一个大炭盆，有时根本不用点灯，那红红的火苗中还时常散发出烤红薯的香味，大家天南地北地聊天、大笑，火光把每个人的脸照得通红，也把简单而朴素的日子照得通红；大年三十的晚上，家家户户都点上最亮的煤油灯、菜油灯来守岁，鞭炮声此起彼伏，鞭炮的光把整个小山村映亮，几点星光，万家灯火，又将迎来一个新年……

这世界走得真快，快得让人们忘记了看星星，忘记了烛光里的微笑，更记不起煤油灯和萤火虫的模样。

多想让这世界停停电，所有的餐厅都关门，人们都回到家里，没有应酬，没有饭局，没有喧闹，也没有电视和电脑，一家人围着烛火，有说有笑，吃晚饭。

多想让这世界停停电，老师也不用布置讨厌的作业，也不用上什么补习班，好像时间可以停止，钟表也可以停摆，孩子们可以一次玩个够。

多想让这世界停停电，所有的房门都打开，人们从房子里走出来，熟悉的邻居，不熟悉的邻居，都可以见一见面，院子里热热闹闹，男人们递着香烟，女人们夸一夸衣裳，小孩子们疯跑尖叫。

多想让这世界停停电，手机都没有信号，人们被集体关机，再也不用刷那永远刷不完的微信，再也不用盯着那似乎离不开的小小屏幕，世界变得简单而安静，每个人都可以静静地待在自己的时空里。

多想让这世界停停电，你会惊奇地发现，烛火比日光灯更温暖，月光比灯光更明亮，星光比霓虹灯更灿烂。

多想让这世界停停电，当我们走得太急、太快，有时候需要停一停行走的脚步，等一等自己的灵魂……

教有所思121

1. 我曾经看过一个电视节目：中国的企业家和德国的企业家坐在一起，主持人问如果工厂发生火灾怎么办？中国企业家说：我会马上组织工人抢救，不让国家财产受一分钱损失；而德国企业家说：我要让所有工人迅速撤离，烧就让它烧了，保险公司会赔的。

是厂房重要还是人的生命重要，这是不言而喻的。人的生命不能用其他物质来替代，生命是唯一的、不可替代的。

在人和物的关系上，人永远更高贵。这是常识，但却常常被人遗忘。

2. 昨天，我在全国骨干班主任培训班讲课。

开课时，我问在座的老师："有多少人今年到电影院看过电影？""今年看过三部电影的请举手！"结果，只有几个年轻的女教师举手。

其实，看电影、听音乐会、去旅游、到户外散步、到咖啡厅喝喝咖啡……都是我们很需要的。尤其是我们老师，如果没有一份生活的浪漫，哪里还会去追求教育的浪漫和教学的浪漫。

我经常吁请老师们和孩子们一起到树底下坐一坐，聊聊天。但实际上有几个老师能在课间和孩子们在树底下说说话呢？我们忙得似乎只剩下"忙"，连和孩子在树下说说话的时间和兴致都没有了——这实在要让人反思！

3. 我曾经在一次教师培训班上讲过一个案例:

一个老师很会“惩罚”学生。学生不交作业老师就会惩罚他。怎么惩罚呢? 罚他在班上唱一首歌。唱了一段时间后就没有不交作业的了。

过了一个多月，培训班上的一个老师给我发来一封邮件，说自己班上原来有四五个不交作业的，他回去尝试罚唱歌以后，班上有十来个不交作业的了。有的学生还提出来: 不做作业只唱歌行不?

教育环境不一样，孩子家庭环境不一样，学生自我期待不一样，怎么能用一个方法来教呢?

一般来说，教育的智慧都是教育计划之外的东西，能够计划好的一般都不是智慧。

4. 刚刚看过的某节目中有这样的一段:

很多酒店在今年高考期间推出了状元房、状元床、状元餐、状元茶等迎合高考学生家长的促销举措，虽然价格不菲，实在有些“无厘头”，但被高考整得头昏脑涨的家长仍然趋之若鹜。

高考结束之后，有一位家长怒气冲冲地来找一酒店老总: 我的孩子住了状元房、睡了状元床、吃了餐也喝了茶，怎么什么也没考上，只能去打工了，你们怎么欺骗人? 酒店老总一听，镇定地回答: 我们也没错呀，行行出状元嘛!

是呀! 三百六十行，行行出状元。何必在高考升学这一棵树上吊死呢!

5. 我曾问过一位参加全国优质课比赛的老师: 你比赛之前，这节课上了几次? 他说: 都上过十七次了。

有位老师参加全国优质课比赛，回来后告诉我，一比赛完她就哭了。为什么哭呢? 因为她不仅代表她自己，她还代表学校，代表她所在的省份。有那么多教研员、专家组成的指导小组，一个步骤一个步骤地设计、指导，她哪能上砸呢? 说句实话，这堂课走到全国的讲台上，完全就不是她自己的课了。

而我们参加优质课竞赛的老师所能做的就是“背课”，把这些专家们设计和指导的教学步骤一一熟背下来。这样不是靠自己“备”的课，而仅仅是死记硬背他人设计的课，当然上起来心里没底，当然怕“背”错了，也自然会把自己上哭了。

我们很多年来的课堂教学没有本质的突破，可能就在于我们老认为老师是这样手把手教出来的。其实更重要的是应该给老师自由宽松的环境，让他们在自我探索过程中不断开悟，依自己的个性找到属于自己的独特的课堂表现形式。

经反复“打磨”过的课，即使获得名义上的成功，老师能够获得教学的内在幸福与尊严吗?

6. 有不少人曾问我: 什么样的老师是好老师?

我说: 当这个老师不再带这个班级，或者学生毕业离校了，学生们依然经常来看这个老师，回到原来的学校或者结伴到老师家里去，那这个老师就很了不起! 这个老师一定就是个好老师。

我们不要低估了孩子的判断力和感受力，孩子的目光是最清澈的、最明亮的，老师是不是真的待他们好，真的爱他们，他们的感受最真切。在这方面，孩子们的直觉和第六感绝对不会错!

赢得了孩子的心就赢得了教育!

7. 我几次都和老师们谈到“学科气质”。

什么是学科气质? 就是在当前分科教学的背景下，老师应该有该学科老师的样子。语文老师与数学老师、数学老师与音乐老师、音乐老师与体育老师，往那儿一站，就应该分辨得出来。

我时常对年轻的语文老师说: 如果一个语文老师教了五年语文、十年语文，从来没有在他的语文课堂上大笑一场、大哭一场、大骂一场，他可能还算不上一名真正的语文老师，因为他的身上还缺乏一种语文味道。

这，就是学科气质！

8. 我跟我孩子说，也跟朋友孩子说：

看电影至少提前几分钟坐在位置上，安安静静地等待，而不是等灯快暗了才慌慌张张地进去找位置，片头都看不到。少了这份从容的心情，电影再好也难得欣赏。

我还跟他们说：看完电影要耐心地坐在位置上，等所有的音乐放完再走，这样就会有始有终，就会回味更浓。

从容地看电影，才知道什么是艺术享受。从容地做教育，才知道什么是灵魂相遇。

9. 我总认为：在每一所学校里都会有两种老师，这两种老师都是学校需要的好老师。

第一类老师是“守教室”的老师。这类老师占教师总数的80%以上。他们勤勤恳恳、任劳任怨、默默无闻地尽好自己的责任，坚守自己的教书育人天职，守好自己的教室和学科。他们没有显赫的声名和地位，但是就像一根根台柱支撑着学校这座大厦，缺一不可。

第二类老师是“树旗帜”的老师。这类老师占老师总数的20%以下。他们凭借个人的教学实力赢得优质课竞赛、基本功比赛、教学技能大赛等奖项，为学校挣得了声誉，也为个人成为名师搭建了一级级台阶。学校需要这些旗帜的辉映，教育也需要这些旗帜的感召和引领，这些老师的确有其价值所在，也是学校发展不可缺少的力量。

守教室也好，树旗帜也好，只要是为了学生发展、教师自身发展、学校整体发展，都有其存在的必要。

10. 当前，很多学校在着力建设教师队伍，不少学校更是下大力气、大张旗鼓地打造名师队伍。

我一直不赞成“打造名师”这种说法。但凡打造的东西，不免让人生出包装化之嫌。对老师进行打造，我实在难以苟同。

我一向崇尚“自然而育”“无为而治”，也认为优秀老师的生长（我不太喜欢用“成长”，喜欢用“生长”，“生长”一词更有生命意蕴）要顺其自然。所以，我认为名师不是打造出来的，名师是“冒”出来的。

我特别喜欢“冒”这个词。种子发芽就是从地底下“冒”出来的，人才的生长就是从众多群众中“冒”出来的，而名师也必定会从教师群体中“冒”出来。而学校所要做的就是给名师生长以阳光、雨水和空气，创造一种有利于优秀教师“冒”出来的环境和氛围。这样“冒”出来的名师更真实、更有实力、更有持续的生命力。

11. 到英国学习归来，不少同行问我两国的教育有何异同。

我说：中国的教育和英国的教育在理念上并没有什么不同，关键是——英国人把理念落到了实处，怎么想怎么说也就怎么做，说到做到；而中国的教育说得很好，理论和理念说起来一大套，但说一套做一套，说得比做得好。

为此，我写了一首诗来比较中英两国的教育：“器术虽不同，大道却相通。适合方为本，真理实践中。”我更希望中国的教育把理念真真实实地付诸实践之中，用实践来说话。

我始终坚信：教育，永远是实践出来的！

12. 联合国教科文组织曾经用一个题目来了解各国学生的学习状态。

题目是出给四年级的学生做的：在一艘船上，有25只羊，15头牛，问船长多大年龄？

中国不同地域的四年级学生做这道题目时，有很多学生都给出了不同的答案。

在当前考试至上、标准答案至上的教育环境中，很多孩子都形成了一种“标准答案”的思维定势，认为考题必有“标准答案”，逐步丧失了独立思考和理性思考的能力，这实在让人痛心。

但，这能责怪我们的学生吗?

13. 联合国教科文组织曾经用一个题目测试不同国家的小学毕业年级学生。

题目是：把一张白纸反复折叠，请你说说可以折叠多少次?

不少中国的孩子条件反射似的拿出笔来画画算算，也有不少孩子捧着脑袋沉思，然后得出答案：无数次。因为用数学方法从理论上推断，的确可以反复折叠无数次。

而美国的小学生也条件反射似的拿出纸来，埋下头动手就折，折到不能再折时纷纷举手：大约8到10次。因为实际动手折起来，一张白纸反复折叠8次、10次就已到极限。

很多时候，我们的教育是“动口不动手”的教育，是只重视书本知识而不重视动手操作实践的教育。

知识分两种：一种是“书本知识”，一种是“街头知识”，两者都是一个人未来发展所必需的。我们既要向学生传递“书本知识”，更要带学生体验“街头知识”。

14. 陶行知先生有一次在武汉大学做学术报告。

一进讲堂，他什么话也不说，就将一只盛米的盆子放在讲台上，把怀里抱着的一只大母鸡的鸡头摁下去吃米，母鸡怎么也不肯吃；他又牵着母鸡腿上的细绳子，让母鸡去吃米，母鸡还是扑棱着不肯吃；最后，陶行知先生把米往讲堂的角落里一撒，把母鸡轻轻放下地，母鸡才怯生生地慢慢试探着吃起米来……

强按鸡头的教学是“填鸭式教学”，牵着鸡腿的教学是“牵牛式教学”，撒米放鸡的教学是“自主性教学”。

15. 中外教育研究者都发现了一个很奇怪的现象:

很多取得卓越成就、突出贡献的杰出人士，在其学生时代学业成绩并非数一数二，其成绩往往在一个班集体中处于第十名左右。这一教育现象被称为“第十名现象”。

“第十名现象”的确耐人寻味！“伤仲永”的现象自古至今比比皆是，让人百思不解而又扼腕叹息。前些年获得国际数学奥林匹克金牌的学生今天又发展得怎样呢?大都“泯然众人矣”！

我觉得：那些在学生时代跑在最前面的学生，往往承受着巨大的压力，拼着体力和脑力在压力下领跑，过早地耗费了学习的精力。而那些第十名左右的孩子，不紧不慢地自然跟上，潜力和潜能得以保存，自然就可能后来居上。

16. 有人用“教学生画苹果”来形象地比较中、日、美不同的教学方式。

中国老师教学生画苹果，往往会先画上一个方格，让学生在方格中定好苹果各部位的位置，再在格子里画出苹果。这样画苹果不会离谱到哪儿去，也很形似，但终究跳不出这个格子。

日本老师教学生画苹果，往往会拿上一个大苹果，用实物投影仪投影到大屏幕上，让学生自己照着实物来画。学生画出来的苹果有大有小，形状也可能各异，但毕竟是学生站在自己的视角来画的，是学生自己的苹果。

美国老师就会拎来一篮子苹果，一进教室，给每个学生发一个：“同学们，现在每个人对照自己手中的苹果，把它画下来。”学生画出来的苹果肯定是个性化的、独一无二的。

人们把中国教师的这种教学方式称为“格子里的苹果”，而把美国教师的那种教学方式称为“金苹果”。

17. 爱因斯坦曾说：负担过重必然导致肤浅，必然导致失去对美好生活的期待。

其实，人的一生，最关键的时期往往是25~40岁，但我们很多的孩子在25岁之前就耗费了一生中太多的精力，使他对未来的生活失去了期待。你看，不少学生进入大学后就茫然了。

我们大部分学生上大学的第一个学期都在长肉。为什么？因为我们的孩子从初中到高中都是在拼体力，拼睡眠，都是在拿身体赌明天。而一旦真的到了明天，却失去了太多。

18. 我总觉得，当前不少知识分子并不是“知识分子”，充其量只是“知道分子”。一些学生从幼儿园到博士毕业，考试成绩特别好，记得的知识特别多，别人提到什么他都知道。但是，很多这样的读书人，只会“抖书袋子”，缺少一种最重要的东西，那就是见识。

到底能看多远！这是衡量知识分子的一个最重要的标准。

未必只有读过书的人才是知识分子，没读过多少书的人未必就不是知识分子。有些书读得不太多的人见识特别深、特别远。在我眼中，他们就是非常好的知识分子。

19. 刘震云先生在不同场合都讲过这样一个故事:

小时候，他舅舅问他:“你觉得自己聪明吗？”他说:“不太聪明”。舅舅又问他:“你笨不笨？”他说:“也不笨”。舅舅对他说:“你记住舅舅的话，不聪明也不笨的人，一辈子就干一件事，千万不要再干第二件事。”

的确，人一生只能做一件事！

譬如教书育人吧，就是一件花一生时间未必做得好的事，需要我们持久地关注，全心地投入，以及不断自我调整、自我丰富和自我完善。

20. 鲁迅先生曾写过一篇文章,说如果你问乡下的地主婆:“皇后娘娘过什么日子？”地主婆可能会想: 皇后娘娘肯定每天早上可以睡懒觉，不起床，还可以吃白面窝窝头。

她这就是受自己环境的局限，无法了解和理解外面的世界。人生活在什么样的环境里，你的想象力就受到什么样的限制，你就难以想象外面的世界是什么样子。

我觉得一个人必须要向往外面的世界，走出自己狭小的生存空间，走到外面去看一看。也许有了这种看一看的经历，我们的人生体验就会不一样，我们就会多了一份对美好生活的向往。

21. 世界三大男高音之一的帕瓦罗蒂，据说是一次很偶然的机会一唱成名。成为歌唱家后，也很少练嗓子，但是歌还是唱得很好。为什么呢？因为他具备非常独特的音质，这样的音质无法被人替代，也无法模仿和学习。

所以，我们不必向天才学习，天才不是人类的常态，是无法学习的。

宋朝及之后的诗人很少有人去学李白，因为李白是天才式的诗人，学不来。大家都去学杜甫，因为杜甫说："读书破万卷，下笔如有神。"这是可以学习的。

实际上，对于绝大多数人来说，智力基本都是中等水平，天才极少，弱智也极少。要想有所作为，就要看各人的选择，看有没有坚持学习，有没有找到自己的突破点。

22. 法国女革命家、思想家卢森堡曾批评那些所谓的革命家：在急急忙忙赶往伟大事业的路上，常常没心没肺地撞倒孩子。她认为这是一件罪行！

而我们也常常在赶往教育这一太阳底下最崇高事业的路上，撞倒了孩子，但我们并不知道。

在我们努力把孩子教成"听话的乖孩子"，努力把孩子变成"考试流水线"上优等生的时候，我们认为自己是在爱孩子，我们并不知道自己是不是撞倒了孩子？是不是在做一件罪行？

23. 著名战地摄影记者罗伯特·卡帕说："如果你的照片拍得不够好，那是因为你离战火还不够近。"

如果一个教师的教育质量不够高，孩子们不够喜欢他，那也只能说明他离孩子们不够近。

24. 不少孩子穿着漂亮衣服，从小被灌输“卫生”观念，被这种现代的卫生观念隔绝于孕育万物的风雨和泥土之外。

不经历风雨，不触摸泥土，大树在温室里何以生长？

人，生于泥土，长于泥土，又归于泥土。

25. 几米说：大人自以为能分辨梦与现实，小孩子们却觉得，分辨梦与现实是全天下最无聊的事。

大雁为什么排队？大雁排队是为了去吃蛋糕；小猫咪为什么总爱舔爪子？是因为捉不到老鼠而害羞了；吃饭时为什么不能看书，因为吃饭看书会把书吃掉……这就是儿童的思维、儿童的语言、儿童的思维方式。

我们能用大人的思维去衡量和评价它吗？我们对儿童既熟悉又陌生——有时熟悉，有时陌生，有的地方熟悉，有的地方陌生……

26. 幼儿园的时候，妈妈对孩子说：妈妈帮你报了兴趣班；

小学的时候，妈妈帮你选了重点小学；

中学的时候，妈妈帮你选好了辅导老师；

高中毕业的时候，妈妈说：帮你选好了大学和专业；

大学毕业以后，妈妈帮你选好了工作；

工作多年以后，妈妈愁眉苦脸地说：妈妈帮你报了相亲节目《非诚勿扰》……

27. 在今天这个现代化、经济化、数字化、虚拟化的世界中，我们时时有一种“赢得了天空，失去了大地”的感觉。哲人所说的人类最美好的、必须经历的三种生活方式——审美的、道德的、超越的三种生活方式和境界，我们很多人已经很难体味个中的韵味了。

28. 我认为基础教育最重要的是保持学生的好奇心，有了这可贵的好奇心才能有灵感和悟性。

创新重在悟性——顿悟、妙悟、颖悟……用儒家的话来说叫“格物致知”。只有进入一种“参悟状态”，才可能有创新。

29. 美国波士登犹太人纪念碑上刻着这样一段话：“起先，他们追杀共产主义者，我不是共产主义者，我不说话；接着，他们追杀犹太人，我不是犹太人，我不说话；然后，他们追杀工会会员，我不是工会会员，我还不说话；继而，他们追杀天主教徒，我不是天主教徒，我继续不说话；最后，他们冲着我而来，我无可奈何，这是我们最大的悲哀。”

我们在教育的很多现状面前选择顺从，选择妥协和沉默，不敢说话或者不想说话。其实，如果我们现在不凭教育的良知发出“草根的声音”，将来，我们可能真的无话可说。

30. 我时常会在睡梦中与我的童年游戏相遇：

拍洋画——常胜将军手里总是握着厚厚一摞脏兮兮的画片，但得意之形溢于言表。

滚铁环——在三年级之前玩得较多，后来就玩得少了，可能是因为没事背着个大铁圈觉得比较傻气吧。

丢沙包——至少三个以上的人玩，为什么挨砸的总是我？

跳房子——最廉价的游戏，只要找一支粉笔，随地捡一块石头就可以摆开战场。

抓棋子——这是让我损失最大的游戏，时不时就把手磨破了，但乐此不疲。

撞拐子——最具男子气概的战斗。曾经有一个膝盖在我面前，我无论如何都够不着，是我个子不够高。如果上天允许我再来一次，我会选择从他背后撞他屁股……

31. 一位纳粹集中营的幸存者当上了一所中学的校长，每当新教师来校报到，他都会交给新老师一封信，信上写着让人深思的句子：

“亲爱的老师，我是集中营的生还者。我亲眼看到人类所不应当看到的情景：毒气室由学有所长的工程师建造；儿童被学识渊博的医生毒死；幼儿被训练有素的护士杀害……看到这一切，我怀疑我们的教育到底为了什么？我的请求是——请你帮助学生成为具有人性的人。你们的努力绝不应当被用于制造学识渊博的怪物、多才多艺的变态狂、受过高等教育的屠夫。只有使我们的孩子在具有人性的情况下，读写算的能力才有其价值……”

32. 教育的沉重，学习的沉重，是因为教育这件神圣的事情本身就让人累吗？

不是！你见过鱼儿饮水累吗？你见过鸟儿飞翔苦吗？你见过树苗害怕风雨吗？你见过花儿害怕阳光吗？

教育，说到底是一个人的生长，本来就应该像呼吸一样自然，像人吃饭、喝水一样自然。

33. 一位富翁为了让每天精神不振的儿子知福惜福，便把儿子送到贫困的乡村。

哪知儿子回来后对富翁说了这样一番话：我们晚上只有电灯，他们却有满天星星；我们只有一个后花园，他们遍地是花园；我们工作时精神紧绷，他们边耕地边唱歌；我们要管理员工和佣人，他们只用管好自己；我们关在房子里吹冷气，他们却在树荫下随意乘凉；我们总担心有人偷抢，他们没什么好担心……

看来，一切满足皆在内心！

34. 想起来，人的一生不过是这样一个过程：

1岁蹒跚学步，10岁天天向上，20岁树立远大理想，30岁在追梦路上，40岁处处吃香；50岁奋发图强，60岁告老还乡，70岁打打麻将，80岁晒晒太阳，90岁挂在墙上……

人人都知晓人生的归宿，但没有几人能洞穿人生的真相。

35. 孩子受教育就像人体需要盐分一样。

但补充盐分的方式有两种：一种是直接吃盐，一种是吸收菜肴中的盐分。

教育也分两种：一种是直接传授和说教，一种是让学生感悟和潜移默化。

教育的潜移默化就像把盐化在水中或菜肴之中。

36. 永葆童心，就是对万事万物永远充满了好奇心，对生活永远保留一颗天真浪漫之心，对人生充满了激情和梦想。

作为一名教师，要时时追问自己：今天是否还有对自然的热情？是否还有对生活的渴望？是否还有对人生的憧憬与向往？

一个教师只有保留这些可贵的东西，才能与儿童心心相通！

37. 一个人的素质就像一座冰山一样。

浮在水面上的是学历、文凭、专业知识，真正决定成功的是价值观、责任感、毅力和协作精神。

知识，只能让人看到一块石头就是一块石头，一粒沙子就是一粒沙子；智慧，却能让人从一块石头里看到风景，从一粒沙子里发现灵魂。

教育的责任就是让学生看到石头里的风景，沙子中的灵魂。

38. 不管我们愿不愿意，我们的时代变了，我们的环境变了，我们的儿童也变了，我们不知不觉已走到了一个价值多元的时代。因为多元，所以没有绝对的对与错。

这种变化带给我们的是自由，同时也带来自由之后深深的困惑；带给我们的是开放，同时也带来开放背后的孤独；带给我们世俗的繁荣，同时也带来繁荣背后的荒芜心灵。

站在这个时代的中央，我们该想点什么呢？我们该做点什么？

我们真的不能再用爷爷奶奶的方法，来教今天的孩子，去过明天的生活……

39. 请你伸手去摸摸自己的脑袋。脑袋还在吗？当然还在。

但请你继续追问一下：你的脑袋还是自己的吗？估计大部分人都要在哑然失笑之后陷入沉思：我的脑袋还是属于我的吗？

有很多人的脑袋已不属于自己了，因为很多人的头脑成为了别人“思想的跑马场”。没有了自己的思想，这颗脑袋已经被别人侵占了，不再属于自己。

40. 今天的教育最该做什么？

在信息技术快速发展的今天，越来越智能化的机器出现在人们的生活中，人该做什么？已经成为摆在人们面前的一个课题。人会不会被机器打败？也是哲人们一个新的忧虑。

教育该做什么？教育总是面朝着未来的方向。那么，未来人与智能机器最大的差别在哪里？那就是人作为人所特有的思想和情感。我们教育就是要保持人之所以为人的东西，教人们做电脑所无法做的事情。

41. 纵观时下的教育实在是一种“过度的教育”。

在学校里，总有过度的管束、过度的要求，过度的作业，过度的考试……在家庭和社会上，总有过度的说教，过度的课外学习培训、过度的期望、过度的人生设计……

这样“过度的教育”看上去出于一种好心好意，但违背自然规律的过度教育往往会适得其反，“好心办坏事”。

我甚至认为：过度的教育比不教育更糟糕、更可怕！

42. 德国思想家瓦尔特·本雅明慨叹：讲故事的艺术即将消亡，我们要遇见一个讲好故事的人机会越来越少。

他认为两种人应该最擅长讲故事：一个是浪迹天涯的水手，讲述远方的传说；另一个是蛰居乡间的老农，讲述身边的故事。

前者讲述神秘的远方，后者讲述古老的村庄，这两者可以让人们产生对外界和自身的诸多想象。

我认为：孩子是最爱听故事的，孩子们的想象力也是最丰富的。老师生活在孩子之中，应该是一个会讲故事的人；学校是孩子们生活的场所，应该是一个盛产故事的地方。

43. 在教育公平主导下，正在举办一场规模盛大的比赛——不管是兔子还是乌龟都来赛跑。这场比赛要持续地进行下去，就不能让乌龟绝望地退出比赛——唯一的方法就是对乌龟进行大量的跑步训练，让乌龟与兔子比赛时跑步速度相差无几。

这场比赛看似公平，实则是太不公平。你总不能让游泳健将与围棋冠军去比赛吧！比什么呢？有什么可比性？风马牛不相及的事情放在一起，那是什么样的一种公平呢？

要想追求真正的公平，就应该增设赛场，让游泳的比游泳，下棋的比下棋，跑步的比跑步。

要知道，“龙生九子，各不相同”！

44. 童年是独立的，有尊严的，它不能作为成人的预备期被牺牲掉。

我们每个人都可以让自己的灵魂再次感受一次童年，有一颗童心，咬着铅笔，对世界报以纯真和好奇……

45. 孩子的童年只有一次。

为什么要让孩子在成人之前或者准备成人之前就成为一个“小大人”呢？

幼儿教育到底该怎么做？有人认为应激发他们的大脑能力，3岁的孩子需要一个装满健脑玩具的房间和一个家庭图书馆。

46. 与儿童长期接触的、热爱儿童的人就会发现：儿童游戏中的角色扮演，儿童自发性的歌唱与跳跃奔跑，儿童无意识的尖叫与嬉闹，儿童发自天性的涂鸦与描摹，儿童的幻想与想象，儿童对魔幻和童话的热爱等都向我们表明，儿童的世界是一个神秘的、诗性的、艺术的、美妙的世界。

47. 有人问著名管理大师吉姆·柯林斯，怎样保持人生的动力？他说：我最深层的驱动力，其实是一颗纯粹的、不受拘束的好奇心。每晚睡觉前，你觉得你的好奇心得到了满足，但隔天一早你醒过来，你又充满了好奇心。好奇心是我体内的一座小引擎。

48. 成人总是不自觉地要将儿童塑造成自己想要的样子。

儿童其实是探索者、游戏者、梦想者、“哲学家”、“艺术家”……大人们看儿童，认为他们只是好奇、好玩、好动、涂鸦、幻想、游戏，在哼哼唱唱、蹦蹦跳跳、吵吵闹闹，看起来无所事事，但实际上他们在做着非常重要的工作。他们其实在悄悄地构造一个人，这个人就是未来的他自己，未来的那个成人。

49. 苏霍姆林斯基说：童年时代，一天犹如一年。要进入童年这个神秘之宫，就必须把自己变成一个孩子，只有这样，孩子们才不会把你当成一个偶然闯进他们那个童话世界之门的人。

其实，古人早就告诉了我们这一道理。老子主张“复归于婴儿”，孟子主张“不失赤子之心”，都是在说我们要努力尊重儿童、理解儿童、回归儿童，才能真正进入儿童世界，与儿童共舞。

50. 苏格拉底曾经在大白天打着灯笼在大街上遍街找人。他见人就问：人去哪儿了？

“人在哪儿？”“人去哪儿了？”这其实是永恒的哲学命题。

我们每天睁开眼都能够看见人，但我们真的“目中有人”“心中有人”吗？

我们都知道爱生是老师的第一要义，但我们真的眼中有学生、心中有学生吗？

51. 儿童天性是好奇、好问、好动、好玩、好想象的。儿童的脑子里有无穷无尽个问号。

但我们传统的教育方式却把学生的问号教成了句号。小学低年级的孩子还有许多千奇百怪的问题，但到小学高年级学生基本都被“教会”了，就不再提问了。

作家池莉说：我们的教育让孩子消失了想象力和创造力，甚至还消失了童趣和顽皮。的确如此！我们有时是不是在用心做南辕北辙的事呢？

52. 有人说：现在的一代是“草莓一代”。外表看着光鲜，生命力其实很脆弱。温室里长着好看，一出温室很快就会腐烂掉。

有人说：现在的一代是“蛋壳一代”。外面看似光滑，其实不经一碰。听得进表扬，经不起批评，更耐不起挫折。

有人说：现在的一代是“尿不湿一代”。尿不湿是一次性的，用完就甩，不像尿布要反复洗涤晾晒。因为是一次性产品，可以轻率地扔掉，可以不负责任，缺乏责任感。

虽然以上言论有些绝对，但足以引起我们思考和警惕。

53. 犯错误永远是儿童的权利！它是儿童成长的必由之路。

对儿童的天真、幼稚和无知，我们应该永远保持尊重和敬畏。

在儿童的错误面前，我们应该持有谦卑和宽容的态度。

54. 不当的教育要命的是没有把人脑培养成人脑。

有时候，不当的教育把人脑变成“电脑”，让人脑像电脑那样机械记忆；

有时候，不当的教育把人脑变成“牛脑”，让人脑像牛脑那样听人使唤，缺乏主见；

有时候，不当的教育把人脑变成“鬼脑”，让人见人说人话，见鬼说鬼话，活得不像个人。

55. 一个人如果只拥有此生此世是不够的，他还需要诗意的生活！

一个教师光教一本书是远远不够的，他还需要人文的情怀！

一个教师的眼光仅盯着校园是不够的，他还需要生命的浪漫！

教师需要从“现实的生活”走向“真正的生活”。

这样，他的教育也会逐步从“现实的教育”走向“真正的教育”。

56. 据2014年国民阅读数据：2014年我国成年国民人均纸质图书阅读量为4.27本，而同时期韩国阅读量为11本，日本阅读量为40本，以色列阅读量为64本。

北大教授陈平原说：不是说读书本身有多了不起，而是读书这个行为意味着你还有追求，还在奋斗！意味着你还没有完全认同现世，还在寻找另一种可能。

57. 孩子听话是优点，但太听话绝对是缺点。

对不同类型的“不听话”，我们可以区别对待：属于道德问题的不听话，坚决反对；属于天真活泼的淘气，可以宽松；属于思维上的不听话，支持鼓励。

58. 19世纪的泰勒提出“科学管理模式”，也就是通过系统化、制度化来管理人。这种将人机器化的制度是基于人是偷懒的、投机的、不愿主动工作的，所以要用制度把人管起来。

而现代管理的关键是激发员工的主动性和创造力，这就需要为员工提供：发挥的空间、工作的意义。

59. 让孩子在非兴趣的情况下去学习，就像在春天的时候摇晃一棵苹果树。你不但不能摇下苹果来，相反使得苹果花纷纷坠地，以至于到秋天应该收获的时候，你不再能收获苹果了。

60. 儿童的双手要经常运动，因为手部的精细化动作对大脑发育和智力的发展有很好的促进作用。

我们若要培养手脑并用、知行合一，并具有社会责任感、富有创新精神和实践能力的现代人，就必须让我们的儿童能正常地玩耍。

61. 在视频、家庭影院如此发达的今天，为什么还有那么多人要去电影院看电影？因为去电影院看电影会获得一种美好的体验。同亲人或者爱人一起去看电影，能获得一种积极的情感体验。

同理，学生为什么要到学校来上学，不就是这里有伙伴，有可以共同玩耍、共同学习的伙伴吗？有伙伴才是吸引学生上学的最大吸引力。

62. 2015年元旦，我在笔记本上写上这样一段话:

希望在100年内，所有中学的早上上课时间能推迟到八点钟，让孩子们能多吃一口热饭，让更多的孩子还有他们的父母能多睡半个小时。

63. 游戏对儿童来说至关重要，游戏可以唤醒儿童自由的思考。

游戏对儿童来说，其精神实质是儿童对自由和公平的本能追寻。

毕加索说: 学会像六岁孩子那样作画，用了我一生的时间。

爱因斯坦说: 认识原子同认识儿童的游戏相比，不过是儿戏。

64. 我们经常对孩子说: 你现在学习苦点是为了将来的幸福。

幸福难道只是未来最终的结果吗？绝对不是！幸福应该贯穿于孩子学习和成长的全过程，是孩子现在就应该拥有的权利。

学生们只有在孩提时代就体验到幸福，将来的他才能成为一个乐观、健康、向上的合格公民。

65. 在孩子小的时候，他总会跟在大人后头问各种奇怪的问题。

但是随着年龄的增长，孩子们慢慢地好像不喜欢提问题，或者提不出问题。其实，并不是孩子们没有问题，而是他们开始关注“他人的目光”，担心自己提的问题会不会太幼稚，会不会遭到别人嘲笑。因此，他们也就把问题隐藏于心底了。

久而久之，他们也就真的没有问题了。

孩子们“没有问题”不就是今天教育最大的问题吗？！

66. 乖孩子从小就压抑自己的需要，去满足家长、老师、周围人们的要求，他们会表现出一种“讨好型”的人格，以他人的标准来苛求自己。这使得他们没有了同时期孩子应有的顽皮、淘气，让他们在成年前错过了一项必修的功课——“自我意识”的初步形成。

一般的孩子一般有两个或三个叛逆期，分别是两岁左右、学龄时期和青春初期，他们会表现出不同程度的“不听话”。孩子的每一个叛逆期其实是一次“自我意识”的觉醒，他通过与外部世界、与成人的交锋形成独立思想，慢慢完成“心理断乳”。

67. 面对现代化、信息化和全球化的时代，教育到底应该做什么？我们到底应该给孩子什么？

我想:“孩子不要背不动的书包，要有带得走的能力。”

我想:“今天的教育最关键是要教给学生计算机所不能做的事情。”

68. 有一天，罗素问大哲学家穆尔:“谁是你最好的学生？”穆尔毫不犹豫地回答:“维特根斯坦”。“为什么？”“因为，在我所有的学生中，只有他一个人在听课时，老是露出迷惘的神色，老是有一大堆问题。”后来，维特根斯坦果然成为著名的哲学家。

问是学之始！而我们的教学是不是让学生很容易地学会了，而懒得去问呢？是不是在不经意间把学生的问题教没了呢？是不是把学生满脑子的问号教成了句号呢？

真正的教学应该是保护孩子的问题并不断激发新问题。

69. 科学家、发明家创造新东西，就是从“0”到“1”。

实业家则是把这个“1”变成“千”“万”。

而当前我们最缺的就是把“0”变成“1”的人。

我们教育最需要的也是培养学生能把“0”变成“1”的本领。

70. 联合国教科文组织在1996年发布的报告《学习，财富蕴藏其中》中界定21世纪公民必备“四大支柱”:“学会求知，学会做事，学会共处，学会生存。”

2003年，联合国教科文组织又提出了“学会改变”，并将其视为终身学习、终身发展的“第五支柱”。

“学会改变”至关重要。

71. 马基雅弗利说：嘈杂是自由的护卫者。

一个地方，如果大家都很安静、很和气、很融洽，说明这个地方基本上就没有什么希望了。

一个有活力和创造力的地方必须有不同的声音争鸣、不同的思想碰撞、不同的意见交锋。

72. 北京语言大学谢小庆先生说：迄今尚没有一个北大、清华、复旦的毕业生获得诺贝尔奖，为什么呢？是因为我们的基础教育摧残了学生的好奇心，使孩子们从小就受了“童子伤”。

俞敏洪先生说：当一只鸟在笼子里关太久，你把笼子拿掉，它也不会飞了。就像中国学生到了国外，即使待了很长时间也很难有创新能力，因为思维方式的改变就像换个人似的。

的确，无论是小鸟还是儿童，在笼子里关得太久，尽管学习了飞行的基础课、专业课，仍然不会飞——而会飞才是最主要的。

73. 大家都喜欢有机蔬菜，因为跟大棚蔬菜相比，它们是天然的、自然生长的、无污染的。

我们教育孩子的过程，也应该是有机的过程，而不是反季节的、催熟的过程。

74. 曾经有这样一道中考题目：一个鸡蛋重500克，普通卧室门高3米，教室灯管长2米，国歌时长约50秒，以上说法哪个正确？

结果，很多同学这道题都做错了，而没有接受过教育的老人却能脱口而出。我们的教育到底要给学生什么？我们的教育是不是远离了学生的生活？

75. 什么是好的教育？让孩子能够阳光自信地面对生活中的一切，毕业了第一次领到工资能够回家孝敬一下爹娘——这样的教育就是好的教育。

76. 萧伯纳说：唯一办事聪明的是裁缝，他每次总是把我的尺寸重新量一次。而其他的人，老抱着旧尺寸不放。

我们对孩子是不是需要每次都重新量一次呢？

77. 真正的人才不大可能靠精心培育——人们可以说培育了农作物，不可能说“培育”了一棵参天大树。崇山峻岭中的那些大树是靠培养出来的吗？

真正的人才，要在适当的环境中自然、自主地生长……

78. 我知道，一棵树改变不了整个森林，一棵树不能改变一个城市的气候，但每一棵树就是水泥丛林中的一片希望。

我们要靠自己去寻求教育真谛，推动自己，就是推动教育。

79. 以前的教育是让人改变命运。

今天的教育可能更倾向于让人积极地面对命运。

80. 我们现在的教育犹如一张网，这张网的眼都被教育给填满了。试想一下：没了网眼的网如何去捕鱼呢？

的确，现在的“过度教育”让人忧虑。

81.《收获》杂志编辑叶开曾讲过一件事：他读三年级的女儿遇到过这样一道语文题：“三国故事里最有智慧的人是谁？”刚读完《三国演义》的女儿很自信地写下自己的答案——“孔明和庞统”，不料老师却给了一个大红叉，因为标准答案是“诸葛亮”。

此类标准答案之迂腐、可笑和荒谬，已经到了令人匪夷所思的地步。“标准答案时代”必须终结，也必将终结！

82. 微信里有一则笑话——

学生甲：大人老批评我们小孩挑食，大人为什么不挑食呢？

学生乙: 大人想吃什么就买什么，当然不挑食了。

虽是笑话，我们是否反思过“己所不欲，勿施于人”。大人其实也会挑食，为什么要苛求小孩呢?

83. 上海世博会期间，排队等候成为人们抱怨多也最心烦的事。

可是一家人回去后，老人问孩子什么最好玩，孩子说，排队最好玩。大人都觉得莫名其妙，问他，排队有什么好玩的? 孩子回答: “因为大家都陪着我玩呀！”

用成人的想法和眼光去猜度孩子，很多情况下是错的。

84. 制作小提琴时，匠人非常在意树木的年轮。在他们看来，每棵经历岁月洗礼的大树中藏有一个精灵，而这个精灵正是一把小提琴的灵魂。

木料被选出，风干切割后，他们将其放入一个终年不见阳光的房间四至五年，这样，本来混沌的木料就有了灵魂，万籁俱寂中那些曾经吐纳的自然之气、收藏的百鸟之声就会从木头里慢慢渗透出来。

做教育也像做琴，要有一份“工匠之心”。

85. 古希腊哲人喀隆在被问及受过教育的人和没受过教育的人差别时说:“在于是否有美好的希望。”

86. “六岁小孩童，从师入学堂。端正坐席上，开口诵琅琅。”

想起来教育是多么美好又多么神圣的事情。

面对孩子的眼睛，我们应该心怀敬畏。

87. 我心目中的好教师: 他不盲目认同规则和权威。他幽默、善良，从不向学生灌输什么，而是让孩子唱自己的歌、跳自己的舞、讲自己的故事……

88. 孩子来到学校，并不是只为学习，更是为了和同伴见面，和他们一起玩，彼此交换新闻和玩具。孩子永远不会丢掉那些使他兴奋的、使他忧伤的、使他快乐的以及他希望得到的东西。

89. 一把大锁挂在门上，一根铁锹花了九牛二虎之力都无法把锁撬开。钥匙来了，它只轻轻一转，大锁就啪地开了。钥匙说: 因为我最了解它的心。

教育工作者最关键的是要寻找钥匙，而且不只是一把钥匙，因为“一把钥匙开一把锁”。

90. “小弟弟，来游戏。姐姐当老师，你当学生。

姐姐，那么，小妹妹呢?

小妹妹太小了，她什么都不会做。我看——让她当校长算了。”

这是一首好玩的儿歌。

91.《圣经》中说: 我必点燃你的灯。

教师其实是“点灯的人”。

教育的真谛就是点燃学生的思想!

92. 有一个“三年级效应”足以让我们反思:

一些孩子在上小学之前就接受了小学课程相关内容，一年级时因为什么都会而时常开小差，到了二年级因没有养成良好的学习习惯而逐渐落后，三年级时孩子就出现了厌学情绪。

教育真的没必要那么早、那么急。

93. 为什么现在的教育会“揠苗助长”？

因为现在的教育预设了具体目标。而且这个目标很简单，那就是考好大学，找好工作。一旦被目标束缚和左右、教育就会舍弃顺其自然的基本规律。

云南西双版纳一些地方把原始森林砍了种橡胶树，目的就是割胶，那能指望有良好的生态系统和参天大树吗?

94. 最近，人们都在讨论围棋人机大战。讨论的焦点是一个人类面临的新哲学问题: 机器人会不会超越人类?

有网友戏说，只要一个简单的问题就可以打败机器人，你问问它男厕所在哪儿。

这使我联想到有人预测未来的教育将会是网络教育、远程教育的天下，而教师有可能会大量失业。对此，我的判断是: 网络教育、远程教育永远不可能替代学校校园内、教室里的真实教育。

95. 其实，儿童是我们熟悉的陌生者。

儿童世界是一个我们已经回不去的艺术的、梦幻的、神秘的、美妙的世界。

儿童在门内，我们在门外; 儿童在花季里，我们在花季外; 儿童在故事中，我们在故事外。

96. 阿基米德曾受命计算一个王冠的比重，可是他不知道如何计算王冠的体积。阿基米德一边想着这个问题，一边去浴池洗澡。他一入浴池，水正好溢出来，他马上想到——王冠的体积就是王冠所排出的水的体积。

想到这里，阿基米德大喊“尤里卡”，在古希腊语中“尤里卡”的意思是“我发现了”。从此凡是因神秘灵感而有重大发现的时刻就被称为“尤里卡时刻”。

我们的教育如何让更多的学生在未来遇到“尤里卡时刻”？

97. 有一所小学的校训是“俟实”，意思是“等待果实”。

我认为这个校训揭示了“教育”的本质。

教育的目的是什么？教育的目的其实就是“等待果实”。

如果你在春天就不停地摇晃果树，到秋天你就可能一无所获。

98. 我们追求的不应该是最科学的制度，

我们追求的应该是最深入人心的制度。

我们追求的不应该是最美的学校，

我们追求的应该是最受学生喜爱的学校。

99. 你或许拥有无限的财富，

一箱箱珠宝与一筐筐的黄金，

但你永远不会比我富有，

我有读书给我听的妈妈。

100. 在央视一期《对话》节目中，12名考入清华、北大的高中毕业生，面对关于价值取向的选择时，大都选择的是金钱和权利，而少有人选择智慧和真理。

如果我们的孩子大都被教育得如此“近视”，如此俗不可耐，那教育的价值到底在哪里？

看来，教育首先是“价值观的教育”。

101. 如果问我人类三个永恒的哲学问题，我想我会这样回答:

“我是谁？”——“我是人”；

“我从哪里来？”——“我从自然中来”；

“我要到哪里去？”——“我到我来的地方去”……

102. 柏林墙倒塌前，东德的卫兵亨里奇射杀了一名企图越墙逃亡西德的青年克利斯。在统一后的柏林法庭上，亨里奇受到审判，其律师辩称，亨里奇只是在执行命令。

法官说: 作为警察，不执行上级命令是有罪的，但打不准是无罪的。作为一个心智健全的人，此时此刻，你有把枪口抬高一厘米的权利，这是你应自动承担的良心义务。

我们的教育，首先要教给学生良知和善良。

103. 如果孩子只注重知识学习，而没有良好的习惯，就好比你的车只有三个轮子，你能出发进行长途旅行吗?

而有的家长不是考虑给孩子配齐车轮，而是拼命地往车上装货（灌输知识），结果只会适得其反。

104. “不考100分！”这是著名数学大师陈省身先生给中国科技大学少年班的题词。原中国科大校长朱清时对此解释说：陈先生的意思是少年班的学生做学问，关键是要掌握精髓，不要为了考100分在知识的细枝末节上浪费时间。

朱清时还打比方说：比如在我的四川老家，一亩地可以产水稻400斤，可是农民为了增加产量一年施很多化肥，就为了多产几十斤。以后施再多的肥，增产也不多，但却把土壤破坏了。学习过度用功与施肥过度是一样的道理。

105. 2010年，中国经济总量超过日本。当时，全球媒体都在热议：什么时候中国经济总量会超过美国?

这时，澳大利亚的一家报纸发表了一篇文章，先来问问中国另外三个“什么时候”：

第一，什么时候全球的精英会把孩子送到中国留学，而不是像今天都把孩子送到美国、欧洲留学?

第二，什么时候全球的年轻人最欣赏中国的书籍、电影、音乐，而不是像现在他们最喜欢美国、欧洲的电影、书籍、音乐?

第三，什么时候全球的消费者在选择产品的时候，会首选中国的品牌?

106. 我一直在想，受教育能给人带来四个基本好处：

获取更多的知识为今后所用；

形成更成熟的价值观、世界观；

学习到更好的思维习惯、思维方式；

结交更多优秀的人。

107. 决定孩子未来的发展最根本就看两颗“种子”：一是主动性，二是自制力。这两方面平衡的孩子，才可能发展得最理想。

108. 一些优秀学生表面看起来很出色，实际上为了维持这种“优秀”，他们背后都承受了巨大的压力。

这种现象被称为“鸭子效应”。鸭子看起来在水面上很优雅地滑动，但在水下，双脚都在拼命地摆动。

109. 孩子的心智发展有一定序列，首先是触觉，然后是嗅觉、味觉、听觉、视觉……皮肤是人身体中最具灵性的部分，让孩子的皮肤尽可能多地亲近大自然的阳光、风、草、石、溪水，这本身就是最好的教育。

上100节课、读100本书不如带孩子多走进大自然。

110. 鲁迅先生在《少年闰土》中写道：闰土的心里有无穷无尽的稀奇的事，都是我往常朋友所不知道的。他们不知道一些事，闰土在海边时，他们都和我一样只看见院子里高墙上四角的天空。

当今的孩子上学、放学，来去匆匆，回家也是面对作业、电视、网络，一任美好的童年渐渐走远……

111. 叶开说：我们无非是为了过一种更为美好的生活，走夜路不害怕遇劫，逛大街不会踩到脏东西，如此而已。

这不正是教育的底线吗！说到底，教育首先还是要提升学生的公民素养。

112. 最初，力拔山兮、武功盖世的人可以成为英雄；

后来，一支手枪可以轻而易举地击倒一个传统的英雄；

现在，机器可以完全战胜手艺和技艺。

从体能到技能，从技能到智能。人，究竟是在进化还是在退化？

113. 我一直认为，教育首先是“价值观”的教育，是“中国心”的教育。

如果我们的孩子经历多年的教育后，都想往外国跑，那肯定是我们的教育出了问题。

教育首先要让我们的孩子有一颗“中国心”！

114. 当下，无论是在城市还是在乡村，有不少的孩子“四体不勤，五谷不分”，缺乏最基本的生活常识和生存技能。

我们的身边有不少想过好日子而又不想劳动的人，更有不少想过好日子而又不想劳动的孩子。

我们的教育不是培养消费者、享受者的，我们培养的是未来的合格劳动者。

115. 看到的不少骗局实例中，骗子很多是低学历的，而被骗的人很多是高学历的。

低学历的骗子把高学历的呆子骗得团团转，让人不得不追问我们的教育。

我想：或许是长期追求标准答案的教育让学生思想僵化，从而渐渐远离了辩证思维，也就容易受骗上当了。

116. 我一直在想：“学生”到底是什么？

如果把“学生”这个词拆分开来，就是“学”与“生”。根据这两个字可做如下的解读：学生是学会怎样生存的人；学生是学会怎样生活的人；学生是学会怎样体现生命意义的人。

117. 儿童对世界的认识不是理性化的，而是从眼耳鼻舌身等感性触摸中，建构对世界的认识。

“玩”是孩子的天性，“玩”本身就是一种教育。

从社会、街道、博物馆到田野、山川、河流，都是孩子的课堂。

118. 过早独立的孩子往往过早失去童真。家长人为地制造较为复杂的生存环境，迫使孩子早早独立，这样的孩子会缺乏安全感，变得敏感多疑。

过早训练孩子独立是披着爱的外衣的另一种伤害。

孩子只需要爱和陪伴，不需要别的。

119. 儿童的眼光与成人的眼光是不一样的。

儿童的伟大，在于用一双没有遭受污染的眼睛看世界，用一个没有什么功利思想的大脑思考这个世界。

儿童看《西游记》，便会关心孙悟空的本领，关心神奇的金箍棒，关心好吃的猪八戒；看《三国演义》，便会关注英雄的故事，关注战争的惊险，关注孔明的计谋；看《水浒传》，便会关心武松怎么去打虎。我们何须以成人之心去担心文学中的所谓精神污染。

120. 当下，不少孩子活在“第三只笼子里”。

第一只笼子：让一只老鼠在笼子里，笼子装一个门，老鼠踩一下门，门打开就会有食物被送进来，老鼠就会不停地踩。

第二只笼子：老鼠踩一下门，就会遭到一次电击，老鼠就不会再去踩门了。

第三只笼子：老鼠踩一下门，门打开，有食物送进来，再踩一下门，会遭到电击，老鼠就不知道该踩还是不该踩，纠结不已。

今天的孩子，一方面家长对他在物质方面太好了，不断地给孩子“食物”；另一方面却在学习上给他太多的压力，不断地“电击”孩子，孩子就像生活在第三只笼子里。

121. 心理学研究表明：长期进行手部精细运动的儿童，譬如玩沙、玩泥巴、剪纸、手工小制作等手部精细运动，他要比一般孩子聪明。

同时，研究表明，触觉感知往往可以刺激大脑中与创造力相关的部分。

所以，想要实现创新，获取创造力，首先应该把手弄脏！

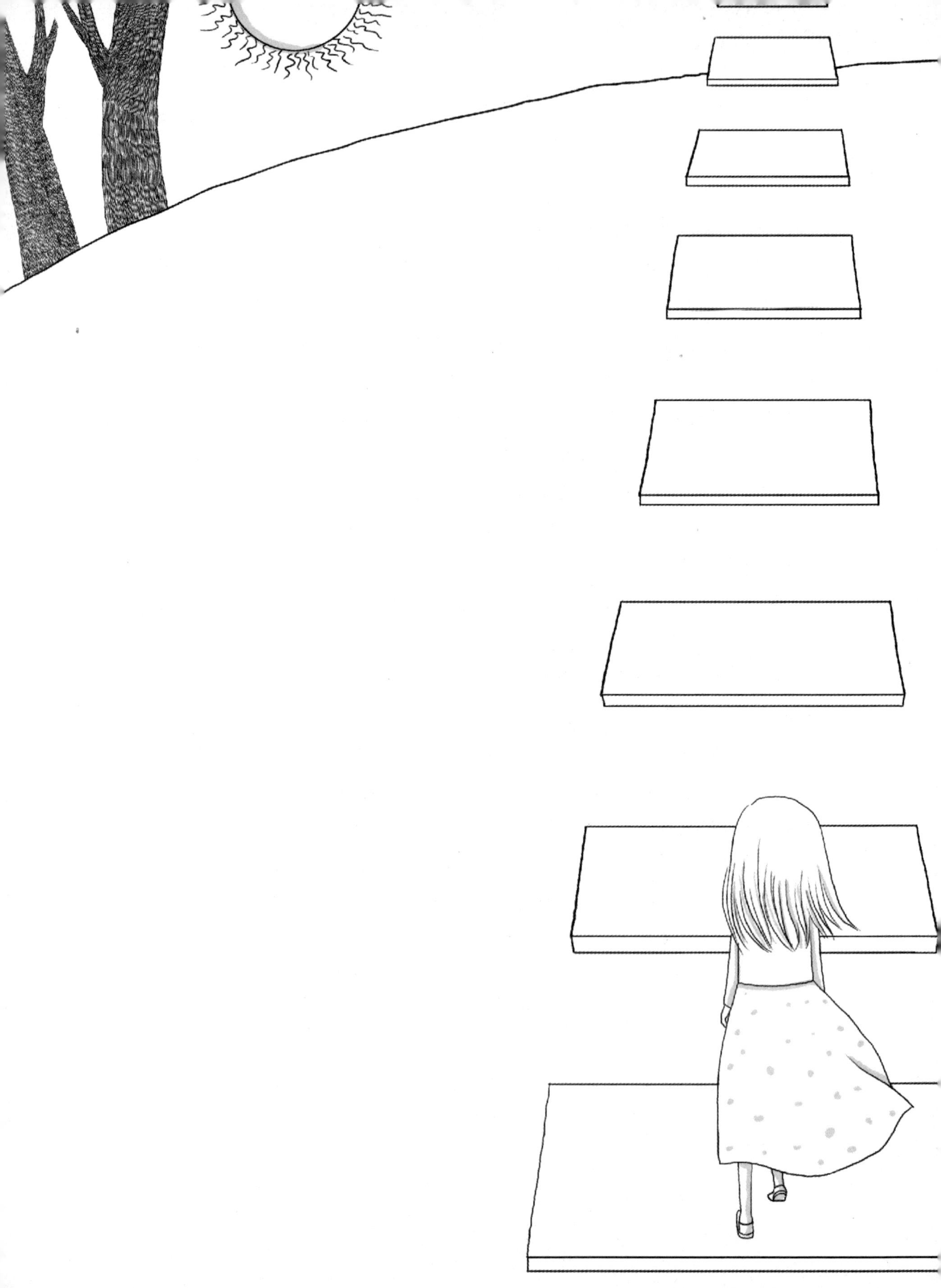

第五章 他山之石

中西教育到底区别在哪里?

一说到教育，不少人总是习惯性地把中西教育做比较。

有人说:中西教育区别在教育投入。其实，近些年来，党和国家、各级政府不断加大对教育的投入，无论是在城市还是在乡村，学校的现代化建设在稳步推进，教育信息的建设更是如火如荼，教师的待遇也得到了保障和提升，我们的教育设施一点也不比西方逊色，西方的教育人士到中国来看学校，都感到惊叹和羡慕。

有人说:中西教育区别在教育观念。近些年来，西方的确提出不少顺应时代发展和人类进步的教育理念、方法，涌现出不少新理念、新名词、新思潮、新流派，但无论是什么新理念、新方法，万变不离其宗。“宗”就是教育的基本规律、基本常识。两千多年前，孔子说的“有教无类”“寓教于乐”“循序渐进”等教育原理，到今天依然是至理，是基本教育原理，是教育的“本真”。今天西方提的这些东西，都没有超越它。

那中西教育区别到底在哪里呢?我觉得最大的区别在教育实践上。其实，党和国家的教育顶层设计是很好的，主要是一些和尚把经念歪了，最明显的一个表现是:“说一套，做一套”。一些学校和教育人“台上说一套，台下做一套”，“当面说一套，背后做一套”，说与做成为“两张皮”，理念与实践成为“两张皮”。这种“说一套，做一套”最显性的体现是:口头说要遵循教育规律，实际上却一味追求眼前的分数、升学率，让学生“功利地苦学”；口头说要给孩子幸福的童年，实际上都从小让孩子过度地学习，恨不得一出生就开始拼搏，让孩子“透支地早学”；口头说要培养学生创新精神和实践能力，实际上都囿于书本知识，搞题海战术，让学生“无意义地死学”。

如果有一天，我们的教育实践像我们所说的那样，我们的教育就会更好！

我到美国研修什么?

“校长国培计划”首期中小学校长领航班学员海外研修美国西部团一行18人，于2017年10月22日至11月5日，赴美国西部城市西雅图和丹佛，进行为期两周的学习研修，我有幸成为该团的一员。

在10月21日的行前集训会上，我们的团长——教育部教师工作司副司长黄伟先生明确地指出我们这是个“学习团”，以学习、研修为中心任务，以目标导向、问题导向和成果导向为基本学习导向，为我们做了很好的引领。教育部教师工作司黄贵珍处长具体提出我们这次研修主题是“面向未来的课程整合与教育改革”，要关注美国小学课程标准和课程设置、小学教学模式和课堂设计、学生培养和质量保障模式、课堂教学评价和教学评估、教师专业发展和教研模式、学校的人力资源管理和教师队伍建设、家校合作等内容与要素，给我们提出了具体的研修要求。

那么，我作为一名学习者、研修者，我到美国去学习什么、研修什么?怎么样去学习、研修呢?我想主要应做到以下几点:

一是观察。

“耳听为虚，眼见为实。”以前听到不少去过美国的朋友谈美国教育，也读过不少介绍美国教育的文章。当时我心里就有疑问:美国的小学课堂真的那么自由散漫吗?美国的课程标准尤其是数学学科真的那么低吗?美国的课程是单科设置还是完全整合？美国的课程整合是如何做的，是如何做到的？美国提出“不让一个孩子掉队”做到了吗，是如何进行评价的……这些问题一直在我的心头萦绕。这次学习、研修，我就要睁大眼睛，不戴任何眼镜，客观地进行实地考察，看看听来的、看来的东西是不是真的，看看美国教育到底是什么样子？

当然，我们并不是为了观察教育而观察教育，教育是社会中的教育，它不会孤立地存在。我在观察教育的同时，更要把目光投向教育所处的大环境中，观察教育背后的美国社会和文化，站到社会和文化的层面来反观教育。

二是了解。

通过眼睛去观察从而获得的第一手材料，是随机性的，是点状和碎片化的。而了解则是带着目的、带着问题去做整体思考、整体研究、整体把握。除了观察现象、听讲座之外，还应该查找资料、提出问题、进行讨论、开展研究。所以，在学习中，我除了用眼睛去看、用耳朵去听之外，还应该用心地查阅资料，思考并提出问题，与老师和同伴进行讨论，一起开展研究。“研修”的起点和落点还是在“研”字上。

当然，如果有机会、有可能，我们的了解还不只局限于小学学段，我们可以把目光延伸到其他学段，甚至美国的教育体制、高考考试和招生制度等。小学校长的眼光绝不能仅仅盯着小学，领航班的校长更要有教育的整体观和系统观，登高才能望远！

三是比较。

比较是一种行之有效的研究方式，教育比较也是一种常用的研究方法。有的人在做比较时，总喜欢比个孰优孰劣。我总认为对中美教育的比较，不能简单地、一味地比较优劣，而是要客观地、实事求是地比较差异。因为没有绝对的孰优孰劣，只有适合不适合的问题，适合的才是最好的。

我们的团长黄伟先生在出发前动员时强调了一个观点——“尊重文化差异”，提出要保持本色、包容他人，我觉得这提得非常好。我们去美国进行学习研修，首先要有一种文化自信和教育自信，要带着我们的自信和底气，在学习、研修中，始终保持我们的文化底色和教育底色，然后兼包并蓄。我们绝不妄自菲薄，当然也不妄自尊大，这样，我们才能做出更客观、更真实的教育比较。

四是借鉴。

湖北省武昌实验小学校园是晚清名臣张之洞创办的两湖书院旧址。张之洞先生早在其《劝学篇》中就提出“中学为体，西学为用”的观点。的确，“学以致用”，学习他人是为了更好地提升自己，但关键是如何去“学以致用”。我们学习、研修，不是一味地、简单地“拿来”，而是在比较中反思，在反思中谋求改进。因此，我要站在自己的土地上，站在自己的校园，面对自己的师生，去谋求改进。

最近，中共中央办公厅、国务院办公厅印发的《关于深化教育体制机制改革的意见》中明确指出:“坚持扎根中国与融通中外相结合，继承我国优秀教育传统，立足我国国情，遵循教育规律，吸收世界先进办学治学经验，坚定不移走中国特色社会主义教育发展道路。”这段话为我们如何吸收借鉴指清了方向。

我想:通过在学习、研修中不断观察、了解、比较、借鉴，我会吸收优秀的教育理念，为我的学校发展、师生发展所用。

我看美国的第一眼

我看美国的第一眼是在洛杉矶。

因航程需要，我们到西雅图需经洛杉矶转机。领队老师有意无意中叮嘱大家：洛杉矶是美国比较集中的航班中转地，要注意行李和人身安全。

但当我们双脚一踏上洛杉矶的地面，我就觉得洛杉矶机场并不像领队老师所说的那样庞大，更没有我想象中的现代大气。目之所及，似乎在我的意料之外：在机场外面的地面、树底下，到处是随意丢弃的烟头、杂物；在树底和屋角，歪坐或斜躺着流浪汉；安检大厅的天花板居然有几块明显脱落，甚至有一块天花板还半挂在上面晃荡；候机室则更让人大跌眼镜，地面上铺着很长时间未吸尘的灰不溜秋的地毯，上面污迹斑斑，座椅也少得可怜，有些旅客就直接坐在脏兮兮的地毯上。

当然，在洛杉矶机场，我也看到了让人感动的画面，就在我们一时找不到换乘大厅方位的时候，一位美籍华人工作人员十分热情地帮我们引路，一直把我们带到厅门前，用中文叮嘱我们一些注意事项后，才热情地道再见而去，让我在异国他乡体会到一份温馨。

我第一眼看到的美国是真实的美国，它没有那么好，也没有那么差，真真实实，而又平平常常。看到洛杉矶的街头，我想到了我所居住的城市——武汉几年前的街头；看到洛杉矶的机场，我想到了老武昌火车站的候车

室——而新修的武汉高铁站、武汉天河机场新航站楼的候车室绝对比它好!

前些年，总有人老是认为美国的月亮比中国圆。但从我第一眼看到的美国来看，从洛杉矶机场内外来看，我觉得:美国的月亮并不比中国圆，洛杉矶的月亮也不比我家乡武汉的月亮圆……

我看美国的第二眼

清晨，走出宾馆，走进西雅图的秋天。

一股清清的、凉凉的、甜甜的空气冲入人的鼻孔，直达胸腔。空气中有着青草的味道、秋叶的味道、山的味道、海的味道，似乎一下子把人心灵的窗口打开，让人整个儿通透起来，又像把人一下子从头到脚冲洗了一遍。

深秋的西雅图就是一幅美丽的自然油画，各种颜色的树五彩斑斓，绿的墨绿，黄的金黄，红的火红。上面是湛蓝湛蓝的天空，下面是碧绿碧绿的草地。草地为画布，天空为底色，这幅秋天的油画的确让人沉醉。

让我更感兴趣的是人与自然和谐相处的景况：秋叶撒落一地，一半金黄一半火红，人们不急着打扫，就让落叶那么自然地点缀着秋天的大地；房屋旁、道路边、院子里的小鸟自由地在地面散步，看见人来，依然步伐轻盈，从容淡定；湖边草地上的野鸭，三五成群，怡然自得，你走你的路，它望它的天……

从美国归来的人都感叹美国对保护生态环境的重视，这点倒是真的，何况西雅图曾被评为“全美最佳居住地”，让人流连也在情理之中。

不过，西雅图再美再好，那也是别人的城市、别人的家。生我、养我的家在东方，在中国。与其羡慕别人，不如改变自己。习总书记说：“绿水青山就是金山银山。”一次次把中国人的心深深打动！

相信通过我们的共同努力——我们的家园一定会越来越美丽，我们的祖国一定会成为美丽的中国，我们和我们的子孙一定望得见山，看得见水，记得住乡愁！

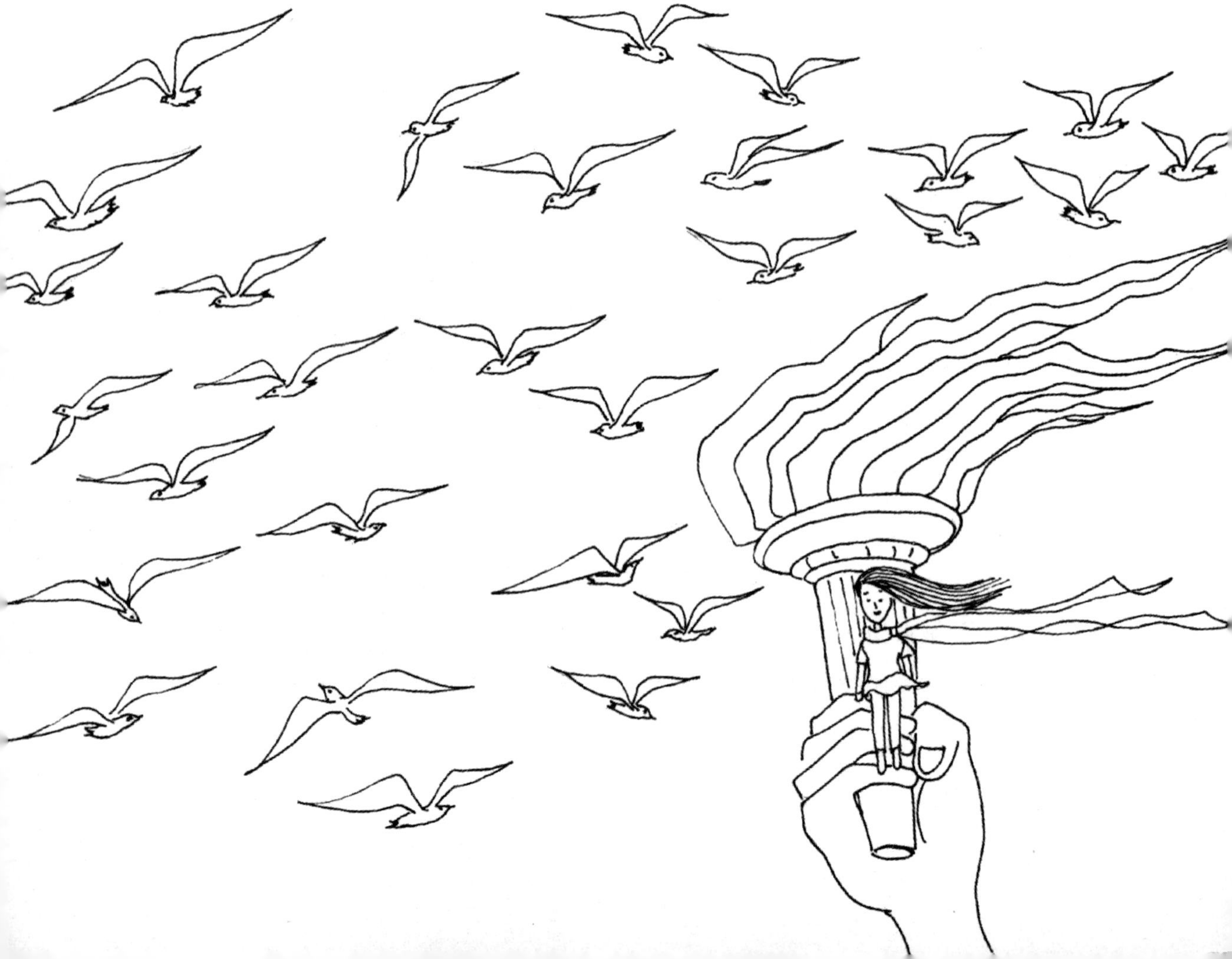

高科技与美国教育

这次去美国，研修的第一节课就是高科技在美国教育中的应用。

信息技术手段在美国教育中得到广泛使用，由最初学生到计算机机房上课，到后来教师用手推车推着公用电脑到教室上课，今天在美国很多学校已实现人手一台平板电脑或笔记本电脑，计算机和网络已广泛用于教学中。

美国十分注重学生信息素养的培养，美国在使用国际上学生使用的新科技、高科技标准（ISTE）的同时，他们还研制本国学生使用的高科技标准，他们对照标准培养中小学生使用新科技、高科技的能力，培养和提升学生的信息素养。

美国关注学生课内外对信息技术手段的实际运用。从小学高年级开始，他们在教学中开发有大量线上学习平台、学习系统，方便中小学生随时上线学习，家长也经常性上线参与学习互动之中。同时，美国还十分强调计算机编程、编码的学习，不少学校自小学二三年级起就让学生开始接触。

美国教育紧盯新科技、高科技发展趋势，像虚拟现实技术（VR）、机器人技术、现实与虚拟互动技术等，都进入学校和教育人的视野，新科技、高科技日新月异，在美国教育中的应用也如火如荼。

在听课过程中，我一直在思考一个问题：高科技在教育中的使用和应用，到底会给教育带来什么？给学生带来什么？我想：在技术的背后，是学生学习的一些关键要素发生了变化，学生的学习方式发生了变革。可以说，高科技的应用，调动了学生学习兴趣，激发学生主动学习，有助于学生个性化学习。

反思我们，近些年来，我们加大了硬件投入，硬件条件得到极大改善，“班班通工程”更是做到“无死角”。但我们还需要做什么呢？我觉得：我们应该做的就是把东西用好——要制定相应应用标准，提升使用效能，让“互联网+教育”真正落地生根！

走进美国的小学

今天下午，我们走进美国的Bryant小学。到了晚上七点钟，霞光散尽，天色已晚，大家依然不舍得离去。

同行的校长都是看过不少学校的人，对美国这所小学，大家不是感到新奇，而是被吸引、被打动。那么，是什么打动我呢?

一是“让每个人都进步”的质量观。无论是校长的介绍，还是学校里随处可见的张贴海报，都在反复强调“让每个人都进步”这一质量观。这所美国小学同其他学校一样，非常在意教育教学质量和办学质量，但他们不是比分数，不是比考试名次，而是关注每一个学生是否在自己原有基础上不断取得进步，而地方教育行政部门对一所学校的考核，也是看不同层次的学生取得的进步。“让每个人都进步”“让每个人成为更好的自己”，这所学校里是这样想的，这样说的，也是这样做的。

二是“让每个地方都说话”的学习氛围建设。在学校的走廊口、楼梯道、教室内外墙壁上，处处挂满学生的作品，有优秀学生作业、绘画、创意设计、手工制作等作品，琳琅满目。原始的、原生态的、丰富的学生作品，让每一间教室、每一面墙壁、每一个角落都充满了浓郁的文化气息。可以说，这所学校的每一个地方都能说话，都在潜移默化中对学生进行渗透教育。放学后，来不及被家长接走的孩子可以被学校“托管”，参加托管的学生有的在托管室里下棋、做游戏，有的在和老师聊天，有的在老师辅导下完成作业，还有不少学生在参加户外体育运动，各取所需，各得其乐。

三是“学科分层走班”的差异性学习。我们的中小学课堂尚存在“面向中等生教学”的现状，课堂要求整齐划一，导致优等生吃不饱，学困生吃不了，基本上是一种“面向中等生的课堂”。在这所美国小学，因校制宜、因科制宜，采取“学科分层走班”的差异性教学：在文学和数学两个基础学科，从二年级开始就在同年级四个班之间完成“学科分层走班”教学，同年级四个班的文学、数学学科同时开课，学生根据不同学习层次进行适当走班学习。而且，这种分层走班实行动态管理，相机调整，每隔一段时间，对学科学习有进步的同学进行重新编班，这既让不同学习层次的学生找到了适合自己学习程度的课堂，又通过动态管理调动了学生追求进步的积极性。这种“学科分层走班”教学，尊重了学生学习差异，真正让学生站到了学习的中央，站到了教室的中央。

四是精细化管理的规则教育。虽然我们去这所小学的时候，学生正在陆续放学，但学校随处可见精细化管理下的规则教育留下的痕迹：教室外、走廊和楼梯的墙壁上，到处张贴着学生基本文明规范的要求；教室内，则有许多关于学科学习的规范，如文学学科阅读基本步骤、学习写作的基本要求、各科书写的基本规范、数学课学习准备、美术课上课规范等等。这既体现了学校教育教学管理的精细，又体现了教师教学的严谨态度。虽然这些规则要求大多是老师和学生用大白纸手写或手绘（低年级），但经济实用，美观大方，可以让人想象这所学校在平时教育教学工作中的严谨认真。美国的小学生真的那么自由散漫吗？今天的所见不言而喻。

五是守护童年的土操场。我特别留意学生的运动场，这所学校的室内运动场修建得像模像样，但室外运动场地却尽可能保持原汁原味——篮球场是再普通不过的水泥场地，而室外田径运动场则是一块原生态的土操场。秋天的土操场，地上草已半枯，中间露出一大块泥土。我一直认为：学校一定要给孩子、给童年留一块泥土，让孩子在泥土上去打滚、奔跑，这样的教育才接地气。所以我一直在湖北省武昌实验小学“顽固”地坚守一方土操场，“顽固”地守卫着孩子们的童年。今天，我在美国的小学找到了同道知音。

走出Bryant小学的校门，我想：打动我们的不仅是看得见的校园，更是这位美国校长对教育的那份赤诚情怀，是这所学校对每一个儿童的尊重与呵护，对童年的敬畏与守卫。

“口香糖墙”的教育秘密

久居西雅图的人都知道，西雅图有一面非常奇特的墙，被人们称为“口香糖墙”。

“口香糖墙”位于西雅图最有名的集贸市场——派克市场的一个出口处，在这个出口，有一段非常破旧粗糙的下坡，在坡道两侧百余米的墙壁上，人们把嚼过或未嚼过的、五颜六色的口香糖粘满墙壁，形成了一道独特的风景。

不知是谁的创意，不知是有意还是无意，随着岁月的累积，这面斑驳的旧墙，竟然变得如此充满艺术性，如此独特，如此令人遐想。

到底是什么打动人呢？如果有人刻意地组织、有意地策划，那“口香糖墙”就会失去其魅力，恰恰是这面墙让人自由地挥洒、自由地涂鸦、随心地宣泄，这面旧墙上不起眼甚至有点脏的口香糖，才打动了人们。

人们需要释放，需要宣泄，需要某种调整情绪的方式，“口香糖墙”有意无意中给了人们这样的一个地方。

由“口香糖墙”想到我们学校校园内那面“涂鸦墙”。说是“涂鸦墙”，学校的艺术老师总是担心学生把上面涂抹得不成样子，有时专门组织学生来进行设计、创作。我有时也觉得艺术老师组织学生创作的这面“涂鸦墙”有模有样，充分展示了学生的绘画才能，倒像是一面艺术墙。

今天，看过这面“口香糖墙”，我突然想到：我和我们的艺术老师是不是过多地干涉了孩子，是不是关掉了孩子通过原始涂鸦从而宣泄自己情绪的大门。墙看似画“好”了，画“美”了，但“涂鸦墙”的本质都发生了变化，“涂鸦墙”涂鸦的意义被破坏掉了。

我们是要一面艺术墙，还是要一面让学生随意宣泄的“涂鸦墙”呢？我们到底要什么？我们的初衷是什么？

毋庸置疑，我们的初衷是让学生随心随性地宣泄，而不是刻意地、有组织地绘画——那么，就把这面“涂鸦墙”还给孩子们吧！放心、放手地让孩子们在这面墙上涂鸦，让孩子们在这面属于童年的“涂鸦墙”上，尽情地涂抹自己的颜色，这面“涂鸦墙”或许会因为这份自由、自主、自在而变得更有色彩，更有童年的味道和自由的味道。

就像这面“口香糖墙”……

数字中的美国教育

几天来，从教授的报告、学校校长的交流中，了解了美国基础教育的一些数字:

1. 美国义务教育为12年，含幼稚园（学前班）1年、小学5年、初中3年、高中3年。

2. 小学生全年在校180天，每天早上7:50上学，下午2:25放学。下午放学后学校组织1小时左右的课外活动。无法按时接回家的孩子可以由家长付费放在学校托管。

3. 我看到的一所小学在校生600人，24个班，每个班平均25人，是西雅图地区规模第二大的小学。另一所小学在校生460人，20个班，每个班平均23人。

4. 在西雅图，约14%学生需要政府提供特殊教育。

我看到那所小学配有2名特殊教育教师，1名特殊教育教师助理，共有3位老师负责特殊学生的教育。

5. 全美教师工资水平在所有行业中居中下等水平：幼儿园老师平均年薪28000美元，中小学老师年薪3万美元左右，最高级别老师年薪也仅在8万美元左右。且不同州、同一个州的不同地区老师拿的工资不一样。

6. 在美国的一些公办学校，有近20%老师并没有教师资格证。

7. 在美国小学，基本上实行“包班分科教学”。我所看到的一所小学主要开设有文学（阅读）、数学、科学、计算机、体育、音乐、艺术（美术）、棋类等课程。除体育、音乐两门课有专职老师教之外，其他课程由一位老师包班教学。

8. 西雅图地区约三分之一的学生申请政府资助的免费午餐。

9. 2017年，在家长中进行问卷调查：“你怎样理解学校？你认为学校的主要职责是什么？”有82%的美国民众认为学校主要职责是培养工作和就业能力，为将来就业作准备。只有18%的家长认为学校要着重培养未来好公民及其他。

10. 西雅图地区99所公办中小学中，约有10所中小学开设了汉语课程，占10%左右。

美国教育的辩证法

在美国一周来，无论是听到的还是看到的，都让我觉得美国教育并不像有些人想象得那么简单，而是处处充满着辩证法:

第一，自由与规则。美国教育是追求规则下的自由。一方面，学生在学校没有什么压力、无拘无束，的确很自由，很自在。但另一方面，学校十分讲究规则，走廊的墙壁上到处张贴着具体细致的规则要求，如在走廊里靠右行走、不能冲撞、小声说话等等。教室里，则有班级公约、学生承诺书、各科学习要求、学科评价标准等。课堂上，学生要想好后举手发言，不能随便插话，要等别人讲完后经老师同意再站起来发言。中国有古训“没有规矩，不成方圆”，美国教育强调“先有规则，后有自由”，两者不谋而合。

第二，放手与呵护。美国教育注重放手但不忘细心呵护。在美国课堂上，老师积极鼓励学生大胆尝试、大胆探索，尤其是鼓励学生“试错”。在我听的一节科学课上，有一组学生反复实验得不到结果，老师不急不躁，不停地鼓励学生“错了不要紧，再来，就差一点点了”。由于美国实行“包班教学”，学校没有统一的上、下课铃声，上、下课时间基本由老师自己把握，所以有时一节课就相对较长，学生可以根据自己的需要出去上厕所或者喝水。但是，学校非常注重管理细节，每个学生都有一张名字牌，挂在教室的墙上，有的名字牌上有学生照片，有的名字牌上没有学生照片。名字牌上有照片的学生是自理能力较强、自觉性也较强的学生，而名字牌上没有照片的学生则自理能力和自觉性相对较弱。学生只要出教室就必须把名字牌挂在脖子上，在走廊或其他地方，老师只要瞟一眼名字牌就知道哪些学生可以放心让他自己去，哪些学生需要多一些关照，这种呵护既体现了学校管理的精细，又体现了管理者的智慧，保护了孩子的自尊。

第三，集体与个别。美国的学校十分强调集体意识，尤其注重爱国主义教育和集体主义教育。学校处处悬挂着国旗，班级里有珍惜集体荣誉的班级标志、班集体宣言、班级目标等。在关注集体的同时，学校也非常重视特殊群体的教育，包括一些特殊儿童和以英语为第二语言的孩子。政府为这些特殊儿童投入专项资金，学校聘请特殊教育教师对这些孩子进行单独教育教学，确保“每个孩子都有权接受平等的教育”。这样不遗余力地帮助少数学生，既体现了教育的公平，又体现了在促进集体进步的同时重点关注少数弱势。

第四，天性与社会性。美国的学生给我们的第一感受就是天真、活泼、真实，美国教育充分保护儿童的天性和童性，让儿童更像儿童。在美国的学校里，基本看不到我们常常诟病的“小大人”。但同时，美国的学校和家庭都十分重视“公民教育”，孩子在家里该做什么就做什么，家长不娇宠更不放任，做游戏多长时间、看电视多长时间、看书阅读多长时间，只要约定好，孩子到时就停止，不能随便改动。在社会的公共场所，很少看到孩子追逐、打闹、喧哗，因为不干扰别人是最起码的公德，这一点从小就得到了很好的教育和强化。

第五，创新与知识。美国社会是一个处处强调创新的社会，学校教育更是处处讲求创新。老师尤其注重教给学生思考问题、提出问题、解决问题的方法。他们在教学中把方法的理解、应用和迁移放在首位，这样就让创新有了着力点。但同时美国教育也开始借鉴亚洲国家的一些做法，有不少州开始制定详细的教学大纲（教学标准），开始从某种程度上关注知识、技能的学习。各州、各地区、各学区都有相应的统一考试、考核，对学校的考试、考核情况进行排名，在网上公示。

美国基础教育的“辩证法”，其实也值得我们深思！

长大后会记得什么?

这次同行的一位老师曾在湖北省武昌实验小学上过一年学，我饶有兴致地与他攀谈起来。

虽然，他只在这里上过一年小学，但有一些人和事让他记忆犹新。

他记忆中最深刻的是学校的一个竹爬竿，在他童年的记忆里，这根竹爬竿很高，立在学校的沙坑里，能够爬上竹竿的同学学校还会颁发一份体能达标证书，这个证书成为孩子们心目中最荣耀的东西。他小时候运动能力不是很强，刚开始时根本爬不上去，但看到同班有的同学拿到了体能达标证书，他羡慕不已，经常一有空就跑去跃跃欲试。就这样，他爬得越来越高，也就越来越熟练。终于有一天，他在同学们的鼓励声中，爬到了竹竿的顶端。他说:当爬上竹竿顶端，迫不及待地用手摸着竹竿顶的时候，就像一个获胜的将军。而从老师手里接过体能达标证书，更是像得了人生中最大的奖，又像是得到了一个宝贝。看来，如果是一味地玩，则不可能留下如此深刻的记忆，让他记忆深刻的是这份努力和挑战，还有挑战后获得的成功和肯定。

让他记忆很深的还有学校的大沙坑，那是孩子们真正的乐园，因为在沙坑里玩耍的时光是最自由自在的时光。一到下课，他就和小伙伴们冲到沙坑里，筑城堡、挖地道、堆沙山，无穷无尽的想象都在沙坑里得到实现。玩得正兴起，上课铃响，来不及去洗手，就带着双手的泥沙，边跑边拍打着跑向教室，上课做作业时，双手把作业本摸得脏脏的，老师似乎知道，但老师什么也不说。有时刚下过雨，沙坑就成为一块泥地，孩子们照样疯玩，弄得满手满身都是泥巴。回到家里，母亲只是慈爱地笑笑，第二天又穿上了新衣。他说：现在想起来，那是多么自在、多么甜蜜、多么幸福的一段时光。

他印象最深的一项活动是迎接日本大分市的师生来访，他被选拔参加了欢迎仪式。在欢迎仪式上，他作为鼓号队的一员，感到特别自豪。在欢迎仪式上，他还参与了日本友人在学校的栽树仪式。虽然他已不记得当年栽的是什么树，在哪儿栽了几棵树，但他参与了，体验了，他做学校的小主人了，这份参与感与体验感让他终生难忘。时隔四十年，当年的小孩已成中年。他可能还不知道，当年他参与栽种的两颗樱花树，如今已亭亭如盖，每当樱花时节，洁白的樱花如云似雪，成为校园里一道最美的风景。

他记忆中还有班主任李老师，虽然相处只有一年时间，所学的课文他已经不太记得，但李老师一手漂亮的板书和一口好听的普通话，却留在他的记忆里。尤其是他参加日本大分市师生来访的欢迎仪式后写的那篇作文，因为有真实的体验和情感，他的作文得到李老师连连称赞，并在全班作为范文当堂朗读，那情景还历历在目……

学校到底能给学生留下什么？学生多少年后会记得什么？也许学生长大后会忘掉书本，忘掉课堂，忘掉所学的一些知识，但会记得朝夕相处的老师和伙伴，会记得童年的沙坑和爬竿，会记得游戏和游戏中的挑战，会记得活动和活动中的体验——因为只有真切的体验、真正的自由、真实的幸福，才能在童年烙下印记！

我们的学校和教育到底该给学生怎样的童年？我们该给孩子的童年留下怎样的记忆？

海鸥都有两只脚

我们的团长——教育部教师司副司长黄伟先生给我们讲了一个故事:

20年前，他第一次到美国学习考察，在曼哈顿海滩，他看到一只海鸥悠闲地站在海边的栏杆上，并且只用一只脚站立。他当时就很好奇地对同伴说:看，美国的海鸥只有一只脚。但不久，海鸥就把另一只隐藏的脚慢慢伸了出来。他又半开玩笑地对同伴说: 啊，原来美国的海鸥也有两只脚。

时至今日，他依然记得当时的情景、当年的感受。

原来，全世界的海鸥都是有两只脚的，正如不同肤色的人种都有一双脚一样。原来，最普通的规律、最朴素的道理，在任何地方都是一样的。由此类推，中国教育和美国教育的基本原理、基本规律和一些最普通、最本质的问题也是一样的。

这个故事还告诉我们: 看任何问题不能急着看，不能静止地看，不能片面地看，更不能急着下结论，轻易下结论。如果急着去看，急着下结论，可能就会犯盲人摸象、管中窥豹的常识性错误。所以，我们看问题要全面、要有耐心，我们不妨等等看，再等等看。

看美国的海鸥如此，看美国的教育何尝不是这样呢!

没有唯一答案的美国教育

通过这两天进一步的了解，我发现美国教育有一个很明显的特点：没有唯一的、统一的答案，很多东西是多样的、多元的，请看下列的事实：

1. 每学期开学初，同一年级的老师坐在一起研究教学，根据“共同核心课程标准”，设计本校、本年级的教学内容。在美国，不同学校的教学内容和所用教材、教学资料不尽相同，甚至同一个年级不同班级所用的教材、教学内容也不完全一样。

2. 在美国，一般老师只固定教同一个年级，成为某一个年级的固定老师，如一年级老师、二年级老师。有的学校也让有的老师跟班上到高一年级，教同一个班学生两年或者更长，但这种情况只占少数。

3. 教室里学生座位摆放多样，有马蹄形的、圆桌会议型的，也有小组围坐，还有最传统的排排坐、秧田式的座位，因班而异，因教师而异。

4. 老师可以自己决定带学生外出上课，体验社会，外出时老师会邀请家长志愿者、社区志愿者前来协助组织。每学期开学初，家长需要到学校签一份安全责任认可书，委托老师行使教育孩子的权利。

5. 老师会邀请来自不同文化、不同民族的家长走进班级，与学生分享不同文化、不同习俗，让学生感受和了解不一样的东西。

6. 老师特别关注不同层次学生的学习，分不同层次的学习小组，给不同层次的学生准备不同练习题，给不同层次学生不同的教学内容。一般情况下，老师不会统一进行讲解，不统一组织学习，而是让不同层次的学习小组采取不同的方式学习，有的自己阅读，有的小组讨论得出结论，有的需要老师坐在小组中间进行辅导。

7. 如果采用分组学习，老师则会根据不同学科学习状况和学生的学习层次，按不同学科的不同学习层次来分组，一般情况下是同一学习层次的学生在同一个小组。如果学生在某一学科取得了进步，则可以相应调整其学习小组。

8. 会双语的老师可经学校同意在课堂上使用不同语言进行教学，如某一老师的第一母语是西班牙语，她上课可以用西班牙语教学，也可以用英语。

9. 老师在每学期开学初为班里每个学生准备一个关于学习、关于成绩和发展的文件夹，记录学生平时学习的点滴、表现，到期末呈示给家长。

10. 老师会努力寻找、发现每个学生不同的优势、长处，并尽可能为其发展优势、长处提供必要帮助，甚至可以申请学校派专人来进行帮助。

11. 美国的家长不会统一坐在一起开会，而是和老师一对一、面对面地进行家校互动谈话，共同商量孩子的教育。

12. 老师从来不强求学生给出唯一的答案，更不追求所谓的标准答案，学生可以有自己不同的答案，只要有理由解释自己的答案，老师一般是认可的。

从以上可以看出，美国的教育不追求统一、唯一、标准的答案，从课程设置、教材选用、教学内容选择，到具体教育教学方法的采用，对不同层次的学习要求都没有统一要求和硬性规定，是一个完全开放的、多样的、多元的系统——也许这种教育生态会产生更大的教育活力。

我最感兴趣的地方

学习将至尾声，梳理近两周的学习，我对美国教育有几点最感兴趣:

第一，说到做到。美国教育的理念并不高深复杂，关键是理念与行动的一致，说到做到。我们的教育理念与美国有很多共通之处，我们缺的是什么？缺的是实实在在的教育行动，缺的是把理念转化为行动。甚至有的时候“上有政策，下有对策”“台上一套，台下一套”“说一套，做一套”。说到做到，对我们来说至关重要！

第二，保护天性。美国的儿童真实、天真、活泼，这源于美国对儿童天性和童性的呵护，就像美国对生态环境的保护一样，尽可能保持绿色和原生态，不过早、过多地开发。我们虽然知道保护儿童的天性和个性，但在行动中却有过早、过度教育之嫌，导致培养了一些“早熟的果实”“听话的小大人”。我们的教育还需要不忘初心，做到“保护天性，尊重个性，培养社会性”。

第三，多样多元。美国教育没有整齐划一的要求。在管理上，政府做政府的事，学校做学校的事，老师做老师的事。政府进行宏观把控，学校在社区中自主自治，老师包班教学，自己的班级自己做主。在教育教学上，只确立共同核心课程标准，从课程设置、教材选用到具体教法学法的选择都没有统一要求，教育教学过程中更不要求统一答案、唯一的标准答案，处处体现着开放、多样、多元。相比之下，我们在管理上的整齐划一，在教育教学上对标准答案的追求，值得深思。

第四，公平公正。美国教育特别关注弱势群体。在政府投入上，注重对贫困学区、相对薄弱学校加大投入。在具体教育实施、办学中，尤其重视对特殊学生的教育，投入大量人力、物力来帮助弱势学生。这些年来，我们非常重视教育公平，义务教育均衡发展之路越走越好，“让老百姓上家门口的好学校”不再是一句口号。但我们还需要更加关注一些特殊学生，加大对这方面的投入，让教育满足不同人群的不同需求，走向更高层次的公平公正。

客观地说，我们的教育顶层设计是很好的，我们的教育理念也是好的，关键是我们有些地方、有些时候没有真正落实顶层设计和教育理念，我们的行动出现了偏差，有时导致“差之毫厘，失之千里”。那么，我们现在和将来所要做的就是提升行动力，更好地落实党和国家的顶层设计，更好地把理念转化为行动。

再讲两个小故事

在科罗拉多大学丹佛分校与美国小学校长对话时，我问了一个问题:“你做了这么多年校长，感到最高兴的事是什么？”

这位校长不假思索地回答: 他最高兴的事是学生在各方面取得了好的成绩后，回到母校来看校长和老师。在回答的时候，他的眼神充满了骄傲和自豪。他接着强调说: 每年都会有很多学生回到小学看他和老师们，这是他们最开心的时候。

这位校长的高兴与我们的高兴何其相似，每当有已毕业的学生回到母校来看我们，拉着我们的手说着中学里的新鲜事和小学里的旧故事，那是我们最幸福的时刻，那一刻我们觉得什么都值了。而学生若进入新的学习阶段后，依然念念不忘的老师那肯定是好老师。

在斯莱文斯学校参观时，我们无意中发现一名华人学生，这个孩子正读四年级，刚从北京某大学附属小学随父母到了美国，进入斯莱文斯学校插班就读。我们饶有兴趣地跟他聊了起来。当我们问他到美国后最深的感受是什么时，他想了想，说了这样一番话: 在美国学校的学习其实并不比国内轻松，他作为英语为第二语言的学生比其他学生要付出更多，但他在这里并没有感到有什么心理压力，很放松。其原因是美国老师从来不随便指责学生，学生做错了什么，从来不横加批评，而是耐心地同你单独面对面讲道理，让你自己认识到错误并自己去纠正。而在国内，只要犯了错误，老师就会揪住不放，生怕你认识不到错误，不断批评、强化，给学生造成很大的心理压力。

“最大的差别不在快不快乐，也不在学习负担的轻重，而在于老师的态度。”他顿了顿，又说出一句让我们惊讶不已的话，“我并不需要简单的轻松和快乐，我要的是老师的笑脸。”

“我要的是老师的笑脸。”多么朴素而又引人深思的一句话，有好态度就有好教育，就有好老师。

走自己的路

在笔记本的底页，我写上了一首诗《教道》:“器术虽不同，大道却相通。适合方为本，真理实践中。”意思是说:中美两国教育的技术、手段、措施等虽然大不相同，但教育原理、教育理念、教育规律等却是相似相通的。由于两个国家历史、文化截然不同，没有孰优孰劣、谁对谁错的问题，适合的才是最好的，真正的教育需要相互借鉴，取长补短，并不断把理念付诸行动，在实践中去探索、去检验、去完善和发展。

我还写下了这样三句话:“尊重差异”——中美两国文化差异、教育差异是客观存在的，我们需要清醒地看到差异并尊重差异;“择善而用”——我们学习考察美国教育，不是照搬套用，而是要“择其善者而从之，其不善者而改之”，是“中学为体，西学为用”;“保持自我”——我们不能被美国教育的一些表象所迷惑，要时刻保持文化自信和教育自信，保持自我，不妄自尊大，更不妄自菲薄。

没有哪一种教育适合所有的国情，也没有哪一种教育适合所有的文化。教育没有唯一答案，更没有绝对正确或错误的答案。那么，就让我们——

回到我们自己的土地上，走自己的路，做更好的自己!

慢慢的英国

在英国这个古老的国家，我们时常会有一种慢的感觉。

在信息高度发达的今天，英国的节奏好像很缓慢：这里的网络很慢，像中世纪慢悠悠的马车；这里很多地方的电梯也很慢，按电钮很长时间没反应，上下速度也很慢，就像一个慢性子的人，半天不说一句话；英国的大街小巷，行车也很缓慢，没有急匆匆，也没有不耐烦，反正也没有什么要紧事……

我原认为西方国家科技发达，什么都很先进，有着现代化的速度。但在英国这个最古老的资本主义国家，这个工业革命的发源地，竟然很多地方都慢，就像一个老人反应迟钝，步履蹒跚。

这让我百思不得其解：我不知这种慢到底是因为衰老所致，还是展现优雅？英国这个老人到底是老态龙钟，还是越老越有智慧，越老越回归自然——也许，他们经历过童年的天真、青年的激情、壮年的拼搏，现在到了老年的恬淡期——一切都已经过去了，就没必要这么快了，就慢慢地走，慢慢地欣赏……

中国自改革开放后一直在跑，跑的过程中，环境在污染，资源在透支，道德在沦丧，价值观在崩裂……似乎中国这些年只记得一个字——快。经济发展速度快，社会建设速度快，文化快餐化，人们内心浮躁……似乎总停不下来，也慢不下来，以致今天人们只看得见目的地，而看不见沿途的风景。

我想起教育也是一种慢的艺术。教育注重孩子成长的过程，注重成长过程中的各种体验，而不应注重结果，更不应注重一纸试题、一个分数。教育不应盯着考试快快地跑，而应享受过程慢慢地走。

我们的国家，我们的教育，的确需要慢下来……

我所知道的伊顿公学

在英国伦敦泰晤士河畔，有个名叫伊顿的小镇，享誉全球的伊顿公学就坐落在这里。伊顿称为“公学”，实际上却是一所私立男校，已有近600年办学历史。英国历史上众多皇家子弟和历史名人都曾就读于伊顿公学。

走进伊顿校园，你如同置身于古堡之中。校园里有不同年代的建筑，这些建筑沿袭着浓厚的欧洲中世纪传统，围成了一个四合院。古老的建筑、庄重的黑色燕尾校服、各种传统的英式体育运动以及高品质的教学制度，构成了伊顿公学深厚的学校文化。走进伊顿公学，仿佛走进了教育的历史，又像走进了人类历史。

伊顿公学之所以被誉为“世界级精英的摇篮”，成为闻名遐迩的世界名校，最主要得益于它卓越的教学制度，其突出的特点是“自由与协作”：

一是崇尚“自由教学”理念。伊顿公学崇尚“自由教学”的教育哲学，认为给孩子必要的能力才是他们未来发展的基石，最关键的是让学生主动向导师提出问题，让学生将学到的知识在生活中运用。

二是自由选择与合作学习。伊顿公学的学生不希望教师教导，而是与老师争论，从而最大限度地学到东西。学校尤其注重培养孩子的合作能力，他们认为对于孩子的未来，合作能力至关重要。学校的课程内容非常丰富，有戏剧表演、体育竞赛、科学活动、音乐、英式橄榄球、社团活动等课程。每周一、三、五全天上课。周二、四上午上课，下午学生自由活动。当然，这些课程也是可以自由选择的，甚至可以由学生自己申请、推荐课程。

三是自由发展与集体生活。正如伊顿公学的老师们说："不让孩子们冒险，将来就会经历更大的冒险。"伊顿公学的学生组织单位非常特别：学校的宿舍是按照家庭模式建立的，每座宿舍楼就是一个集体。从中学一年级到五年级约50人，除了上课之外，起居、用餐、体育活动、娱乐活动都是以宿舍为单位，一个宿舍就像一家人，由生活老师指导生活。学生遇到困难，首先要自己想办法解决，解决不了再找同宿舍同学帮助或者向生活老师请教。伊顿公学几乎每天下午都有体育活动，既有优雅浪漫的"伊顿划船赛"，又有勇猛粗野的"墙赛""伊顿五人""田野赛"等。参加体育运动和比赛也是以宿舍为单位，自由开展比赛。

伊顿的学生入学时，只是13岁的小男孩。而离开伊顿时，则是18岁的谦谦君子。他们在伊顿的5年，完成生理、心理、知识、技能、思想和人格的全面发展。自由的教学、自主的活动，集体的生活、合作的意识，养成了学生既自信自立，又互助协作的优秀品格——这也许就是伊顿公学的魅力所在！

他山之石

他山之石，可以攻玉（一）

——新西兰学习的启示

2005年11月27日至12月27日，武汉市教育局组织全市32名教育管理工作者远赴新西兰基督城教育学院，进行为期一个月的培训学习。从这次培训学习中，大家感悟到了新西兰的教育理念，直面新西兰学校的教育教学实践，思考比较中新两国教育的异同，收获颇丰。“他山之石，可以攻玉。”现将我个人学习期间所受到的启示进行一次理性的梳理，供同行参考。

启示之一: 需要就是理由

在听取新西兰教授的讲授和参观学校的过程中，我们强烈感受到新西兰课程改革和教育改革的核心理念——“一切为了学生需要”。在新西兰的教育体系和学校的具体教育教学实践中，学生永远是教育的出发点和教育目的所在。

需要就是理由。我想不外乎这样三点: 一是为了学生的需要。教育是为了学生的需要而存在的，学校是为了学生的需要而存在的，教师也是为了学生的需要而存在的。学生的需要成为一切教育行为的意义和目的所在。二是满足学生的需要。学生有自己的需要而且不同的学生有不同的需要，这就要求学校、校长、教师以及社区人士一起来满足学生不同的需要，帮助学生在满足需要的过程中实现自我发展。在这个过程中，没有公共“菜单”，只按照学生的不同口味来“做菜”。三是引导学生的需要。学生的需要有合理、不合理之分，学生的成长需要科学合理的“营养套餐”，不能按照各人的好恶来“挑食”。学校和教师此时便要起到“导师”的作用，引导学生选择更合理、更适合的需求，较好地实现共性与个性的和谐统一。

这一教育理念在新西兰的课程设置上体现得较为明显。新西兰的课程设置是较为开放的。国家只提供基本的纲领性课程标准，确保教育底线，在此基础上任学校和教师自由选择、自由发挥。学校自主设置课程，教师自主制订课程计划和教学计划，学生自主选择学习内容。地域特点的不同、学校特色的不同、教师风格的不同、学生特质的不同，课程计划和课时计划也不相同，而这一切归根结底都是为了学生的需要。

启示之二: 教育是自由、自然的活动

在新西兰的学校里，我感受最深的是两个词——自由、自然。

自然主义教育思想是西方教育史上一个重要理论，卢梭、裴斯泰洛齐等教育家都从不同角度，论述了自然教育的含义，阐述了儿童的身心发展有其自然规律，教育应当顺应儿童的天性、遵循和尊重这些自然规律。无论哪个孩子，在他出生的时候，都具有天生的优良品质，在他成长的过程中，会受到来自环境、成人的诸多影响，孩子的优良品质也可能因此而受到损害。新西兰的教育顺应自然主义的教育理念，早早地发现和肯定孩子们不同的优良品质，并让它们得到最大限度的发展，他们抱着对孩子优良本质的信赖，从肯定不同孩子的不同特质出发，自然而然地进行教育。

新西兰的自然教育理念给了我一个很重要的启示，即通过自然的教育最大限度地促进儿童的自由发展。我们必须清醒地认识到，儿童的发展不仅仅是获得一些知识，掌握一些技能、技巧，更重要的是获得人格上健全和谐的发展。我们应该根据儿童本身的特点和不同的需要来选择教育内容和方法。

正如自然主义教育思想所倡导的、新西兰教育所做到的：教育应该教会孩子“爱一切人”和“爱一切事物”，教育他们成为一个积极而能独立思考的真正的人，让儿童从自然、周围的人、周围的事物中得到教育，让儿童按照自己的天性，无拘无束地、自由自在地成长起来。

教育必须顺应儿童的天性和身心发展的自然规律，是任何一个社会、任何一个民族、任何一个时代的教育所必须遵循的。我们必须打破教育活动过度的统一化、集体化、组织化，真正尊重儿童的天性、本能、兴趣、自由以及独立性，使教育活动真正成为受教育者感兴趣的、主动的、自由主宰的活动。

新西兰教育所传递和透视出的“自由、自然”的教育思想理念值得我们深思，对于我们重新思考教育的目的、途径、手段，对我们当前宏观和微观层面的教育改革实践都具有重要的启发意义和借鉴价值。

启示之三：教孩子而不是教书

新西兰一位退休校长在授课时所说的一句话深深地打动了我——“我们教的是孩子，而不是教书。”这句话充分地概括了新西兰教育的价值追求。

育人比教书更重要。新西兰的教师将教书、育人和谐地统一起来，他们永远以学生的成长为终极目标，不要求人人成才，但务求人人成人。因此，他们实施分层教学，保证每个人不同层次的、真实的发展。他们没有统一的课程文本，让学生自主选择学习；他们不进行简单的横向评价，而是进行激励性、过程性的纵向评价；他们不是关门办学，而是让不同的教育资源为我所用。

方法比内容更重要。新西兰的教育非常重视方法的启迪和领悟，而不仅仅是内容的学习和掌握。用新西兰教师的话说：关键是让孩子学会思考，而不是思考什么。这与中国古往今来倡导的一些教育理念是不谋而合的——“授人以鱼，不若授人以渔”。但在我们的教育现实中，不少学校和教师还是在追求功利性的即时效果。

分析比记忆更重要。新西兰的教育认为:人的大脑主要是用来分析事物的，而不是用来记忆东西的，记忆只是大脑最简单的功能，大脑的更重要作用是用来判断、分析和思考的。新西兰的教师坚信“学生的大脑不是一个需要填满的罐子，而是一个需要点燃的火种”。

他山之石，可以攻玉（二）

生活比知识更重要。知识是工具，是手段，而人的幸福生活才是教育的终极目标。教师更重要的是给学生提供现实生活和未来生活的引领和帮助，而不是仅仅传授现有知识。正如一位新西兰教授所说的“孩子可能会很快忘记了你所教的知识，但他永远忘不了你给予他的人生帮助”。

“教孩子而不是教书。”“经师易得，人师难求。”我们的教育呼唤更多的人师。

启示之四:解放教师才能成就学校

新西兰的学校里，教师有充分的教育教学自主权。他们有权安排班级的课程计划，有权选择适合学生的教学内容，有权采取切合自身的教学方式方法……在这里，教师是教育的真正主人，是学校和班级的真正主人。

学校最核心的活动——教学活动，是教师精神世界与学生精神世界的对话，这种对话质量的高低，取决于教师的内在修养和自觉努力。学校不能也不可能对具体的师生互动的教学过程提出限制性规定，无法控制教师的课堂。对学生发展起根本性作用的，不是制度而是教师的职业素养。

教育强调的是精神的交流和平等。它要求在教育教学过程中，学生有学的自由，教师有教的自由，师生人格平等。教育的希望在于教师的内在品质和精神境界。因此解放教师就会给教师更大的发展空间，就可能在更大程度上造就教师的专业发展和精神提升。

其实，管理就是把复杂的问题简单化，管理的最高境界就是“让人人成为管理者”。学校的管理者应该赋予教师更多的自主权，而不是制订更多的规则，约束教师的教学自由和思想自由。聪明的校长所要做的就是充分解放教师，调动教师，服务于教师，然后成就教师。如果教师的智慧和激情被充分激发，那么教师会有更大的发展空间。

启示之五: 坚持到底必会成功

新西兰的教育改革历经二十多年无疑是成功的，其成功的奥秘不在其教育理念的先进和高明，其可贵之处在于其认定了一个目标就朝着它走去，踏踏实实地走好每一步。

新西兰的教育改革从“人”—— 教育的直接主体学生的角度来关注人的成长，关注“人”的生命意义，并把它作为教育的价值选择，这样的教育一开始就拥有了教育的真正内涵。有了“人”这样一个出发点和归宿点，在两点之间画出任何线条都是优美的。新西兰人二十余年来一直在做着一件事—— 进行“明天的学校”教育改革，而且从未因为路途中的干扰和困惑而徘徊或停止不前，它终于走出了一条自己的路，并在身后留下一串清晰的脚印。

纵观中国教育改革历程，中国从来不缺教育理论，也不缺理论家，可能缺乏的就是一种坚持走好一条路的信念、勇气。今天的中国教育更多地被经济、被功利所迷惑，甚至迷失——教育本身是很本真的东西，如果一旦被经济规划、市场博弈所“殖民”的话，那么这种教育就不能成为人性化的教育，就会沦落为失真的教育、异化的教育、物化的教育。

教育发展的过程是一个不断追求的过程，是一个对理想中的教育不断建构的过程，同时，也是一个基于现实不断反思和行动的过程。作为教育工作者，有责任来关照教育，思考教育，呵护教育。“路漫漫其修远兮，吾将上下而求索。”走在路上的教育工作者，都要有一种教育理想、一种教育精神、一种教育情怀，执着地走好这条路。

启示之六：创新来自实践

在一所新西兰的九级学校里，我们看到了期望看到的学生实践活动——缝纫、木工、烹饪、编织等等，这是他们实实在在的劳动技术课堂。

在新西兰的劳动技术课堂上，我们看到学生全身心投入实践活动中并放心大胆地创造。与其说学生在上劳动技术课，不如说学生是在工厂的车间里实习，他们不仅仅为动手而动手，而是在动手中创造性地做出自己的产品，在动手中体验成功的愉悦和劳作的快乐，他们的实践成果——产品还可以拿回家与家人一起分享。可以想象，在这样的氛围中，学生的实践能力和创新精神会得到真实的培养和提升。

在实施素质教育的今天，我们都认识到了学生创新精神和实践能力培养的重要性，但在实际的教育教学中却往往忽视创新精神和实践能力的培养。有人抱怨客观因素的限制，但我认为最根本的还是我们的思想意识的问题。我们不少的学校拥有漂亮高档的实验室、设施齐备的劳技教室，但很多时候这些实验室、劳技教室只用来装点门面，并没有发挥其应有的价值，让教育资源闲置。

我们的教育需要真实的实践！

启示之七：人民教育人民办

新西兰的教育是真正的人民办的教育。首先政府为确保孩子就近入学，按社区的范围来规划学校，把学校的发展与社区的发展紧密联系在一起，这样学校的评级与社区的发展程度密切相关。这样的教育机制，使全社区的人都来关注学校的发展，因为关注学校的发展就是关心自己孩子的发展。其次，家长成为办学的主体。每所学校都有成立有学校管理委员会——学校的决策组织者，其主要成员均由家长担任，它对学校的发展起着决定性的作用。校长只是管理委员会决议的执行者和学校发展的协调者。这样，家长就拥有办学的充分权利，共同来决定学校发展和孩子所接受的教育。再次，家长成为学校的建设者。在学校硬件建设上，家长更是主人，他们齐心协力，出资出力，把学校建设得更能满足孩子们学习的需要。“人民学校人民建，人民教育人民办”，在新西兰已成现实，这种现实的达成是因为人民的义务和权利的高度统一。

中国目前正处于社会转型时期，“穷国办大教育”“穷国办强教育”的道路还很漫长。我们的学校应该敞开大门，让家长主动走进学校、关注学校、参与学校管理、推进学校发展，让家长成为学校的主人——我们会获取更多的资源和更强的力量。

总之，有什么样的国家就有什么样的教育，最适合的教育就是最好的教育，最能坚持的教育就是最好的教育，最自主的教育就是最好的教育。教育的终极目标是人的幸福生活，教育的最高层次是心灵的自由，办学的最高境界是“都市里的村庄”。

回归自己祖国的教育现实，正如康德所提出的三个永恒疑问：我们可以知道什么？我们应该知道什么？我们期望得到什么？——站在新西兰的天空下，心中涌起的是一种教育理想，站到自己的土地上来思考教育，感受到一种沉重的责任和深深的忧患。“只有民族性，才有世界性。”就让我们在自己的国家、自己的民族、自己的时代做一个现实的教育理想主义者吧！

“常青藤”为什么常青

“常青藤”指的是哈佛、耶鲁等美国东北部著名的8所大学联盟。这8所大学所倡导的“常青藤原则”被认为是美国精英教育得以成功的原则之一。

以耶鲁大学为例，耶鲁大学目前有5200多名学生，分属于12个寄宿学院，每所寄宿学院大概400人左右。这种寄宿学院，是一种完全自给自足的宿舍体系，其建筑是自我封闭式的，出入需要证件。里面除了宿舍外，还有饭厅、图书馆、计算机房、教室、自习室、健身室、演艺厅、教授办公室等一应设施。

耶鲁大学之所以将一个大学分成十几个寄宿学院式的“小区”，主要是按照“常青藤”式的教学方式和学习方式来开展学习。这种教与学的方式是一种面对面对话式的、互动式的、讨论式的方式。要实行这种教与学的方式，家庭式的“小环境”就是最好的学习环境。上课会有大量的讨论班，学生需要不停地提问、质疑、辩论。下课走进宿舍，走到饭厅，到处都能碰到熟悉的师友，大家随时随地可以“论道”。这样，课内课外的界限消失了，学习成了全天候的活动，讨论成了学生主要的生活内容和生活方式。

其实，这种“常青藤式”的教育方式和教育思想源远流长。古希腊的苏格拉底被称为人类的导师，他的教育方法，就是在雅典街头和行人对话，把生活与课堂融为一体，把对话辩论作为主要的教与学方式。中国的孔子被誉为圣人，他带学生周游列国，在生活、实践和讨论中学习。苏格拉底、孔子的教学模式和今天的“常青藤”的教学模式非常相似。

苏格拉底也好，孔子也好，“常青藤”也好，有一个共同的特点，那就是让学生“在生活中学习，在辩论中思考”。这种方式培养出来的学生，一般都有独立思想和较强的分析能力、实践能力，比较适应当今瞬息万变的世界。

“常青藤”常青的秘密大概就在于此。

(鄂)新登字 02 号

图书在版编目(CIP)数据

生长在我们的土地上/张基广著.
—武汉:湖北教育出版社,2019.3(2021.10 重印)

ISBN 978-7-5564-2611-9

Ⅰ.①生…
Ⅱ.①张…
Ⅲ.①教育工作
Ⅳ.①G4

中国版本图书馆 CIP 数据核字(2018)第 220523 号

生长在我们的土地上　SHENGZHANG ZAI WOMEN DE TUDI SHANG

出品人　方　平
责任编辑　方　倍　　责任校对　李　镧
装帧设计　曾娥梅　　责任督印　张遇春

出版发行　长江出版传媒　430070　武汉市雄楚大街 268 号
　　　　　湖北教育出版社　430070　武汉市雄楚大街 268 号
经　　销　新 华 书 店
网　　址　http://www.hbedup.com
印　　刷　黄冈市新华印刷股份有限公司
地　　址　黄冈市宝塔大道 89 号
开　　本　787mm×1092mm　1/16
印　　张　23
字　　数　166 千字
版　　次　2019 年 3 月第 1 版
印　　次　2021 年 10 月第 2 次印刷
书　　号　ISBN 978-7-5564-2611-9
定　　价　55.00 元